Die 100 des Jahrhunderts: Ideen und Taten, die das 20. Jahrhundert geprägt haben, vorgestellt in 100 präzisen biographischen Porträts.

Die Politiker: Sie haben den Lauf der Welt bestimmt, ihre Namen sind mit Krieg und Frieden, mit politischen Systemen und sozialen Konflikten, mit internationalen Bündnissen und wirtschaftlichem Aufstieg verknüpft. Zu ihnen gehören Konrad Adenauer, Benazir Bhutto, Willy Brandt, Winston Churchill, Friedrich Ebert, Mahatma Gandhi, Michail Gorbatschow, Adolf Hitler, Benito Mussolini, Franklin D. Roosevelt und 90 weitere Politiker.

DIE 100 DES JAHRHUNDERTS

▸ POLITIKER

rororo
ROWOHLT

Idee und Konzeption: Jordan/Lenz
TARGET DATA, Dortmund
Autoren: Bernd Jordan, Alexander Lenz
Redaktion im Verlag: Wolfgang Müller
Umschlaggestaltung: Helmut Egerer
Alle Fotos: dpa

Originalausgabe
Veröffentlicht im Rowohlt Taschenbuch Verlag GmbH,
Reinbek bei Hamburg, Oktober 1994

Layout und Herstellung Christina Modi
Satz Times und Frutiger PostScript Linotype Library,
Quark XPress 3.11
Gesamtherstellung Clausen & Bosse, Leck
Printed in Germany
1690-ISBN 3 499 16450 7

Vorbemerkung

Der Zusammenstellung der 100 bedeutendsten Politiker des 20. Jahrhunderts liegen folgende Kriterien zugrunde:

- Es wurden nur Politiker aufgenommen, die ihre Hauptleistung im 20. Jahrhundert vollbracht haben.
- Die Auswahl bemüht sich um eine internationale Sichtweise, das heißt, Aufnahmekriterium war nicht nur die Bedeutung für die Weltpolitik, sondern ebenso die Rolle in der Geschichte einer wichtigen Nation bzw. einer Region.
- Im allgemeinen erfolgt eine Orientierung an Staats- und Regierungschefs. Nur in begründeten Ausnahmefällen (z. B. Menschenrechtler mit internationaler politischer Bedeutung) gibt es eine Abweichung von dieser Regel.

Alle Artikel sind nach einem einheitlichen Prinzip aufgebaut, das einen schnellen Überblick erlaubt:

- Ein Vorspann würdigt die Bedeutung des Politikers im 20. Jahrhundert.
- Die ausführliche Biographie folgt chronologisch dem Lebenslauf.
- Die Zwischenüberschriften nennen Eckdaten in Leben und Leistung.

Das Namenregister auf Seite 206–208 erschließt Zusammenhänge und führt zu Politikern, die nicht mit einem eigenen Artikel berücksichtigt wurden.

Konrad Adenauer

(5.1.1876–19.4.1967)

▸ Erster Bundeskanzler öffnet Tor zum Westen ◂

Der Bundeskanzler (1949–63) und CDU-Vorsitzende (1950–66) erreichte die Aussöhnung mit Frankreich und die Westintegration der Bundesrepublik Deutschland. Adenauer verstand es meisterlich, seine eigenen Ansichten zum Willen der Mehrheit zu machen.

Der in Köln geborene Adenauer stammte aus ärmlichen Verhältnissen. Die streng katholischen Eltern lehrten ihn, die gottgewollte Ordnung zu akzeptieren. Die materielle Notlage stachelte Adenauers Erfindungseifer an. Doch seine zahlreichen Patente, u.a. ein «elektrischer Insektentöter» und ein «leuchtendes Stopfei», brachten nicht den erhofften finanziellen Erfolg. Mit einem Stipendium studierte er bis 1901 Rechtswissenschaften in Freiburg, München, Bonn und Berlin. Der junge Assessor begann eine Tätigkeit in der Kanzlei Kausen, beim Vorsitzenden der Kölner Zentrumsfraktion. 1904 heiratete Adenauer durch seine Ehe mit Emma Weyer (gestorben 1916; drei Kinder) in die höchsten gesellschaftlichen Kreise ein. 1906 schlug er sich zum Beigeordneten der Stadt Köln vor (ab 1909: Erster Beigeordneter).

1917–33: Erstmals Oberbürgermeister in Köln Am 18.10.1917 wurde der 41jährige Zentrumspolitiker zum Oberbürgermeister seiner Heimatstadt gewählt, zwei Jahre später heiratete er seine Nachbarin, Auguste (Gussie) Zinsser (gestorben 1948). Ziel seiner Amtsführung wurde der Ausbau Kölns zur Metropole des Rheinlands. Adenauers Mißtrauen gegenüber dem preußischen Berlin machte ihn nach dem 1. Weltkrieg zum Verfechter des sog. Separatismus, der Bildung einer eigenständigen, an Frankreich orientierten Rheinischen Republik. Als sich das Scheitern der Spaltungsbewegung 1919 abzeichnete, schwenkte Adenauer auf die Seite der reichsdeutschen Mehrheit um. Wegen unterschiedlicher Auffassungen über die Außenpolitik zwischen Berlin und dem Rheinland lehnte er 1926 das Angebot ab, Reichskanzler zu werden; 1927 wurde er als Kölner Oberbürgermeister bestätigt.

1933–45: Privatier Das Hitler-Regime stufte Adenauer, den Präsidenten des preußischen Staatsrats (1920–33), als «national unzuverlässig» ein, enthob ihn 1933 aller Ämter und beschlagnahmte seinen Besitz. Als Adenauer auf sein stets korrektes Verhalten gegenüber der NSDAP verwies, erhielt er Haus und Güter zurück. 1944 wurde er unter dem Verdacht, an der Planung des Hitler-Attentats am 20. Juli beteiligt gewesen zu sein, verhaftet. Seinen Abtransport ins KZ Buchenwald verhinderte ein kommunistischer Mithäftling.

1945–49: Weg nach Bonn 1945 erhielt er sein Amt als Oberbürgermeister in Köln zurück, wurde ein Jahr später Vorsitzender der neugegründeten CDU in der britischen Besatzungszone und übernahm 1948 die Präsidentschaft im Parlamentarischen Rat, der bis 1949 das Grundgesetz der Bundesrepublik Deutschland ausarbeitete. Am 15.9.1949 wurde er erster Bundeskanzler des neuen Staates.

Konrad Adenauer im Bundestag, 1959

1949–53: Erste Amtszeit als Kanzler Die Nachkriegszeit stand für Adenauer im Zeichen der Rückkehr zu Ordnung und Wohlstand. Ehemalige NSDAP-Funktionäre wurden im Gegensatz zu vielen NS-Opfern durch das sog. 131er-Gesetz materiell rehabilitiert. Unter Führung des Bundeskanzlers zahlte die Bundesrepublik Wiedergutmachung an Israel. Die das nationale Geschichtsbild prägende «Erbfeindschaft» zu Frankreich wurde durch das kommunistische Feindbild im Osten ersetzt. Herzstück der Außenpolitik Adenauers (1951–55 auch Außenminister) war die Westintegration der Bundesrepublik. Der Kanzler verzichtete auf eine Wiedervereinigung in einem neutralen Deutschland, wie sie von der UdSSR mehrfach angeboten wurde. Durch militärische und wirtschaftliche Stärke des vereinten Westens hoffte Adenauer vergeblich, die Sowjetunion zu Zugeständnissen zu zwingen. Innenpolitisch halfen dem Bundeskanzler sein ausgeprägter Machtinstinkt und seine gefürchtete Schlagfertigkeit.

Ab 1953: Höhepunkt und Abstieg Zerreißprobe der zweiten Amtszeit (1953–57) wurde die Frage der Wiederaufrüstung. Trotz starker Proteste aus der Bevölkerung trat die BRD 1954 in den Pariser Verträgen der NATO bei, zwei Jahre später stimmte der Bundestag der Wiederbewaffnung zu. Erst 1955 nahm die BRD diplomatische Beziehungen zur UdSSR auf, ohne den antikommunistischen Kurs zu ändern. Adenauer erreichte in Moskau die Freilassung der Kriegsgefangenen, was der CDU 1957 die absolute Mehrheit bei der Bundestagswahl einbrachte. Im gleichen Jahr war die BRD Gründungsmitglied der EWG (Römische Verträge).
Die Absicht seiner Partei, den von Adenauer als ungeeignet angesehenen Ludwig Erhard zum Bundeskanzler zu machen, ließ den «Alten» 1961 noch einmal zum Wahlkampf antreten: Der 85jährige verlor die absolute Mehrheit und gab sein Amt im Oktober 1963 an Ludwig Erhard ab. Sein letzter Triumph war der Deutsch-Französische Vertrag, der die Freundschaft zu Frankreich besiegelte. Bis zu seinem Tod in Rhöndorf bei Bonn widmete er sich der Gärtnerei (Rosenzucht), dem Bocciaspiel und klassischer Musik.

Salvador Allende Gossens

(26.7.1908–11.9.1973)

▸ Sozialismus im Namen des Volkes ◂

Der Chilene war der erste freigewählte marxistische Präsident eines westlichen Staates (1970). Sein Ziel, eine Republik der Arbeiterklasse zu schaffen, erreichte er jedoch nicht. Drei Jahre nach seinem Amtsantritt beendete das Militär das sozialistische Experiment.

Nach dem Besuch des Gymnasiums studierte der Bürgersohn an der Universität seiner Heimatstadt Valparaiso Medizin. Er betätigte sich in linken politischen Gruppen und stieg rasch zum Studentenführer auf. Wegen seiner Agitation gegen Diktator Carlos Ibañez kam Allende in Haft und wurde nach seiner Promotion 1932 von der Hochschule verwiesen. Ein Jahr später gründete er mit einigen prominenten Linken die Sozialistische Partei (Partido Socialista), die er als marxistische Alternative zur Kommunistischen Partei verstand.

1937–52: Gesundheits- und Sozialpolitik Ab 1937 Parlamentsabgeordneter, arbeitete Allende in verschiedenen staatlichen Gesundheitsorganisationen und lehrte an der Hochschule von Valparaiso. 1939 berief ihn Präsident Pedro Aguirre Cerda, der einer Volksfrontregierung vorstand, zum Gesundheitsminister (bis 1942). Allende setzte sich besonders für die sozial Schwachen ein, was ihm die Bezeichnung «Minister der Armen» einbrachte. 1943 wurde er zum Generalsekretär der Sozialistischen Partei gewählt und übte in der Folgezeit verschiedene öffentliche und politische Ämter im Gesundheitsbereich aus. Daneben prägte er die Sozialgesetzgebung seines Landes entscheidend mit.

1952–70: Viermal Präsidentschaftskandidat Bei den Präsidentschaftswahlen 1952 wollte Allende die große Popularität, die er durch sein soziales Engagement in den unteren Bevölkerungsschichten genoß, für sich nutzen. Aus mehreren linken Parteien bildete er die sog. Volksfront (Frente del Pueblo), als deren Kandidat er antrat. Er erhielt jedoch nur knapp 60000 Stimmen. Als Konsequenz aus dieser Niederlage versuchte er in den Folgejahren, immer mehr Parteien in die Volksfront einzubeziehen.

Am 4.9.1970 war er Kandidat der Unidad Popular, einer von ihm herbeigeführten Koalition aus Sozialisten, Kommunisten, Liberalen und Abweichlern der Christdemokraten. In diesem vierten Anlauf (nach 1952, 1958, 1964) erhielt Allende, seit 1967 Senatspräsident, die einfache Mehrheit (36,3% der Stimmen). Sechs Wochen später war er endgültig am Ziel und zog in das Präsidentenpalais ein. Die Stimmen der regierenden Christlich-Demokratischen Partei hatte er durch ein Bekenntnis zum demokratischen Rechtsstaat sowie zur Parteien-, Versammlungs- und Pressefreiheit erhalten.

1970/72: Sozialistische Wirtschaftspolitik Allende wollte Chile in eine sozialistische Gesellschaft («Republik der Arbeiterklasse») umwandeln. Mit Enteignungen und einer gerechteren Verteilung des Grundbesitzes bekämpfte er die großen sozialen Unterschiede. Einmal mehr galt sein besonderes Augenmerk den Benachteiligten und Hilflosen: Kinder unter 15 Jahren sowie werdende oder stillende Mütter erhielten täglich kostenlos einen halben Liter Milch. Die niedrigsten Einkommen erhöhte er um zwei Drittel und führte im Gegenzug eine Einkommenshöchstgrenze für Staatsbedienstete ein. Die Verstaatlichung ausländischer Unternehmen betraf in erster Linie die Kupferminen, die sich fast vollständig in amerikanischem Besitz befanden. Zusätzlichen Konfliktstoff mit den USA bedeutete die Wiederaufnahme der diplomatischen Beziehungen zu Kuba (November 1970).

1972/73: Innenpolitische Konfrontation Den anfänglichen Erfolgen seiner sozialpolitischen Offensive standen erhebliche wirtschaftliche Probleme gegenüber. Auf Druck der USA schlug im Februar 1972 die konservative Opposition, die ein Jahr zuvor die Verstaatlichungen noch einstimmig mitgetragen hatte, einen Konfrontationskurs ein. Allende mußte alle weiteren Verstaatlichungen vom Parlament genehmigen lassen und konnte seine Politik nicht fortsetzen.

Ab Mitte 1973 destabilisierte der Terror von rechts und links die innenpolitische Lage. Überdies bewies der Putschversuch eines Panzerregiments, daß auch das Militär, das Allende im Herbst 1972 an der Regierung beteiligt hatte, nicht mehr geschlossen hinter ihm stand. Ende Juni 1973 erklärte die Parlamentsmehrheit Allendes Regime für illegal und warf ihm die wiederholte Verletzung der Verfassung vor.

Salvador Allende, 1971

1973: Tod bei Militärputsch Am 11.9.1973 nutzte General Augusto Pinochet, den Allende Ende August zum Oberkommandierenden der Streitkräfte bestimmt hatte, die verworrene Lage zum Putsch. Dabei wurde er massiv vom US-Geheimdienst CIA unterstützt. Allende kam bei den Kämpfen um den Präsidentenpalast ums Leben. Ob er Selbstmord verübte oder ermordet wurde, blieb bis heute ungeklärt. Pinochet setzte die Verfassung außer Kraft und errichtete eine Militärdiktatur.

Idi Amin Dada

(*1. 1. 1928)

▸ Inbegriff des afrikanischen Despoten ◂

Der ehemalige Hauptmann der britischen Kolonialarmee wurde zum Sinnbild des blutigen Terrors in Afrika. Während seiner achtjährigen Gewaltherrschaft in Uganda verloren mehr als 300 000 Menschen ihr Leben.

Der Bauernsohn aus Arua im Norden Ugandas gehört zum Stamm der Kawa. Amin, moslemischen Glaubens, verließ nach der vierten Klasse die Schule und wurde bereits in jugendlichem Alter Soldat. Im 2. Weltkrieg kämpfte er in der britischen Kolonialarmee in Birma.

1945–66: Aufstieg in der Armee: Nach dem Krieg gehörte er dem berüchtigten Bataillon der «King's African Rifles» an, das u. a. gegen die Mau-Mau-Bewegung in Kenia (1953–57) eingesetzt wurde. Von seinen Kameraden war Amin, neun Jahre lang ugandischer Boxmeister im Halbschwergewicht (1951–60), wegen rücksichtslosen Einsatzes seiner Körperkraft gefürchtet. 1961 erhielt er als erster Schwarzer in der Armee des britischen Protektorats Uganda den Offiziersrang. Nach der Unabhängigkeit des Landes machte ihn Regierungschef Milton Obote drei Jahre später zum stellvertretenden Armeechef.

1966–72: Schaffung einer Machtbasis Als treuer Gefolgsmann Obotes vergrößerte Amin allmählich seine Macht. 1966 setzte er nach Differenzen zwischen dem sozialistischen Obote und Staatspräsident Mutesa II., König des Teilstaates Buganda, den Monarchen ab. Ein Jahr später erntete er die Früchte seines blutigen Vorgehens: Obote machte ihn zum Armeechef. Diese Entscheidung bereute er schnell, denn in Amin erwuchs ihm ein gefährlicher Rivale, der zielstrebig die Armee hinter sich brachte.

1972: Beginn der Terrorherrschaft Am 25.1.1971 kam Amin der drohenden Absetzung mit einem Staatsstreich zuvor. Er nutzte die Abwesenheit Obotes, der an einer Commonwealth-Konferenz in Singapur teilnahm, und riß die Macht an sich. Elf Tage nach dem Putsch wurde Amin als neuer Staats- und Regierungschef vereidigt. Sofort verbot er alle Parteien und jegliche politische Betätigung, die alleinige Staatsgewalt lag bei der Armee.
Wenige Wochen nach der Amtsübernahme Amins, die im In- und Ausland zunächst begrüßt worden war, wurde klar, daß ein Tyrann den anderen abgelöst hatte. Amin errichtete ein Terrorregime, dem nach Schätzungen von amnesty international mehr als 300 000 Menschen zum Opfer fielen.

1972: Beginn der Willkür Im Zuge einer sog. Afrikanisierungskampagne wies Amin Anfang 1972 die etwa

50000 in Uganda lebenden Asiaten aus. Diese Willkürmaßnahme zog schwere wirtschaftliche Schäden nach sich. Die Asiaten hatten Handwerk und Kleinindustrie dominiert und damit eine Schlüsselstellung im Wirtschaftssystem eingenommen.
Mit Terrormaßnahmen setzte der bullige Diktator, der gern mit Frauengeschichten prahlte, seine unberechenbare Politik durch. In einer Säuberungswelle entfernte er aus Politik und Armee alle Angehörigen der Langi- und Acholi-Völker, auf die er sich bis dahin vorwiegend gestützt hatte. An ihre Stelle trat eine ihm blind ergebene Soldatentruppe aus dem Norden Ugandas sowie aus sudanesischen Söldern. Bis Mitte der 70er Jahre «säuberte» Amin nahezu alle gesellschaftlichen Bereiche von «unliebsamen Elementen».
1974 ließ er sich von dreien seiner vier Frauen scheiden. Wenige Monate später fand man eine seiner Ex-Frauen zerstückelt auf. Ungeklärt blieb, ob Amin, der sich selbst als «Herr über Leben und Tod» titulierte, in die Tat verwickelt war.

Ab 1973: Außenpolitischer Zickzack Der publizitätssüchtige General betrieb eine weitgehend emotional gesteuerte Außenpolitik. Trotz sowjetischer Unterstützung setzte er auch auf westliche Hilfe, verstaatlichte jedoch 1973 alle britischen Unternehmen. Nachdem sich die Beziehungen zum Westen wegen fortdauernder Menschenrechtsverletzungen verschlechterten, wandte sich Amin den arabischen Staaten, insbesondere Libyen, zu. 1975 übernahm er den Vorsitz der Organisation für afrikanische Einheit (OAU),

Idi Amin bei einem Staatsbesuch in Bonn, 1972

was zum Rückzug zahlreicher Staaten aus der Vereinigung führte.

1979: Vertreibung Der internationale Boykott von Ugandas Hauptexportgut Kaffee verursachte 1978 eine schwere Wirtschaftskrise. Amins Vertraute übten offen Kritik am Führungsstil des Staatschefs. Der General, seit 1976 Präsident auf Lebenszeit, reagierte mit der Entmachtung seines Stellvertreters Adrisi.
Anfang November 1978 verließ den unberechenbaren Despoten, der während seiner Amtszeit elf Attentate unbeschadet überstanden hatte, sein taktisches Geschick: Als er Tansania angriff, schlug die Armee des Nachbarlands zurück. Sechs Monate später hatten tansanische Truppen Uganda unter Kontrolle. Amin floh zunächst nach Saudi-Arabien und fand schließlich in Libyen Unterschlupf, wo er vermutlich auch Anfang der 90er Jahre noch lebte.

Yassir Arafat

(*27. 8. 1929)

▸ Symbol für die Palästinenser ◂

Der Gründer der Al Fatah, der größten palästinensischen Befreiungsorganisation, ist wegen seiner eher gemäßigten Haltung international der Verhandlungspartner für die Palästinenser. Mit seiner Kompromißbereitschaft und der Anerkennung Israels, die zum ersten Abkommen zwischen der Palästinensischen Befreiungsorganisation PLO und dem jüdischen Staat führte (1993), schwächte Arafat allerdings seine Position.

Arafats Geburtsort ist Kairo, obwohl er ihn aus politischen Motiven mitunter nach Jerusalem oder in ein Flüchtlingslager im Gazastreifen verlegt. Schon als Jugendlicher beteiligte sich der Sohn eines wohlhabenden palästinensischen Textilhändlers an Aktionen gegen die britische Mandatsmacht sowie gegen militante zionistische Gruppierungen. Arafat legte seinen eigentlichen Vornamen Rahman ab und nannte sich «Yassir», nach einem Araber, der von den Briten in Palästina getötet worden war.

Ab 1959: Kampf mit der Al Fatah Arafat, der im 2. Israelisch-Arabischen Krieg (1956) als Leutnant in der ägyptischen Armee gekämpft hatte, rief 1959 die Al Fatah (Bewegung zur Befreiung Palästinas) ins Leben. Sechs Jahre nach ihrer Gründung nahm die Organisation vom Libanon aus den bewaffneten Kampf gegen Israel auf. Unter der geschickten Führung Arafats, der als mutiger Kämpfer galt, entwickelte sich die Al Fatah schnell zur stärksten palästinensischen Guerillagruppe.
Der Sechstagekrieg 1967 festigte Arafats Überzeugung, daß die Israelis nur in einem Partisanenkrieg zu besiegen seien. Ein Dreivierteljahr später wurde Arafat zum Helden, als er das jordanische Dorf Karameh gegen israelische Kommandoeinheiten verteidigte. Mit dieser Aktion, als erster Sieg gegen die Israelis gewertet, gab er den Palästinensern ihr Selbstbewußtsein zurück.

1969: Aufstieg zum Führer aller Palästinenser Nach der Aufnahme der Al Fatah in die Palästinensische Befreiungsorganisation (PLO, gegründet 1964) wurde Arafat im Februar 1969 zum Sprecher des Exekutivrats gewählt. Obwohl er sich nicht von terroristischen Aktionen distanzierte, galt er als eher gemäßigt, denn er lehnte sowohl die panarabischen als auch die sozialrevolutionären Zielsetzungen linksradikaler Palästinensergruppen ab.
Der Mann, der sich stets mit Palästinensertuch, Kampfmontur und lässig baumelnder Pistole präsentierte, entzog die PLO dem Einfluß der arabischen Staatschefs. Im Oktober 1974 setzte er die Organisation endgültig als rechtmäßige und unabhängige Vertreterin aller Palästinenser im Nahen Osten durch.

1982–85: Flügelkämpfe Die militärische Niederlage der im Libanon ansässigen PLO-Verbände leitete 1982 interne Machtkämpfe in der Organisation ein: Israelische Truppen hatten Arafat und seine Kämpfer erst nach langen Verhandlungen ziehen lassen. Die Kämpfer wurden auf acht arabische Länder verteilt. Arafat verlor seine Operationsbasis und deutete Kompromißbereitschaft gegenüber Israel an. Damit provozierte er den Widerstand der radikalen PLO-Gruppen, die im Ostlibanon eine Meuterei gegen ihn anzettelten (März 1983). Am Ende war Arafat mit 4000 Kämpfern in der Hafenstadt Tripolis eingeschlossen. Nur durch die Intervention gemäßigter arabischer Staaten sowie von USA und UdSSR, die ihn für mögliche spätere Verhandlungen brauchten, konnte er das Land verlassen.

Yassir Arafat, 1993

Ab 1988: Wiederaufstieg Durch Bekenntnisse zu radikalen Lösungen und die Billigung terroristischer Aktionen gewann Arafat verlorenes Terrain innerhalb der Palästinenserbewegung zurück. Im April 1987 verhinderte er den drohenden Bruch innerhalb der PLO und band die radikalen Gruppen wieder ein. Im Dezember 1987 entflammte in den von Israel besetzten Gebieten ein Aufstand der dort lebenden Palästinenser. Obwohl er keinen Einfluß auf die Auseinandersetzungen hatte, war Arafat Nutznießer dieser sog. Intifada. Seit 1969 ununterbrochen PLO-Sprecher, galt er mehr denn je als das Symbol für die nationale Identität der Palästinenser. Nach dem Verzicht Jordaniens auf das Westjordanland proklamierte Arafat im November 1988 einen unabhängigen Staat Palästina. Fünf Monate später wurde er zu dessen Präsident gewählt.

1993: Vertrag mit Israel Nachdem Israel die PLO als Vertreterin aller Palästinenser anerkannt hatte, akzeptierte Arafat im Gegenzug das Existenzrecht des jüdischen Staates. Am 13.9.1993 unterzeichnete er in Washington mit dem israelischen Ministerpräsidenten Yitzhak Rabin das erste Abkommen zwischen Palästinensern und Israelis – ein Autonomieabkommen für den Gaza-Streifen und die Stadt Jericho im Westjordanland. Durch die zeitliche Verschiebung des zugesagten israelischen Abzugs geriet Arafat jedoch zunehmend in Bedrängnis, zumal die radikalen Palästinensergruppen das Abkommen strikt ablehnten und ihm die Kompetenz abstritten, für alle Palästinenser zu sprechen.

Oscar Arias Sánchez

(*13.9.1941)

▸ Arias-Plan befriedet Mittelamerika ◂

Die Initiative des costaricanischen Staatspräsidenten (1986–90) führte zur Befriedung und Demokratisierung der zentralamerikanischen Staaten Costa Rica, El Salvador, Guatemala, Honduras und Nicaragua. Die USA stellten daraufhin ihre Unterstützung von Rebellen gegen die sandinistische Regierung in Nicaragua ein. Für diesen sog. Arias-Plan wurde Oscar Arias Sánchez 1987 der Friedensnobelpreis verliehen.

Der Sohn eines reichen Plantagenbesitzers wurde in Heredia nahe der costaricanischen Hauptstadt San José geboren. Arias Sánchez beendete seine Schulzeit im Franziskanerkolleg der Kleinstadt Moravia und studierte Rechts-, Wirtschafts- und Politikwissenschaften – zunächst an der National-Universität seines Landes, später in Großbritannien (Essex und London). Nach dem Abschluß als Magister der Politikwissenschaften und der Rückkehr in seine Heimat (1969) folgte fünf Jahre später die Promotion als Staatswissenschaftler in Essex. 1973 heiratete Arias Sánchez die Biochemikerin Margarita Penón Góngora, mit der er zwei Kinder hat.

Ab 1972: Aufstieg in der Politik Mit dem Studium ging auch Arias' politische Lehrzeit in Hochschulverbänden zu Ende. Für die regierende sozialdemokratische PLN (Partei der Nationalen Befreiung) wurde er Planungsminister (1972–77). 1978 verlor die PLN zwar die Präsidentschaftswahlen gegen die konservative Christlich-Soziale Einheitspartei (PUSC) des neuen Staatschefs Rodrigo Carazzo, als Abgeordneter seiner Heimatstadt Heredia zog Arias Sánchez jedoch in den Kongreß ein. 1979 übernahm er das Amt des PLN-Generalsekretärs. Aufgrund seiner Sachkenntnisse als Vorstandsmitglied der Zentralbank seines Landes (1970–77) sowie als Leiter des Technologie-Instituts in Costa Rica wurde Arias Sánchez zum kompetenten und gefürchteten Kritiker der Wirtschaftspolitik der Regierung. Drei Jahre später verhalf sein engagierter Wahlkampf für den Präsidentschaftskandidaten Luis Alberto Monge der PLN zum erneuten Wahlsieg.

1985: Auf dem Weg zum Gipfel Seine wirtschaftspolitischen Fähigkeiten gaben 1985 trotz aller Altersbedenken der Parteioberen den Ausschlag für die Nominierung des 43jährigen zum Präsidentschaftsanwärter der PLN. Arias Sánchez avancierte zur Symbolfigur der jungen Generation seines Landes, die auf ökonomischen Aufschwung und Frieden in Mittelamerika hoffte. Mit absoluter Mehrheit (52,3% aller Stimmen) wurde der Sozialdemokrat im Frühjahr 1986 zum Staatschef Costa Ricas gewählt.

Ab 1985: Innenpolitische Reformen
Der ersehnte Umschwung in der Wirtschaftspolitik ließ nicht lange auf sich warten: Arias beseitigte die Abhängigkeit der Industrie und Landwirtschaft von den traditionellen Exportgütern Bananen, Kaffee, Kakao und Zucker, indem er Investitionsförderungsprogramme für die Kunststoff- und die Textilindustrie initiierte.
Das Wirtschaftswachstum stieg kontinuierlich, die Exporte seines Landes kletterten pro Jahr um zweistellige Prozentwerte. Durch geschickte Verhandlungen mit den Gläubigerstaaten Costa Ricas entschärfte der neue Präsident die Schuldenlast und senkte den Preisanstieg und die Arbeitslosigkeit. Auf gesellschaftspolitischem Gebiet brachte er vor allem Reformen zur Gleichberechtigung der Frauen in Gang.

1987: Nobelpreis für Friedensplan
Bravourstück seiner Amtszeit war die Befriedung des mittelamerikanischen Krisengebietes durch den sog. Arias-Plan.
Der Kampf der USA gegen die sandinistische Regierung Nicaraguas sorgte seit den frühen 80er Jahren nicht nur für einen ständigen Flüchtlingsstrom aus dem Nachbarstaat, sondern auch für zahlreiche Aktionen der sog. Contras – von den USA unterstützte Rebellentruppen. Der von Arias erarbeitete Friedensplan (Februar 1987) sah die schrittweise Demokratisierung bis hin zu freien Wahlen in Nicaragua (1990) vor. Im Gegenzug verzichteten die USA auf weitere Unterstützung der Contras. Außerdem verpflichteten sich die fünf Unterzeichnerstaaten zur Freilassung politischer Gefangener und zur Akzeptierung von Oppositionsparteien. Dank des im August 1987 in Guatemala-Stadt angenommenen Planes gelang der erste Schritt zu dauerhaftem Frieden, Kooperation und Demokratie in Zentralamerika. Im gleichen Jahr wurde dem Initiator der Friedensnobelpreis verliehen.

Oscar Arias Sánchez

1990: Ende der politischen Führung
Trotz aller Erfolge ihres populären Staatschefs verlor die PLN die Präsidentschaftswahlen im Februar 1990. Da die Landesverfassung eine zweite Amtszeit des Staatsoberhaupts verbietet, trat Arias' Parteifreund Carlos Manuel Castillo als Kandidat an und unterlag seinem konservativen Gegner Rafael Angel Calderón Fournier. Auch ohne Staatsamt nutzt Arias Sánchez seitdem sein internationales Ansehen, um für eine weitere Festigung des Friedensprozesses einzutreten.

Hafez al Assad

▸ Hardliner gegen Israel ◂

(*6. 10. 1930)

Nach einem Militärputsch (1970) verstand es Assad als einziger Machthaber Syriens im 20. Jahrhundert seine Herrschaft zu konsolidieren. Im Nahost-Konflikt spielt er wegen der strategischen Lage seines Landes eine Schlüsselrolle. Er war Wortführer des arabischen Widerstands gegen den israelisch-ägyptischen Friedensvertrag (1979) und lehnte eine Friedenslösung ohne Schaffung eines unabhängigen Palästinenserstaats ab.

Der Sohn eines Bauern gehört den schiitischen Alewiten an, die etwa ein Zehntel der syrischen Bevölkerung stellen (Die Mehrheit bilden die Sunniten). Assad, geboren in Kardhaha nahe der Küstenstadt Lathakia, schloß sich mit 16 Jahren der sozialistischen Baath-Partei an. Nach dem Abitur besuchte er wie viele Söhne aus der Unterschicht die Militärakademie von Homs. Dort wurde er zum Piloten ausgebildet und erwarb sich den Ruf eines hervorragenden Kunstfliegers.

1959–67: Schaffung einer Machtbasis Als Staffelkapitän war Assad in der Zeit der Vereinigten Arabischen Republik (VAR, Staatenbündnis zwischen Syrien und Ägypten 1958–61) in Ägypten stationiert. Wegen Kritik an der Auflösung der VAR wurde er aus der Armee ausgestoßen, zwei Jahre später aber wieder aufgenommen. Assad schloß sich dem sog. Militärischen Komitee der Baath-Partei an, das den Staatsstreich vom 8.3.1963 vorbereitete und durchführte. Als Oberbefehlshaber der Luftwaffe (ab 1964) schuf er sich die Basis für die spätere Machtübernahme. Er baute eine Sicherheitstruppe auf, die in der Lage war, alle Luftwaffenstützpunkte gegen potentielle Feinde ihres Kommandeurs zu verteidigen.

1967–70: Machtkampf und Putsch Nach der militärischen Niederlage Syriens im Sechstagekrieg gegen Israel (Juni 1967) scharte Assad, seit 1966 Verteidigungsminister, die Opposition gegen die orthodox-marxistische Regierung unter Nur Ad Din Al Atasi um sich. Es kam zum Machtkampf zwischen Assad und dem eigentlichen «starken Mann», General Salah Jadid. Das Eingreifen syrischer Truppen in die Kämpfe zwischen Palästinensern und Jordaniern (sog. Schwarzer September 1970) führte zur Eskalation: Assad versagte Jadids Truppen die Unterstützung. Als er zur Rechenschaft gezogen werden sollte, putschte er im November 1970.

Unter dem Namen «Korrekturbewegung» leitete Assad (ab 1971 Staatspräsident) eine eher liberale Wirtschaftspolitik ein und forcierte die Annäherung Syriens an die Sowjetunion. Seine Machtbasis verbreiterte er durch die Bildung der Progressiven Nationalen Front (BNP), die unter Führung der Baath-Partei alle sozialistischen Gruppen vereinte.

1973: Jom-Kippur-Krieg Die Vorbereitung und Durchführung (gemeinsam mit Ägypten) des Jom-Kippur-Kriegs (Oktober 1973) festigten die Position Syriens als Speerspitze der Araber im Kampf gegen Israel. Assad erhielt von den übrigen arabischen Staaten massive finanzielle Unterstützung, mit der er die Versorgungslage verbessern konnte und sein Ansehen in der Bevölkerung mehrte. Das Patt im Jom-Kippur-Krieg betrachtete er als Niederlage, für die er die Ägypter verantwortlich machte, da sie einem Waffenstillstand zugestimmt hatten. In der Folgezeit entwickelte er sich zum erbitterten Gegner der Friedensbemühungen des ägyptischen Staatspräsidenten Anwar As Sadat.

Ab 1976: Engagement im Libanon Mit seinem Eingreifen in den libanesischen Bürgerkrieg wollte Assad seine außenpolitische Position stärken. Doch der Einmarsch syrischer Truppen in den Libanon (Juni 1976) brachte ihn in Konflikt mit fast allen arabischen Staaten. Nach der Niederlage seiner Verbände durch die israelische Intervention (1982) gab Assad die bisherige Rolle als Friedensstifter zwischen den Bürgerkriegsparteien auf und strebte einen beherrschenden Einfluß auf das Nachbarland an.

Ab 1982: Diplomatischer Zickzack Seit Beginn der 80er Jahre verfolgte der gewiefte Taktiker Assad einen politischen Kurs, der ihm sowohl sowjetische Militärhilfe (Bildung einer

Hafez al Assad, 1978

strategischen Allianz mit der UdSSR im Juni 1982) als auch die finanzielle Unterstützung der Araber sicherte (Ablehnung aller Friedensbemühungen, Sachwalter palästinensischer Interessen). Sein diplomatisches Geschick, seine Interessen in alle Richtungen zu wahren, zeigte der Vater von fünf Kindern auch nach der Besetzung Kuwaits durch den Irak. Er schloß sich der internationalen Allianz gegen den irakischen Staatschef Saddam Hussein an und stellte gegen Zusicherung westlicher Wirtschaftshilfe 20 000 Soldaten zur Verfügung. Allerdings durften die syrischen Einheiten nur als sog. Schutztruppen für Saudi-Arabien und die Emirate eingesetzt werden. Dadurch war ihr Einsatz nicht direkt gegen die mit dem Irak verbündeten Palästinenser gerichtet.
Im September 1992 vollzog Assad eine außenpolitische Kehrtwendung: Erstmals stellte er einen Friedensvertrag mit Israel in Aussicht. Die Übereinkunft zwischen PLO und der israelischen Regierung vom Oktober 1993 lehnte er aber ab.

Sirimavo Bandaranaike

(*17.4.1916)

▸ Erster weiblicher Ministerpräsident ◂

Die ceylonesische Politikerin bestimmte in den 60er und 70er Jahren die Politik ihres Landes. 1960 wurde sie zum ersten weiblichen Regierungschef in einer Demokratie gewählt. Mit Korruption und Vetternwirtschaft manövrierte sich Bandaranaike ins politische Aus.

Sirimavo Ratwatte, geboren in Balangoda, entstammte einer angesehenen Großgrundbesitzerfamilie. Mit acht Jahren verließ sie das Elternhaus und besuchte eine der führenden römisch-katholischen Mädchenschulen des Landes. Obwohl sie hier das christliche Gedankengut kennenlernte, blieb sie gläubige Buddhistin.

1940: Heirat mit Politiker Als Sirimavos Bräutigam wählten ihre Eltern Solomon Bandaranaike, mit Mitte 20 bereits Minister (Heirat 1940, drei Kinder). Zwar erfüllte Sirimavo in erster Linie Repräsentationspflichten an der Seite ihres Mannes, doch engagierte sie sich ab 1941 in der Lanka Mahili Samiti-Organisation, die für bessere soziale und ökonomische Bedingungen der Landbevölkerung eintrat.
1951 gründete Solomon Bandaranaike die linksgerichtete Sri Lanka Freiheitspartei (SFLP), fünf Jahre später war er Ministerpräsident. 1959 erschoß ihn ein extremistischer buddhistischer Mönch während einer Audienz. Einstimmig wurde Sirimavo als Nachfolgerin ihres Mannes zur Parteivorsitzenden gewählt. Ihre Fähigkeit, an Emotionen zu appellieren, brachte ihr nicht nur die Bezeichnung «die weinende Witwe» ein, sondern der SFLP 1960 auch den Wahlsieg. Bandaranaike wurde Ministerpräsidentin Ceylons – des Landes, das 1931 als erster Staat Asiens das Wahlrecht für Frauen eingeführt hatte.

1960–65: Regierungschefin Bandaranaike übernahm zusätzlich die Ämter des Verteidigungs- und des Außenministers. Als Frau im höchsten Regierungsamt sah sie sich dem Spott der Opposition ausgesetzt, ließ sich davon jedoch wenig beeindrucken und forcierte den sozialistischen Kurs. Sie verstaatlichte Schulen, Banken, Versicherungen und Ölgesellschaften sowie Teile der Presse, die sie gleichzeitig der Zensur unterwarf. Außenpolitisch bemühte sie sich um enge Kontakte zu den Ländern des Warschauer Pakts und engagierte sich in der Bewegung der Blockfreien Staaten.
Ihre Wirtschaftspolitik blieb erfolglos. Resultat waren soziale Unruhen, die sie ebensowenig unter Kontrolle bekam wie die Auseinandersetzungen innerhalb ihrer Koalitionsregierung. Die Quittung erhielt sie bei den Wahlen 1965: Die SLFP unterlag der Vereinigten Nationalpartei (UNP).

1970: Erneut Ministerpräsidentin Bandaranaike kehrte im Mai 1970 an die Macht zurück, nachdem auch die UNP die Probleme des Landes nicht hatte lösen können. Obwohl ihre SLFP die absolute Mehrheit erreichte, beteiligte sie die Trotzkisten sowie die Kommunistische Partei an der Regierung.
Zwar ließ «Ape Amma» (unsere Mutter), wie sie von ihren Anhängern liebevoll genannt wurde, kostenlos Reis an die Armen verteilen, doch konnte sie die drängenden sozialen Probleme mit solchen Almosen nicht kaschieren. Im Mai 1971 unternahm die Volksbefreiungsfront einen Umsturzversuch, den Bandaranaike mit westlicher Waffenhilfe niederschlagen konnte. Wegen ihrer pro-singhalesischen Politik, mit der sie die tamilische Bevölkerungsminderheit (20%) benachteiligte, kam es jedoch immer wieder zu Unruhen. Während Bandaranaike die Militärhilfe des Westens gerne in Anspruch nahm, lehnte sie trotz prekärer Haushaltslage die angebotenen «imperialistischen Kredite» der Industriestaaten ab. Im Mai 1972 wurde aus der bisherigen parlamentarischen Monarchie Ceylon die Republik Sri Lanka.

Mitte der 70er Jahre: Machterhalt Nachdem im Mai 1972 aus der bisherigen parlamentarischen Monarchie Ceylon (Commonwealth of Ceylon) die Republik Sri Lanka geworden war, baute Bandaranaike eine gut funktionierende Vetternwirtschaft auf: Rund 200 Angehörige ihres Clans bekleideten höhere politische Ämter. Als sie 1975 versuchte, mit der Verstaatlichung der letzten

Sirimavo Bandaranaike mit ihrem Ehemann Solomon, der 1959 einem Attentat zum Opfer fiel

396 Plantagen zumindest noch eines ihrer Wahlversprechen zu erfüllen, war die Stimmung im Volk längst gegen sie. Die unvermeidliche Wahlniederlage schob Bandaranaike mittels Notstandsmaßnahmen und eines Dekrets, in dem sie ihre Amtszeit um zwei Jahre verlängerte, hinaus.

Ab 1977: Politisches Abseits Die Wahlen 1977 bedeuteten das Aus: Bandaranaikes Partei erhielt nur noch acht von 168 Parlamentssitzen. Der neu gewählte Regierungschef Junius Jayawardene (ab 1978 nach einer Verfassungsänderung Staatspräsident) setzte eine Untersuchungskommission ein, die Bandaranaike des Machtmißbrauchs und der Korruption für schuldig befand. Daraufhin wurden ihr 1980 für sieben Jahre alle Bürgerrechte entzogen.
1986 erfolgte ihre vorzeitige Rehabilitierung, zwei Jahre später feierte sie ihr politisches Comeback: Bei den Präsidentschaftswahlen erhielt sie 45 % der Stimmen und führt seitdem wieder die Opposition im Parlament an.

Menachem Begin

(16. 8. 1913–9. 3. 1992)

▸ Ehemaliger Terrorist als Regierungschef ◂

Obwohl Begin als Oppositionsführer (mit Unterbrechungen 1949–77) jegliche Konzessionen an Israels arabische Nachbarn ablehnte, schloß er 1979 einen Friedensvertrag mit Ägypten. Diese Kompromißbereitschaft des israelischen Regierungschefs (1977–83) blieb jedoch ein Einzelfall: Mit seiner Unnachgiebigkeit isolierte er sein Heimatland.

Der in Brest-Litowsk (damals russisch, 1921–39 polnisch) geborene Begin entstammte einem religiösen Elternhaus: Die Mutter kam aus einer Rabbinerfamilie, der Vater war Sekretär der jüdischen Gemeinde.

Ab 1929: In der Jugendbewegung Mit 16 Jahren schloß sich Begin dem Betar, einer radikalen zionistischen Jugendbewegung, an. Während des Jurastudiums in Warschau stieg er in Führungspositionen der Organisation auf. Ab 1935 Chef des polnischen Betar, mußte Begin vor den einrückenden deutschen Truppen fliehen. Seine Eltern und der Bruder fielen dem NS-Terror zum Opfer, nur seine Schwester überlebte. 1940 verhafteten die einmarschierenden sowjetischen Truppen Begin. Ein Gericht verurteilte ihn als «Agenten des Imperialismus» zu acht Jahren Zwangsarbeit. 1941 kam er wieder frei und wanderte im Mai 1942 nach Palästina aus.

1942–48: Terror gegen die Briten Nach seiner Ankunft trat Begin der jüdischen Untergrundbewegung Irgun Zwai Leumi bei, die gegen die britische Mandatsmacht operierte. Ab 1943 führte er die 10000 Mann starke Guerillatruppe und wies sie systematisch zu Terrorakten (insbes. Bombenanschläge) gegen die Briten an. Als «Terrorist Nr. 1» wurde Begin steckbrieflich gesucht, auf seinen Kopf war eine Belohnung von 2000 Pfund Sterling ausgesetzt. Nach der Unabhängigkeit Israels erklärte sich Begin erst auf militärischen Druck bereit, seine Organisation in die offizielle Armee einzugliedern.

1949–77: In der Opposition Nach Auflösung der Irgun gründete Begin die extreme Cheruth-Partei, die eine Ausdehnung Israels auf die Grenzen des Altertums anstrebte. Zwar wurde seine Partei bei den Wahlen 1949 drittstärkste Kraft, doch haftete Begin noch lange Zeit der Ruf des ehemaligen Terroristen an. Mitte der 60er Jahre galt er wegen seiner Wortgewalt als gefürchteter Oppositionsführer. Nach dem Sechstagekrieg 1967 trat er als Minister ohne Geschäftbereich dem Kabinett der Nationalen Einheit bei, demissionierte jedoch drei Jahre später, nachdem sich die Kabinettsmehrheit für die Annahme einer US-Friedensinitiative entschieden hatte, die den Rückzug Israels auf «sichere Grenzen» vorsah (Rogers-Plan).

8. September 1978: Unterzeichnung des Abkommens von Camp David, das den Friedensvertrag zwischen Israel und Ägypten vorbereitete. Von links: Anwar as Sadat, US-Präsident Jimmy Carter und Menachem Begin

1977: Wahl zum Regierungschef Unnachgiebigkeit kennzeichnete auch Begins Zeit als Ministerpräsident. Als Führer des konservativen Likud-Blocks bereitete er im Juni 1977 der seit Staatsgründung ununterbrochen regierenden Arbeitspartei eine Wahlniederlage. Überraschend konzessionsbereit zeigte sich Begin gegenüber Ägypten. Am 26.3.1979 schloß er mit dem ägyptischen Staatspräsidenten Anwar As Sadat einen Friedensvertrag; bereits im Jahr zuvor hatten beide Politiker für ihre Friedensbemühungen den Friedensnobelpreis erhalten. Zwar verpflichtete sich Begin zum stufenweisen Rückzug Israels vom Sinai, doch in den für die arabischen Staaten entscheidenden Punkten blieb er hart: Einen vollständigen Rückzug Israels auf die Grenzen von 1967 lehnte er ebenso ab wie Verhandlungen über eine Autonomieregelung für die Palästinenser und über den Status Jerusalems.

1982: Zweite Amtszeit Den erneuten Wahlsieg im Juni 1981 verdankte Begin vor allem den orthodoxen und orientalischstämmigen Juden. Mit seinen Siedlungsplänen für das Westjordanland und durch die Annexion der besetzten syrischen Golan-Höhen begab sich Begin weiter auf Konfliktkurs.
1982 befahl Begin den Einmarsch israelischer Truppen in den Libanon, wo er sein militärisches Ziel, die Vertreibung der dort ansässigen PLO-Einheiten, erreichte. Doch war Begin auch verantwortlich für das israelische Nicht-Eingreifen bei den Massakern in den Palästinenserlagern Sabra und Schatila (ca. 1000 tote palästinensische Flüchtlinge).

1983: Rücktritt Am Ende von Begins Amtszeit – am 15.9.1983 trat er wegen seines angeschlagenen Gesundheitszustands zurück (Nachfolger: Yitzhak Shamir) – war Israel aufgrund seiner Ablehnung jeglicher Friedenspläne für den Nahen Osten international isoliert. Auch privat war es einsam um Begin geworden, denn mit dem Tod seiner Frau Aliza (14.11.1983) hatte er seine Weggefährtin verloren. 1992 später starb er im Alter von 78 Jahren.

Achmed Ben Bella

(25.12.1919)

▸ Häftling zwingt Frankreich in die Knie ◂

Der algerische Befreiungsheld baute nach der Unabhängigkeit des Landes (1962) einen sozialistischen Staat auf. Mit seinem autoritären Regime brachte er die ehemaligen Kampfgenossen gegen sich auf und wurde nach dreijähriger Herrschaft gestürzt.

Ben Bella wurde in Marnia im Département Oran geboren. Seine Eltern waren vermutlich Bauern, nach anderen Angaben war er Sohn eines Händlers marokkanischer Abstammung. Als Soldat der französischen Armee nahm Ben Bella am 2. Weltkrieg teil. Mehrfach wegen Tapferkeit ausgezeichnet, verließ er die Armee nach dem Krieg im Rang eines Stabsfeldwebels.

Ab 1946: Im Befreiungskampf Ben Bella schloß sich der algerischen Unabhängigkeitsbewegung an, die für eine Loslösung Algeriens von der Kolonialmacht Frankreich kämpfte. Zunächst war er Mitglied der Volkspartei Messali Hadjs und wechselte Ende 1946 in die militärische Geheimorganisation (OS), gebildet von den radikalen Kräften der Partei. In der OS stieg Ben Bella, der über ein ausgeprägtes Machtbewußtsein verfügte, schnell auf: 1947 wurde er OS-Chef des Gebietes um Oran, ein Jahr später leitete er die Organisation in ganz Algerien.

1956–62: In französischer Haft Als Angehöriger des Komitees der Neun Brüder löste Ben Bella am 1.11.1954 den Aufstand gegen die Franzosen aus. Der Organisations- und Stabschef der Befreiungsarmee ALN griff selbst in die Kämpfe ein und avancierte zum «Staatsfeind Nr. 1» der Franzosen. Im Oktober 1954 gelang ihnen der vermeintlich entscheidende Schlag gegen Ben Bella: Französische Jäger zwangen das aus Marokko kommende Flugzeug Ben Bellas zur Landung in Algier, wo Soldaten den Unabhängigkeitskämpfer verhafteten.
Mit zahlreichen anderen Rebellen, die sich ebenfalls an Bord befanden, kam er in das Pariser Santé-Gefängnis. Vergeblich versuchte er, mit Hungerstreiks seine Freilassung zu erzwingen. Das algerische Volk hatte Ben Bella indes nicht vergessen: Am 9.9.1958 ernannte ihn die algerische Exilregierung in Kairo zum stellvertretenden Ministerpräsidenten.

1962: Algerischer Ministerpräsident Nachdem Frankreich Algerien die Unabhängigkeit gewährt hatte (3.7.1962), kehrte Ben Bella in seine Heimat zurück. Als Volksheld und Märtyrer verehrt, brachte er im Machtkampf mit der Provisorischen Algerischen Regierung unter Ben Khedda das Militär auf seine Seite und strich vor den Parlamentswahlen (20.9.1962) alle Gegner von der Kandidatenliste. Seine Wahl zum Ministerpräsidenten war reine Formsache (26.9.1962).

1963–65 Algerischer Präsident Ben Bella betrieb eine konsequent sozialistische Industrialisierung des Landes. Herrenlose Landgüter teilte er auf, den Außenhandel verstaatlichte er. Seine alleinige Macht festigte Ben Bella mit dem Verbot der KP (3.12.1962). Mit Hilfe der Einheitspartei FLN setzte er eine autoritäre Verfassung durch (Präsidialsystem mit linkssozialistischen Tendenzen) und wurde am 15.9.1963 zum Präsidenten gewählt.

Auf die zunehmende Kritik an seinem diktatorischen Führungsstil sowie seinen erfolglosen Wirtschaftsmaßnahmen reagierte Ben Bella mit großangelegten «Säuberungsaktionen»; seinen ehemaligen Kampfgefährten Houari Boumedienne stellte er kalt. Ein verhängnisvoller Fehler, wie sich ein Jahr später zeigte: Am 19.6.1965 stürzte Boumedienne, der als Verteidigungsminister und Armeechef die Streitkräfte hinter sich hatte, Ben Bella. Ein öffentlicher Prozeß blieb ihm dank seiner ungebrochenen Popularität erspart. Statt dessen verbrachte Ben Bella einige Monate im Kerker und wurde dann in einer Villa bei Algier unter Hausarrest gestellt. Während der Haft heiratete er 1971 die aus Algerien stammende Journalistin Zohra Sellami (zwei Adoptivtöchter).

Mohammed Achmed Ben Bella, 1965

Der Algerienkonflikt

1954	Beginn des Aufstands
1956	Umsiedlungsaktionen der französischen Truppen treibt zahllose Algerier zur Flucht
1957	Verhaftung Ben Bellas
1958	Putsch in Algier; Exilregierung der FLN in Kairo gebildet
1960	Französische Bewohner Algeriens erheben sich gegen Selbstbestimmung des Landes
1961	Selbstbestimmungsgesetz
1962	Algerien erhält Unabhängigkeit

Ab 1980: Aktivitäten im Exil Im Juli 1979 hob Boumedienne-Nachfolger Benjedid Chadli den Hausarrest auf, 15 Monate später kam Ben Bella endgültig frei und siedelte nach Montmorency bei Paris über. Unverzüglich nahm der 62jährige, der sich als Exilant verstand, seine politischen Aktivitäten wieder auf. Nachdem ein Bündnis mit islamischen Fundamentalisten gescheitert war, gründete er im Mai 1984 die Bewegung für ein demokratisches Algerien (MDA). Ende 1985 folgte die Front der Gegner des algerischen Regimes, in der er Oppositionelle einte. 1990 kehrte Ben Bella nach Algerien zurück und kündigte an, bei den Präsidentschaftswahlen 1995 für die MDA zu kandidieren.

David Ben Gurion

(16.10.1886–1.12.1973)

▸ Gründer des jüdischen Staates ◂

Der überzeugte Zionist, der bereits als Jugendlicher nach Palästina einwanderte, erreichte in unermüdlichen Verhandlungen die Gründung Israels (1948). Als erster Ministerpräsident behauptete er das Land gegen die arabischen Nachbarn und stabilisierte den jungen Staat.

Ben Gurion wurde als sechstes von elf Kindern eines Rechtsberaters in Plonsk, einer kleinen Industriestadt nordwestlich von Warschau, geboren. Schon als Dreijähriger erlernte David Grün, so Ben Gurions bürgerlicher Name, die hebräische Sprache. Sein Vater war Ortsvorsitzender der Bewegung Chibbat-Zion (Liebe zu Zion), die eine Rückkehr der Juden nach Palästina forderte.

1906: Einwanderung in Palästina Das Engagement des Vaters prägte Davids Denken. 1904 trat er der zionistischen Partei Poalai Zion bei und übersiedelte als 20jähriger nach Palästina, um sich dort als Landarbeiter zu verdingen. David Grün benannte sich um in David Ben Gurion – Ben Gorion war einer der Anführer im jüdischen Krieg gegen die Römer. 1907 rief er die Interessengemeinschaft Eroberung der Arbeit ins Leben, die sich zur Keimzelle der Kibbuzim genannten landwirtschaftlichen Kollektive entwickelte.

1915: Ausweisung Wegen seiner Forderungen nach einem autonomen jüdischen Gebiet im Osmanischen Reich, zu dem Palästina gehörte, wurde Ben Gurion von den Türken ausgewiesen. Er ging nach New York, wo er die russischstämmige Paula Munweis kennenlernte und heiratete. Nach der sog. Balfour-Deklaration trat er der Jüdischen Legion bei, die Großbritannien bei der Befreiung Palästinas von türkischer Herrschaft unterstützte.

Ab 1918: Werben für einen Staat Israel Auf unzähligen Reisen warb Ben Gurion daher um die Übersiedlung sowie um finanzielle Unterstützung. 1930 gründete er die Arbeiterpartei MAPAI, in der er die unterschiedlichen sozialistischen Richtungen des Zionismus vereinigte. Neun Jahre später gab er die friedliche Diplomatie auf, als sich die Briten auf die Seite der Araber schlugen. Ben Gurion rief zur Bildung jüdischer Widerstandsgruppen auf, die die nun illegal gewordene Einwanderung organisierten und bewaffnete Auseinandersetzungen mit den britischen Truppen führten.

1948: Die Gründung Israels Am 14.5.1948 war Ben Gurion am Ziel: Nach dem Abzug der letzten britischen Mandatstruppen proklamierte er den unabhängigen Staat Israel und übernahm die Ämter des Ministerpräsidenten und des Verteidigungsministers. Einen Tag später griffen arabische Truppen den neuen Staat an. Innerhalb von zwölf Tagen gelang es dem 62jährigen, die ehemaligen Widerstandsgruppen in einer gemeinsamen Armee zu vereinigen und die Angreifer bis Mitte Januar 1949 zurückzuschlagen.

1949–63: Ministerpräsident Abgesehen von einer zweijährigen Pause (1954/55) bestimmte Ben Gurion bis 1963 ununterbrochen die israelische Politik. Um die sozialen Spannungen durch die Einwanderungswelle, die den jungen Staat zu überrollen drohte, abzubauen, schuf der introvertierte Sozialist ein einheitliches Bildungssystem, mit dem er die Juden unterschiedlicher Nationalitäten zusammenführte. Die Urbarmachung der Wüste schritt voran und beseitigte allmählich die Versorgungsengpässe. Das Wiedergutmachungsabkommen, das Ben Gurion gegen erbitterten innenpolitischen Widerstand mit der Bundesrepublik schloß (1952), sicherte Israel dringend benötigte Finanzmittel.
In der Außenpolitik beantwortete Ben Gurion Gewalt der Araber mit Gegengewalt. 1956 griff er in Absprache mit Frankreich Ägypten an (Sinaifeldzug; 29.10.–8.11.1956).

David Ben Gurion besucht Albert Einstein in Princeton/New Jersey, 1951

Grund für diese Aktion war ein arabischer Truppenaufmarsch an Israels Grenze sowie die Verstaatlichung des Suezkanals durch Ägypten.

Ab 1963: Schrittweiser Rückzug 76jährig trat Ben Gurion wegen angeblicher «Politikmüdigkeit» zurück. Mit diesem Schritt versuchte er vergeblich, die Vereinigung der MAPAI und der linken Arbeiterpartei AVODA zu verhindern. Er verließ die MAPAI und gründete die Rafi (Israelische Arbeiterliste), die allerdings erfolglos blieb. 1970 zog er sich in einen Kibbuz in der Negev-Wüste zurück und verfaßte dort u.a. seine Memoiren. Drei Jahre später starb er in Tel Aviv.

Der Weg zum Staat Israel

1917	Briten verpflichten sich in der Balfour-Deklaration, einen unabhängigen jüdischen Staat zu schaffen
1922	Gründung einer jüdischen Interessenvertretung gegenüber der britischen Verwaltung (Jewish Agency for Palestine)
1937	Britische Regierung empfiehlt Arabern und Juden die Teilung Palästinas; beide Seiten lehnen ab
1939	Briten begrenzen Einwanderung der Juden (sog. Britisches Weißbuch)
1947	UNO beschließt Teilung Palästinas in arabischen und jüdischen Teil
1948	Ben Gurion proklamiert Unabhängigkeit Israels

Benazir Bhutto

(*21. 6. 1953)

▸ Eine Frau erobert die islamische Männerwelt ◂

Der erste weibliche Premierminister in einem islamischen Land setzte sich 1988 gegen den erbitterten Widerstand fundamentalistischer Kräfte in Pakistan durch. Nach ihrer Absetzung (1990) gelang ihr 1993 ein politisches Comeback als Regierungschefin.

Als ältestes von vier Kindern des späteren pakistanischen Ministerpräsidenten (1973–77) Zulfikar Ali-Khan Bhutto wuchs Benazir («die Unvergleichbare») in der Provinz Sindh auf. Die Familie gehörte zum reichen, alteingesessenen Landadel. Benazir erhielt eine gute Schulbildung und durfte sich als erstes weibliches Familienmitglied ohne den Burqa, den schwarzen Schleier, in der Öffentlichkeit zeigen. Ihr Vater erkannte ihr Talent und schickte sie zum Politik- und Geschichtsstudium nach Harvard (USA) und Oxford (Großbritannien), wo die ausgezeichnete Studentin zur Vorsitzenden des angesehenen Debattierclubs avancierte.

Ab 1977: Politische Arbeit Ihr Ziel, eine Karriere im diplomatischen Dienst zu beginnen, wurde kurz nach ihrer Rückkehr nach Pakistan vereitelt: Das Militär stürzte Ministerpräsident Bhutto (5. 7. 1977) wegen Wahlmanipulation. Sein Nachfolger Zia ul-Haq ließ ihn zum Tode verurteilen (Hinrichtung 4. 4. 1979). Zusammen mit ihrer Mutter übernahm Benazir daraufhin als politische Erbin eine führende Rolle in der Partei ihres Vaters, der Pakistan People's Party (PPP), und bekämpfte die traditionell-islamistische Linie Zias. Benazir Bhutto wurde mehrfach verhaftet und unter Hausarrest gestellt, es gelang ihr dennoch, sich an die Spitze der PPP hochzuarbeiten (Vorsitz ab 1982).

1984–88: Exil und Verfolgung Vor den Drangsalierungen des Militärregimes floh sie 1984 mit ihrer Mutter und den Brüdern ins britische Exil, kehrte aber 1985 in ihre Heimat zurück. Sofort wurde sie wieder unter Hausarrest gestellt und nach Großbritannien abgeschoben. Nach ihrer zweiten Rückkehr (1986) entwickelte sie sich zur Hoffnungsträgerin für all jene, die auf eine Demokratisierung des Landes hofften. In ihrer von Flügelkämpfen erschütterten Partei war sie jedoch wegen des Konfrontationskurses gegen Zias Militärherrschaft heftig umstritten. Am pakistanischen Unabhängigkeitstag, dem 14. 8. 1986, eskalierte der innenpolitische Konflikt: Nach Ausschreitungen wurde Benazir Bhutto festgenommen und wegen Umsturzversuchs zu einem Monat Einzelhaft verurteilt.

1988–90: Regierungschefin Durch den plötzlichen Tod Zias bei einem Flugzeugabsturz (17. 8. 1988) veränderte sich die politische Situation im Land grundlegend. Aus den noch von Zia festgesetzten Wahlen ging die PPP am 16.11.1988 mit 43,9 % als stärkste Partei hervor. Als erste Frau in einem islamischen Staat wurde Benazir Bhutto zur Ministerpräsidentin ernannt. Die starke islamistische Opposition erschwerte ihre Regierungsarbeit ebenso wie der Widerstand aus den eigenen Reihen gegen ihren autoritären Führungsstil. Bhutto versprach Pressefreiheit, die Stärkung der Stellung der Frau und Maßnahmen gegen die Armut, doch aufgrund der wirtschaftlichen Misere des Landes fehlten jegliche Mittel für Sozialprogramme. Die Unzufriedenheit im Volk wuchs weiter, als Bhuttos Ehemann, der einflußreiche Geschäftsmann Asif Zardari (Hochzeit 1987; drei Kinder) aufgrund unbewiesener Korruptionsanschuldigungen zu 28 Monaten Haft verurteilt wurde. Unter dem Vorwurf der Vetternwirtschaft – rund 20000 Bhutto-Anhänger erhielten lukrative Verwaltungsposten – und der Korruption setzte Staatspräsident Ishak Khan die Regierungschefin am 6.8.1990 ab. Bereits 1989 hatte die Opposition zum «heiligen Krieg» gegen Bhutto aufgerufen.

1990–93: Opposition und Comeback Bei den Parlamentswahlen von 1990 bezog die PPP eine eindeutige Niederlage. Mian Nawaz Sharif, Mitglied des Wahlbündnisses Islamische Demokratische Allianz, löste Bhutto als Premierminister ab. Gegen seine Politik organisierte Bhutto 1992 einen sog. Langen Marsch auf Islamabad, bei dem 15000 ihrer Anhänger festgenommen wurden. Die

Benazir Bhutto

Zunahme der sozialen und politischen Spannungen mit z.T. bürgerkriegsähnlichen Auseinandersetzungen führten bei den Wahlen vom 6.10.1993 zum erneuten Wahlsieg Bhuttos. Ihre Partei erhielt insgesamt 86 der 201 Sitze in der Nationalversammlung von Islamabad. Für eine stabile politische Mehrheit ist die neue Regierungschefin allerdings auf die Unterstützung durch kleinere Parteien und unabhängigie Kandidaten angewiesen.
Gefahr droht Benazir Bhutto nicht nur von anderen Parteien, sondern auch aus der eigenen Familie: Ihr Bruder Murtaza, der Ende 1993 aus dem Exil nach Pakistan zurückkehrte, bezeichnet sich als eigentlichen politischen Nachfolger seines Vaters, tritt öffentlich gegen die Premierministerin auf und versucht – unterstützt von Mutter Nusrat – die Macht in der PPP zu gewinnen.

Jean Bedel Bokassa

(*22.2.1921)

▸ Der afrikanische Napoleon ◂

Der Präsident der Zentralafrikanischen Republik kam 1965 durch einen Putsch an die Macht und errichtete 1976 das einzige neue Kaiserreich der Nachkriegszeit. Bokassa, an dessen Geisteszustand oft gezweifelt wurde, beutete sein Volk aus und schreckte vor keiner Grausamkeit zurück. Nach dreijähriger Regentschaft wurde er von französischen Truppen gestürzt.

Der in Bobangui geborene Sohn eines Stammeshäuptlings (Stamm der Ngbaka) wuchs ab dem sechsten Lebensjahr mit seinen elf Geschwistern bei einem Onkel auf. Sein Vater wurde von Plantagenbesitzern ermordet, weil er das Tagessoll nicht erfüllt hatte. Einige Tage später nahm sich Bokassas Mutter aus Kummer das Leben.

Ab 1939: Soldat Frankreichs Nach dem Besuch verschiedener Missionsschulen trat Bokassa 1939 in die französischen Kolonialtruppen ein. Am Krieg in Afrika nahm er ebenso teil wie an Aktionen der Résistance gegen die deutschen Besatzer und an der alliierten Landung in Südfrankreich. Hochdekoriert kehrte er aus dem 2. Weltkrieg zurück, durchlief eine Offiziersausbildung (1946–48) und kämpfte im Indochinakrieg. Im Dezember 1956, kurz nachdem er das Offizierspatent erhalten hatte, schied er aus der Armee aus.

1958–66: Weg zur Macht Den Beginn seiner politischen Karriere verdankte Bokassa seinem Onkel Barthélemy Boganda, dem ersten Präsidenten der Zentralafrikanischen Republik. Bokassa wurde mit dem Umbau der ehemaligen Kolonialarmee betraut und 1964 von Präsident Daniel Dacko zum Generalstabschef ernannt. In der Silvesternacht 1965/66 putschte Bokassa und berief einen Revolutionären Rat ein, dem er vorstand. Zudem ernannte er sich zum Staatspräsidenten, Verteidigungs-, Justiz- und Informationsminister. Diese Ämterhäufung setzte er in der Folgezeit fort, so daß er Ende der 60er Jahre zeitweilig 16 Ministerposten gleichzeitig innehatte.

Ab 1966: Ausbeutung des Volkes In der Phase der Machtkonsolidierung präsentierte sich Bokassa als Wohltäter des Volkes und tarierte die Stammesrivalitäten bei der Besetzung der Ministerposten geschickt aus. Ende der 60er Jahre wurde deutlich, daß Bokassa das Volk, das ihn mit «Papa» ansprechen mußte, lediglich als ihm ergebene Masse betrachtete, die er nach Belieben ausbeutete. Er errichtete Monopolbetriebe für Waren aller Art und verkaufte sie zu Höchstpreisen an den Staat.

Ab 1967: Gewalt als Richtschnur Der nur 1,64 m große Bokassa regierte mit unvorstellbarer Brutalität. Angebliche Feinde und Kritiker ließ er grausam foltern, oft quälte er seine Opfer selbst. Den Argwohn der Franzosen besänftigte er mit eloquentem Auftreten und politischer Willfährigkeit. Wirtschaftliche Schwierigkeiten aufgrund ausbleibender westlicher Finanzhilfe versuchte er durch enge Kontakte zu Libyen zu überwinden. Unübertroffen in seiner Fähigkeit, sich den Wünschen anderer zu seinem Nutzen anzupassen, trat er 1976 kurzzeitig zum Islam über und nahm den Namen «Salah Eddine Ahmed Boukassa» an.

1977–79: Kaiser Nachdem er sich im März 1972 zum Präsidenten auf Lebenszeit ernannt hatte, verkündete Bokassa Ende 1976 die Umwandlung der Zentralafrikanischen Republik in ein Kaiserreich. Ein Jahr später, am Jahrestag der Krönung seines Vorbilds Napoleon, erreichte Bokassas Größenwahn seinen Höhepunkt: In einer prunkvollen Zeremonie, die ein Drittel des Staatshaushalts verschlang, ließ er sich zum Kaiser krönen (7.12.1977).

Das jüngste Kaiserreich des 20. Jahrhunderts war gleichzeitig auch das kurzlebigste. Nach knapp drei Jahren beendeten französische Truppen die Regentschaft von Bokassa I. Auslöser für das Eingreifen war ein Massaker an Schulkindern, die Bokassas Limousine mit Steinen beworfen hatten. Während der Kaiser zu einem Staatsbesuch in Libyen weilte, setzten die Franzosen in einem unblutigen Putsch seinen Vorgänger Dacko als neuen Präsidenten ein (20.9.1979). Bokassa fand Exil in der Elfenbeinküste.

Jean Bedel Bokassa, 1968

1979–86: Exil Nach der Ausweisung aus der Elfenbeinküste wegen angeblicher Putschpläne (Dezember 1983) ging Bokassa nach Frankreich. Auf seinem Schloß Hadricourt bei Paris lebte er von den Reichtümern, die er während seiner Regentschaft außer Landes geschafft hatte. Zusätzlich erhielt er vom Staat die Pension eines Hauptmanns der französischen Armee.

Ab 1986: Rückkehr und Haft Im Glauben, das Volk werde ihn mit offenen Armen empfangen, kehrte Bokassa am 22.10.1986 mit gefälschtem Paß in die Zentralafrikanische Republik zurück. Doch er wurde verhaftet und zum Tode verurteilt (12.6.1987). Staatschef André Kolingba wandelte die Strafe in lebenslangen Kerker um. Sechs Jahre später wurde Bokassa im Rahmen einer Amnestie wieder freigelassen.

Willy Brandt

(18. 12. 1913–8. 10. 1992)

▸ Architekt der Entspannung ◂

Durch seine Politik des Friedens und der Versöhnung baute Willy Brandt das internationale Mißtrauen gegen Deutschland nach dem 2. Weltkrieg ab. Die innenpolitisch umstrittenen Ostverträge begründeten die deutsch-deutsche und multilaterale Phase der Entspannung zwischen Ost und West. Unter Brandts Führung übernahm die SPD erstmals die Verantwortung in Bonn.

Der Name Willy Brandt existiert erst seit 1933 und war ursprünglich ein Deckname. Der sozialistische Jungaktivist Herbert Frahm, 1913 in Lübeck als Sohn einer Verkäuferin geboren, legte ihn sich in Nazi-Deutschland zu, um für seine verbotene Partei, die SAP, tätig sein zu können. Anfangs durch Mutter und Großvater politisch geprägt, wurde der Lübecker Reichstagsabgeordnete Julius Leber zum Vorbild des vaterlos aufwachsenden Jungen.
Frahm trat 1929 in die SAJ und ein Jahr später in die SPD ein, die er 1931 aus Protest (SPD-Tolerierung des antidemokratischen Kabinetts Brüning im Reichstag) wieder verließ. Als Vorsitzender der Sozialistischen Arbeiterpartei in Lübeck entkam er 1933 seiner Verhaftung durch die Nationalsozialisten nur per Flucht nach Norwegen (über Dänemark).

1933–45: Exil in Skandinavien Von Oslo unterstützte Brandt den Widerstand gegen Hitler-Deutschland und koordinierte die SAP-Jugendarbeit im Ausland. Als norwegischer Student getarnt, reiste er kurzzeitig auch nach Berlin. 1938 verlor Brandt die deutsche Staatsangehörigkeit (Annahme der norwegischen), zwei Jahre später geriet er unerkannt in deutsche Kriegsgefangenschaft, als die Wehrmacht Norwegen besetzte. Brandt flüchtete nach Schweden, wo er Mitglied eines internationalen SPD-Arbeitskreises wurde.

Ab 1948: Beginn der Karriere in Deutschland Nach seiner Wiedereinbürgerung (1948; formelle Namensänderung 1949) arbeitete sich Brandt in der Berliner SPD zielstrebig nach oben: Bis 1957 war er Abgeordneter im Bundestag und Präsident des Abgeordnetenhauses. 1957 der erste Höhepunkt: Brandt wurde Regierender Bürgermeister von Berlin – ein Amt, das er bis 1966 innehatte. In seine Amtszeit fiel der Mauerbau zwischen Ost- und Westteil der Stadt. Mit seiner «Politik der kleinen Schritte», die sich an Erleichterungen für die Bürger orientierte, versuchte Brandt die Folgen des kalten Kriegs zu mildern (1963: Erstes Passierscheinabkommen zwischen der BRD und der DDR).

Ab 1962: Aufstieg im Bundestag 1961 und 1965 scheiterte er jeweils gegen Konrad Adenauer bzw. Ludwig Erhard als Kanzlerkandidat der SPD, deren Vorsitzender er seit 1964

(Tod Erich Ollenhauers) war. Als Folge einer innen-und wirtschaftspolitischen Krise bildeten CDU und SPD 1966 eine Große Koalition unter Bundeskanzler Kurt Georg Kiesinger. Brandt wurde Außenminister und Vizekanzler. Die innenpolitische Lage (Studentenbewegung und außerparlamentarische Opposition) bekam das Bündnis trotz Notstandsgesetzgebung jedoch nicht unter Kontrolle, da es innerhalb der Koalition an der Bereitschaft zu gesellschaftlichen Reformen mangelte.

1969–74: Bundeskanzler Am 21.10. 1969 wurde Willy Brandt als erster Sozialdemokrat zum Bundeskanzler der BRD gewählt. Ihm gelang es, die Mehrheit der aufbegehrenden Jugend für seine Reformvorhaben (Slogan: «Mehr Demokratie wagen») zu gewinnen. Seine größten Erfolge lagen auf außenpolitischem Gebiet: Brandt beendete den kalten Krieg mit den osteuropäischen Staaten. Seine sog. Ostverträge mit Polen, der UdSSR (beide 1970) und der Grundlagenvertrag mit der DDR (1972) läuteten die Phase der Entspannung im Nachkriegseuropa ein. Als erster BRD-Regierungschef besuchte er 1970 die DDR, als er zum Treffen mit Ministerpräsident Willi Stoph nach Erfurt reiste. Für seine Politik erhielt Brandt 1971 den Friedensnobelpreis, ein Jahr später wurde die SPD bei der Bundestagswahl erstmals stärkste Fraktion (45,8 %).

Am 6.5.1974 trat Brandt als Bundeskanzler zurück, nachdem sein persönlicher Referent Günter Guillaume als DDR-Spion enttarnt worden

Willy Brandt, 1977

war. Nachfolger wurde der vorherige Finanzminister Helmut Schmidt.

Ab 1976: Belebung der Internationale Brandt blieb SPD-Vorsitzender, sein politisches Engagement galt jedoch verstärkt der internationalen Politik. Im November 1976 wurde er Vorsitzender der Sozialistischen Internationale (bis 1992), von 1977 bis 1989 führte er die Unabhängige Kommission für internationale Entwicklungsfragen (Nord-Süd-Kommission). Sein Einsatz galt nicht länger nur der Ost-West-Entspannung, sondern auch dem Ausgleich zwischen reichen Industriestaaten und Entwicklungsländern.

Nach der Niederlage der SPD bei der Bundestagswahl 1987 wurde Brandts Versuch, die parteilose Griechin Margaretha Mathiopoulos zur SPD-Sprecherin zu machen, zum Auslöser für seine Entmachtung. Brandt zog sich ins Privatleben mit seiner dritten Frau Brigitte Seebacher-Brandt zurück, die er 1981 nach der Trennung von seiner zweiten Frau Rut Hansen (Hochzeit 1948; erste Ehe mit Carlota Thorkildsen) geheiratet hatte. 1992 starb er in Unkel bei Bonn.

Leonid Breschnew

(19.12.1906–10.11.1982)

▸ Betonkopf sucht Weg zur Abrüstung ◂

Der KP-Chef, der 18 Jahre die Politik der UdSSR bestimmte (1964–82), sicherte mit militärischen Mitteln den Einflußbereich seines Landes (1968, 1979). Andererseits trug er maßgeblich zum Abschluß der ersten Vereinbarungen zur Rüstungsbegrenzung zwischen den Weltmächten Sowjetunion und Vereinigte Staaten bei.

Breschnew, Sohn eines Hüttenarbeiters aus Dnjeprodserschinsk/Ukraine, mußte bereits mit 15 Jahren zum Lebensunterhalt der Familie beitragen. In Abendkursen bildete er sich weiter und absolvierte 1927 eine Ausbildung als Landvermesser und Fachmann für Bodenverbesserung. Vier Jahre später begann er das Studium der Hüttenkunde, das er 1935 als Diplomingenieur abschloß.

Ab 1938: Förderung durch Nikita Chruschtschow Nach siebenjähriger Mitgliedschaft in der Partei wurde Breschnew 1938 KP-Abteilungsleiter in Dnjepropetrowsk. In dieser Funktion lernte er Nikita Chruschtschow, KP-Chef der Ukraine, kennen, der ihn protegierte. 1945 beauftragte er Breschnew mit dem Wiederaufbau in der Ukraine. Nachdem Chruschtschow den Machtkampf um die Stalin-Nachfolge für sich entschieden hatte (1953), entsandte er Breschnew nach Kasachstan, um die dortige Neulandgewinnung zu leiten. Als Breschnew 1957 ins Politbüro aufstieg, weitete er seinen Machtbereich allmählich aus und übernahm wichtige Parteiämter (u.a. 1960–64 Vorsitzender des Präsidiums des Obersten Sowjets). Hinter den Kulissen intrigierte der als schweigsam geltende Funktionär gegen seinen Gönner Chruschtschow. Bei dessen Sturz am 14.10.1964 spielte er die entscheidende Rolle und wurde zum neuen KP-Chef gewählt.

1964–66: Machtkonsolidierung Breschnew legte großen Wert auf elegante Kleidung und gesellschaftliche Umgangsformen und bildete damit das Gegenteil zu seinem oft ungehobelt wirkenden Vorgänger. Seine obersten Ziele waren der Machterhalt der KPdSU sowie die Sicherung der eigenen Position. Kurz nach Amtsantritt stoppte er die von Chruschtschow eingeleitete Parteireform. Zwei Jahre später übernahm Breschnew den Titel «Generalsekretär der KPdSU», den vor ihm nur Stalin getragen hatte, und besetzte alle Schaltstellen mit Genossen seines Vertrauens. Obwohl der KP-Chef offiziell kein Regierungsamt innehatte, nahm er regelmäßig an den Sitzungen des Ministerrats teil und empfing wichtige Besucher.

1968: Die Breschnew-Doktrin Innenpolitisch verfolgte Breschnew einen restaurativen Kurs. Gegen Intellektuelle und Menschenrechtler ging er hart vor (z. B. Ausbürgerung des Literatur-Nobelpreisträgers Alexander Solschenizyn 1974). Der Druck auf die übrigen Warschauer-Pakt-Staaten nahm zu. Die Liberalisierungstendenzen in der ČSSR ließ Breschnew im August 1968 mit Waffengewalt ersticken. Drei Monate später lieferte er mit der sog. Breschnew-Doktrin, die den übrigen Ostblockstaaten lediglich eine eingeschränkte Souveränität zubilligte, eine nachträgliche Rechtfertigung für die militärische Invasion.

Ab 1968: Bereitschaft zum Abrüsten Ab Ende der 60er Jahre bemühte sich der KP-Chef um eine Begrenzung des Wettrüstens (Atomwaffensperrvertrag 1968, SALT-Abkommen 1972 und 1979) und eine vorsichtige Annäherung an den Westen (Berlin-Abkommen 1971, Ostverträge 1972). Für diese Politik, mit der er im Politbüro auf erheblichen Widerstand stieß, waren zwei Gründe ausschlaggebend: Der Rüstungswettlauf überforderte die Wirtschaftskraft der UdSSR; nach dem Bruch mit China und Zwischenfällen an der Grenze beider Staaten (Ussuri-Konflikt 1969) sah Breschnew sein Land eingekesselt – im Westen von der NATO, im Osten von China.

Generalsekretär Leonid Breschnew beim XXIV. Parteitag der KPdSU, 1971

Abrüstung unter Breschnew

1968: Atomwaffensperrvertrag
Verpflichtung der Atommächte, keine Kernwaffen weiterzugeben
1972: SALT-I-Abkommen
Begrenzung der Zahl strategischer Offensivwaffen
1979: SALT-II-Abkommen
Fortschreibung von SALT I, Vertrag jedoch nicht ratifiziert

Ab 1975: Gesundheitsprobleme und Machtverlust Obwohl Breschnew im Juni 1977 erneut das Amt des Staatsoberhaupts übernahm, blies ihm der Wind zunehmend ins Gesicht: Die israelisch-ägyptische Aussöhnung bedeutete sinkenden sowjetischen Einfluß im Nahen Osten (1979), und der Einmarsch der Roten Armee in Afghanistan (1979) sorgte für eine neue «Eiszeit» in den Ost-West-Beziehungen. Durch seinen angegriffenen Gesundheitszustand gewannen die Militärs an Einfluß. Folge: Die UdSSR steckte enorme finanzielle Mittel in die Rüstung, da Breschnew aus Gründen des eigenen Machterhalts die ultimative Abrüstungspolitik der USA ablehnte.
Die Verschlechterung der Versorgungslage ging einher mit dem Machtverlust des KP-Chefs, der ab Anfang der 80er Jahre nur noch als «politische Marionette» galt. 75jährig starb Breschnew in Moskau. Sein Tod leitete eine Übergangsphase ein, an deren Ende Michail Gorbatschow für einen Kurswechsel in der sowjetischen Politik sorgte.

Fidel Castro Ruz

(*13.8.1927)

▸ Dinosaurier des Sozialismus ◂

Der dienstälteste kommunistische Machthaber der Welt war 1959 der erste sozialistische Regierungschef eines Staates der westlichen Hemisphäre. Die Erlaubnis des Kubaners zur Stationierung sowjetischer Mittelstreckenraketen führte die Welt 1962 an den Rand eines Atomkriegs (Kuba-Krise).

Castro wurde in Biran in der Provinz Oriente als Sohn eines eingewanderten Spaniers, der mit einer Zuckerplantage zu Reichtum gekommen war, geboren. Seine Mutter arbeitete als Haushälterin der Familie. Als 18jähriger begann Castro ein Jurastudium in der Hauptstadt Havanna. 1950 promovierte er und ließ sich als Anwalt nieder. Seine Klientel bestand vorwiegend aus Angehörigen der armen Landbevölkerung, deren Not er auf dem väterlichen Gut aus nächster Nähe kennengelernt hatte.

1953: Erster Putschversuch Nachdem der von den USA unterstützte Diktator Fulgenio Batista y Zaldívar 1952 durch einen blutigen Putsch an die Macht gekommen war, bildete Castro im Untergrund eine Widerstandsgruppe. Am 26.7.1953 überfiel er mit 150 Getreuen die zweitstärkste Militärgarnison des Landes, die Moncada-Kaserne in Santiago. Mit dieser Aktion wollte er einen Volksaufstand auslösen. Das Unternehmen scheiterte, und Castro wurde drei Monate später zu 15 Jahren Zwangsarbeit verurteilt. Seine Frau Mirtha Díaz Balart, die er 1948 geheiratet hatte (ein Sohn), ließ sich nach der Urteilsverkündung aus gesellschaftlichen Gründen scheiden.

1956–58: Guerillakrieg Im Zuge einer Generalamnestie kam Castro 1955 frei und ging nach Mexiko. Dort scharte er eine Gruppe Exilkubaner um sich und plante einen Umsturzversuch. Am 2.12.1956 landete er mit einer 81 Mann starken Invasionstruppe an Kubas Ostküste. Nur zwölf Mann überlebten den ersten Armeeangriff, darunter neben Castro sein Bruder Raúl und der argentinische Arzt Ernesto Guevara. Im folgenden zweijährigen Guerillakrieg gegen die Truppen Batistas verstand es Castro geschickt, den Mangel an Kriegsmaterial durch einen Überschuß an Kampfmoral zu kompensieren. Zudem veranlaßte er die verschiedenen Widerstandsgruppen zum gemeinsamen Vorgehen. Als am 1.1.1959 der Diktator flüchtete, zogen Castro und seine Guerilleros in Havanna ein.

Ab 1959: Der kubanische Weg Der neue Machthaber verstaatlichte die Industrie und verwandelte privaten Großgrundbesitz in staatliche Kooperativen. Dadurch verbesserte er die Lebensbedingungen der ehemals besitzlosen Landbevölkerung und erreichte die Gleichstellung der farbigen Bevölkerungsgruppen. Gleichzeitig schuf er ein staatliches

Gesundheitswesen sowie ein Volksbildungssystem, das dem Analphabetentum ein Ende bereitete (1953: 24 % Analphabeten; 1983: 2 %).
Vom ursprünglichen Ziel, die diktatorische Herrschaft durch freiheitliche, rechtsstaatliche Verhältnisse zu ersetzen, entfernte sich Castro schnell. Kuba wurde zur Diktatur mit Castro als «Lider Máximo» an der Spitze. Mehr als 2 Mio. Kubaner flohen ins Exil.
Ende 1961 bezeichnete sich der frühere Antikommunist Castro erstmals als «Marxist-Leninist» und übernahm im folgenden Jahr die Führung der KP.

Ab 1962: Annäherung an die Sowjetunion Nach der fehlgeschlagenen Invasion einer von den USA unterstützten Gruppe Exilkubaner erklärte Castro Kuba im April 1961 zum sozialistischen Staat. Seine Erlaubnis, sowjetische Mittelstreckenraketen auf der Insel zu stationieren, führte im Oktober 1962 zur sog. Kuba-Krise (Konfrontation zwischen USA und Sowjetunion).
Mitte der 60er Jahre wurde deutlich, daß Castros Versuch, dem Land durch die Monokulturpflanze Zukkerrohr die Unabhängigkeit zu sichern, gescheitert war: Kuba war abhängig vom Weltmarktpreis für Zucker. In der Folgezeit lehnte sich Castro eng an die Sowjetunion an, die massive Wirtschafts- und Sozialhilfe leistete. Kuba trat dem östlichen Handelsbündnis RGW bei. Auch innenpolitisch gestaltete Castro, der meist in Felduniform auftrat, das Land nach sowjetischem Vorbild um (sozialistische Verfassung von 1976) und übernahm die

Guerillakämpfer Fidel Castro

Ämter des Staats- und Ministerpräsidenten; zum Stellvertreter ernannte er seinen Bruder Raúl.
Die Anbindung an die UdSSR minderte Castros Einfluß in der Bewegung der Blockfreien Staaten. Durch den Einsatz kubanischer Soldaten in Afrika (z. B. Angola, 1976) verschaffte er sich jedoch hohes Ansehen in der Dritten Welt.

Ab 1988: Festhalten am Kurs Eine Übernahme der vom sowjetischen KP-Chef Michail Gorbatschow eingeleiteten Reformen lehnte Castro im Juli 1988 ab und hielt am Sozialismus fest. Allerdings zwangen die dramatischen wirtschaftlichen Schwierigkeiten den Lider Máximo Mitte 1992 zu einer Verfassungsänderung, die u. a. westlichen Investoren das Land öffnen soll.

Nicolae Ceauşescu

(26. 1. 1918–25. 12. 1989)

▸ Der Conducator betrügt sein Volk ◂

Auf Personenkult, Vetternwirtschaft und Unterdrückung beruhte die 24 Jahre währende Diktatur des Rumänen. Trotz gravierender Menschenrechtsverletzungen sicherte er sich durch einen von der Sowjetunion relativ unabhängigen Kurs die Unterstützung des Westens. Ceauşescus Sturz (1989) bedeutete das Ende des letzten stalinistischen Machthabers Osteuropas.

Der Sohn eines Bauern wuchs mit seinen neun Geschwistern in Sconicesti nordwestlich von Bukarest auf. Nach dem Volksschulbesuch absolvierte er eine Lehre als Schuster. Bereits mit 15 Jahren wurde Ceauşescu Funktionär im kommunistischen Jugendverband KJV. Wegen illegaler Parteiarbeit verbüßte er ab 1936 eine zweijährige Haftstrafe im berüchtigten Gefängnis Doftana. Dort lernte er einige Mitglieder des inneren Kreises der KP kennen, darunter der spätere Regierungschef Gheorghe Gheorgiu-Dej. Auch die Zeit des 2. Weltkriegs verbrachte Ceauşescu überwiegend in Haft; u. a. war er im KZ Tirgu Jiu interniert.

Ab 1948: Führungspositionen Als stellvertretender Agrarminister war Ceauşescu ab März 1948 mitverantwortlich für die Zwangskollektivierung der Landwirtschaft. 1950 wechselte er in das Amt des Verteidigungsministers. Der eigentliche politische Aufstieg begann mit der Machtübernahme von Gheorgiu-Dej (1952). Ceauşescu wurde Mitglied des Politbüros und bestimmte fast zehn Jahre lang die Personalpolitik (1955–65). Zwei Tage nach dem Tod Gheorgiu-Dejs nahm er dessen Platz an der Parteispitze ein (20.3.1965).

Ab 1965: Politiker zwischen den Blöcken Ebenso wie sein Vorgänger strebte Ceauşescu nach nationaler Souveränität und lehnte die sowjetische Vorstellung von Rumänien als reinem Agrar- und Rohstofflieferanten ab. Auch außenpolitisch stellte er sich demonstrativ gegen die UdSSR und verurteilte den Einmarsch der Warschauer-Pakt-Trup-

Ceauşescus eigenständiger Weg

1966	Ausbau der Kontakte zu Jugoslawien und China
1967	Aufnahme diplomatischer Beziehungen mit der BRD; Weigerung, diplomatische Beziehungen zu Israel abzubrechen
1968	Verurteilung des Einmarschs in die Tschechoslowakei
1979	Verurteilung des sowjetischen Einmarschs in Afghanistan
1984	Teilnahme an Olympischen Spielen in Los Angeles als einziges Ostblockland

pen in die ČSSR (August 1968). Mit seiner Politik der «Öffnung nach allen Seiten» sicherte sich Ceauşescu auch die finanzielle und wirtschaftliche Unterstützung des Westens.

Ab 1974: Diktatorische Machtfülle Innerhalb von sieben Jahren schuf sich Ceauşescu fast unumschränkte Macht. Nach der Verfassungsänderung von 1974, die Rumänien auch formal zur «Sozialistischen Republik» machte, trug er als Staatspräsident die Bezeichnung «Conducator» (Führer) und präsentierte sich bei seinen Auftritten mit den traditionellen Machtinsignien Zepter und Schärpe. Wichtige Partei- und Staatsämter besetzte er mit Familienmitgliedern, allen voran seine Frau Elena. Die von ihm aufgebaute Geheimpolizei Securitate unterdrückte brutal jegliche Opposition.

Ab 1985: Isolation Mitte der 80er Jahre geriet Rumänien durch Menschenrechtsverletzungen in politsche Isolation. Westliche Gelder flossen nur noch spärlich, und der Widerspruch zwischen dem Herrschertraum von einem hochindustrialisierten Land und der Wirklichkeit trat immer deutlicher zutage: Die Lebensbedingungen verschlechterten sich rapide. Wegen Energiemangels sperrten die Behörden den Strom und drosselten die Zimmertemperaturen auf 12 °C. Mit gefälschten Klimadaten versuchte Ceauşescu, den Durchhaltewillen der Bevölkerung zu stärken.
Durch das sog. landwirtschaftliche Systematisierungsprogramm wollte der Conducator, der Milliardenbeträge in Repräsentationsbauten

Juni 1976: Nicolae Ceauşescu empfängt Helmut Kohl, damals CDU-Kanzlerkandidat und Ministerpräsident von Rheinland-Pfalz

steckte, sowohl die Wirtschafts- als auch die drängenden Nationalitätenprobleme lösen. Etwa 8000 Dörfer und Siedlungen, vorwiegend von der ungarischen und deutschen Minderheit bewohnt, sollten dem Erdboden gleichgemacht werden. Insbesondere unter der ungarischstämmigen Bevölkerung (8 %) regte sich Widerstand, den Ceauşescu niederschlagen ließ.

1989: Hinrichtung Einen Monat, nachdem sich Ceauşescu von den Parteitagsdelegierten als «Held über den Helden des Volkes» hatte feiern lassen, forderte das Volk auf einer Massenkundgebung seinen Rücktritt (22.12.1989). Als sich die Armee von ihm abwandte, flüchtete der Conducator mit seiner Frau. Zwei Tage später wurde das Ehepaar gestellt und von einem Militärgericht zum Tode verurteilt. Erst nach seiner Hinrichtung erkannte die Weltöffentlichkeit das ganze Ausmaß der Willkürherrschaft Ceauşescus, der bis zuletzt die Zuständigkeit des Gerichts bestritt.

Arthur Neville Chamberlain

(18.3.1869–9.11.1940)

▸ Einsatz für Frieden führte zum Krieg ◂

Der britische Premierminister (1937–40) versuchte vergeblich, die Kriegsgefahr in Europa durch seine Politik der Beschwichtigung (Appeasement) gegenüber dem deutschen Diktator Adolf Hitler zu bannen.

Der Sohn des britischen Politikers Joseph Chamberlain wurde in Edgbaston/Birmingham geboren. Während sein Vater für Halbbruder Joseph Austen Chamberlain eine Karriere als Politiker vorsah, sollte Neville in der Wirtschaft tätig sein. Er studierte Wirtschafts- und Ingenieurwissenschaften in Rugby und Birmingham, ehe er mit 21 Jahren eine Sisalfarm seines Vaters auf den Bahamas übernahm. Nach sieben Jahren scheiterte das Projekt; Chamberlain kehrte aus der Einsamkeit, wo er sich viel mit Geschichte beschäftigt hatte, in die britische Zivilisation zurück.

Ab 1897: Einstieg in die Politik Nachdem er sich in Birmingham als kompetenter Geschäftsmann einen Namen gemacht hatte, weckte seine Tätigkeit als Vorsitzender eines Krankenhauses sein Interesse für Gesundheitspolitik. 1910 heiratete er die Majorstochter Annie Vere (zwei Kinder); ein Jahr später wurde er in den Stadtrat von Birmingham gewählt, wo er für Stadtplanung zuständig war und überdies die erste städtische Sparkasse Englands gründete. Durch seine Erfolge wurde er Bürgermeister, ehe er 1916 von Premierminister Lloyd George zum Beauftragten für die Rekrutierung freiwilliger Industriearbeiter in der Kriegsproduktion ernannt wurde. Mit 49 Jahren kam er nach Beendigung des 1. Weltkriegs als konservativer Abgeordneter in das Unterhaus, dem er bis 1940 angehörte.

Ab 1923: Profilierung als Minister Der Generalpostmeister (1922/23) und Schatzkanzler (1923) der Regierung von Stanley Baldwin erhielt 1924 das langersehnte Gesundheitsressort. Obwohl er eher kühler Geschäftsmann als mitreißender Politiker blieb, setzte er durch Fleiß und Sachkompetenz eine neue Sozialgesetzgebung durch. 1929 lieferte er mit der Verwirklichung des Local Government Act sein politisches Meisterstück ab: Das neue Gesetz schaffte die bisherigen Armenämter ab und ordnete die Finanzierung zwischen Staat und Gemeinden neu. Nach diesem Erfolg wurde er 1931 Schatzkanzler der Großen Koalition und brachte die Folgen der Weltwirtschaftskrise unter Kontrolle, indem er Schutzzölle in die Handelspolitik einführte.

Ab 1937: Premierminister Als Regierungschef Baldwin 1937 zurücktrat, wurde der 68jährige Chamberlain zu seinem Nachfolger ernannt. Nachdem er sich erfolgreich für eine

Entspannung im Konflikt mit der Republik Irland eingesetzt hatte, verlangten die aggressive deutsche Politik und die drohende Kriegsgefahr fortan seine ganze Aufmerksamkeit. Wie von seinem konservativen Parteikollegen Winston Churchill seit Jahren gefordert, begann Großbritannien unter Führung Chamberlains mit der Aufrüstung der Armee, ohne den deutschen Rüstungsvorsprung annähernd einholen zu können. Aus dieser militärisch ungünstigeren Situation versuchte der britische Premierminister Hitler in seinem Machtstreben zu beschwichtigen (sog. Appeasement-Politik), was der deutsche Diktator jedoch als Schwäche auslegte. Um die Kriegsgefahr zu bannen, erkannte Chamberlain die Ansprüche Hitlers auf die sudetendeutschen Gebiete im September 1938 an. Dieses sog. Münchner Abkommen, das auch die italienischen und französischen Ministerpräsidenten Benito Mussolini und Edouard Daladier unterzeichneten, sprach dem Deutschen Reich tschechoslowakisches Gebiet zu. Die vermeintliche Friedensgarantie wurde in ganz Großbritannien begeistert gefeiert, zumal Chamberlain und Hitler außerdem eine unbegrenzte Kriegsverzichtserklärung zwischen Deutschland und England vereinbarten.

Ab 1939: Irrtum und Einsicht Spätestens als Hitler im März 1939 auch Prag besetzte und Gebietsforderungen gegen Polen geltend machte, erkannte Chamberlain den fatalen Irrtum seiner Beschwichtigungsdiplomatie. Die britischen und französischen Garantieerklärungen

Neville Chamberlain, 1933

konnten Hitlers Überfall auf Polen (1.9.1939) und den 2. Weltkrieg nicht mehr verhindern. Chamberlain war in einen Krieg gezwungen worden, den er durch seine nachgiebige Haltung gegenüber Nazi-Deutschland hatte verhindern wollen. Der glücklose Außenpolitiker war als Kriegsstratege erfolglos und überfordert: Nachdem es der britischen Marine im April 1940 nicht gelungen war, die Landung deutscher Truppen in Norwegen zu verhindern, und Chamberlain von der deutschen Westoffensive gegen Frankreich im Mai überrascht wurde, entzog das britische Unterhaus seinem Premierminister das Vertrauen. Der 71jährige trat am 10.5.1940 zurück, sein Nachfolger wurde Winston Churchill. Im gleichen Jahr starb Neville Chamberlain, der bis Oktober Lordpräsident der Regierung und Mitglied des Kriegskabinetts blieb, im britischen Ort Heckfield und wurde in Westminster Abbey beigesetzt.

Chiang Kaishek

(31.10.1887–5.4.1975)

▸ Staatsgründer nach Niederlage ◂

Der Vorsitzende der chinesischen Nationalregierung in Nanking (1928–49) war als Chef der nationalistischen Kuomintang maßgeblich an der Einheit Chinas beteiligt. Chiang Kaishek (eigtl.: Jiang Zhongzheng) zeichnete als Oberbefehlshaber der Alliierten Streitkräfte in China (ab 1942) für den militärischen Erfolg Chinas und damit für den Aufstieg des Landes zur Großmacht verantwortlich. Nach der Niederlage im Bürgerkrieg gegen die Truppen Mao Zedongs floh er 1949 nach Taiwan, das er als Staatspräsident mit US-Hilfe zu wirtschaftlicher Blüte führte.

Der Sohn einer angesehenen und wohlhabenden Kaufmannsfamilie aus der chinesischen Küstenregion Chekiang hatte nur einen Berufswunsch: Er wollte Soldat werden. Mit 19 Jahren besuchte er eine Militärakademie im Norden des Landes, von 1909 bis 1911 verpflichtete er sich in der japanischen Armee, deren besonderer Drill es ihm angetan hatte. In chinesischen Diskussionszirkeln in Tokio entwickelte sich Chiang Kaishek zum überzeugten Nationalisten, der China durch eine Revolution einigen und von der Manchu-Dynastie befreien wollte.

1911–25: Kampf um die Führung In den Unruhen von 1911/12 wurde die alte Regierung zwar beseitigt und China zur Republik, der neue Machthaber, Yuan Shikai, wendete sich jedoch gegen seine Verbündeten der Nationalen Volkspartei (Kuomintang) unter Sun Yatsen, dessen Gefolgschaft sich auch Chiang angeschlossen hatte. Ein neuer Revolutionsversuch schlug fehl (1913); Chiang Kaishek mußte das Land verlassen. Er ging nach Japan und kam erst nach Yuans Ermordung (1916) wieder.
Chiang zog sich zwischenzeitlich aus dem Bürgerkrieg zurück und wurde Mitglied der sog. Grünen Bande, die in dubiose Finanzgeschäfte in Shanghai verwickelt war. 1918 zog es ihn endgültig an die Seite des Nationalistenführers Sun Yatsen. Mit sowjetischer Finanzhilfe baute die Kuomintang eine schlagkräftige Armee auf. Chiang reiste 1923 in die UdSSR, um neue militärstrategische Erfahrungen zu sammeln, und leitete ein Jahr später eine Militärakademie in Whampoa nahe Kanton. Nach dem Tod Sun Yatsens übernahm er 1925 den Vorsitz der Partei sowie der Revolutionsarmee. 1927 heiratete Chiang Kaishek die Schwester der Witwe Sun Yatsens, 1930 folgte die Ehe mit Meiling, der jüngsten Tochter der mächtigen, westlich orientierten Soong-Familie. Auf Wunsch einer zweiten Frau trat Chiang 1930 zum Christentum über.

Ab 1925: Wende im Bürgerkrieg Chiangs Ziel, die Einheit des Landes, rückte näher: Im Kampf gegen

Chiang Kaishek mit Franklin D. Roosevelt und Winston Churchill

die sog. Warlords (regionale Militärherrscher) eroberte er 1928 Peking und bildete eine Zentralregierung in Nanking. Zeit für die angekündigten Sozialreformen blieb indes nicht: Im Gegensatz zu seinem Vorgänger Sun Yatsen bekämpfte Chiang auch die chinesischen Kommunisten, die 1931 eine eigene Räterepublik in Kiangsi gegründet hatten. In blutigen Kämpfen setzte sich Chiang gegen die Rote Armee um Mao Zedong durch, deren Mitglieder 1934 in den Norden flüchten mußten (Langer Marsch).

Ab 1941: Chinas Aufstieg zur Weltmacht Der Krieg mit Japan (1937–45) leitete die Wende im chinesischen Bürgerkrieg ein. Auf Druck der UdSSR schloß Chiang ein nationales Bündnis mit den Kommunisten gegen Japan. Das Blatt im zunächst fast aussichtslosen Kampf Chinas wendete sich 1941, als die westlichen Alliierten Japan den Krieg erklärten. Nach der japanischen Kapitulation avancierte China zu einer Weltmacht der Nachkriegspolitik.

Nach 1945: Niederlage und Flucht Kaum war der 2. Weltkrieg beendet, flammte der Gegensatz zu den Kommunisten erneut auf. Durch den Kampf gegen Japan hatte Maos Rote Armee großen Zulauf aus der Landbevölkerung erhalten und erwies sich bald als zu stark für die erschöpften Verbände Chiangs. 1949 floh Chiang Kaishek nach Taiwan, wo er sich mit den USA verbündete und vergeblich die Vertretung ganz Chinas beanspruchte. Durch die amerikanische Finanzhilfe stieg die Republik China (ausgerufen am 1.3. 1950) zu einer der bedeutenden asiatischen Wirtschaftsmächte auf. Staatspräsident Chiang Kaishek schloß 1955 einen Verteidigungspakt mit den USA.
Nach der Annäherung der Vereinigten Staaten an die Volksrepublik China in den 70er Jahren (Pingpong-Diplomatie) geriet Taiwan zunehmend in völlige außenpolitische Isolation. Nach Chiangs Tod 1975 übernahm sein Sohn Jiang Jingguo die Amtsgeschäfte.

Nikita Sergejewitsch Chruschtschow

(17.4.1894–11.9.1971)

▸ Tauwetter führt zur Eiszeit ◂

In seiner elfjährigen Amtszeit (1953–64) brach der sowjetische KP-Chef mit dem Stalinismus (1956). Seine eher gemäßigte Politik gegenüber dem Westen führte zum Bruch zwischen der Sowjetunion und China.

Chruschtschow wurde als Sohn armer Bauern in Kalinowka bei Kursk, nahe der ukrainischen Grenze, geboren. Die Mutter zog Nikita und seine beiden Schwestern groß; der Vater war als Saisonarbeiter im ukrainischen Kohlerevier beschäftigt. Nach der Umsiedlung nach Jusofka im ukrainischen Donezbecken (1908) lernte Chruschtschow Maschinenschlosser. 1914 heiratete er seine erste Frau Galina (zwei Kinder), die während der Hungersnot 1921 starb. Auch seine zweite Frau, Nina Petrowna, lernte er in Jusofka kennen (Heirat 1924; drei Kinder).

Ab 1934/35: Aufstieg unter Stalin Sieben Jahre nach dem Eintritt in die Partei Lenins (1918) begann Chruschtschows politische Karriere im Parteiapparat der Ukraine. Josef Stalin wurde auf den bulligen Funktionär aufmerksam und setzte ihn in der Moskauer Parteizentrale ein (1935), u.a. überwachte Chruschtschow den Bau der Moskauer U-Bahn. Als treuer Gefolgsmann Stalins brachte er die «Säuberungen» in der Ukraine (Parteichef ab 1938) zum Abschluß und stieg 1939 ins Politbüro auf.

1942–50: Konflikte mit Stalin Nach dem Überfall Deutschlands auf die UdSSR ging Chruschtschow als politischer Offizier an die Front. Stalin lastete ihm persönlich die Niederlage der Roten Armee im Kessel von Charkow (1942) an. Erst durch seinen Anteil an den kriegsentscheidenden Siegen in Stalingrad und im Kursker Bogen (beide 1943) gewann Chruschtschow das Vertrauen des allmächtigen KP-Chefs zurück.
1946 geriet er wegen anderer Auffassungen über die Bekämpfung der ukrainischen Hungersnot erneut in Konflikt mit Stalin. Dieser setzte ihn als Parteichef der Ukraine ab (1948).

Ab 1953: Chef der KPdSU Aus dem Machtkampf nach Stalins Tod (März 1953) ging Chruschtschow im September 1953 als Sieger hervor und löste Georgi Malenkow als Generalsekretär des ZK der KPdSU ab. Zweieinhalb Jahre später leitete er mit einer Geheimrede auf dem XX. Parteitag (24./25.5.1956) die Entstalinisierung ein: Chruschtschow bezeichnete Stalins Politik als «Verbrechen am eigenen Volk» und räumte mit dem Personenkult auf. 1961 ließ er Stalins Leichnam aus dem Mausoleum entfernen.

1956/57: Liberalität und Härte Um den sowjetischen Einfluß in Osteuropa zu wahren, bediente sich

Nikita Chruschtschow bei der 1.-Mai-Parade in Moskau, 1961. Rechts von ihm der Kosmonaut Juri Gagarin und Leonid Breschnew

Chruschtschow gegensätzlicher Mittel. Nach Unruhen in Polen stimmte er im Oktober 1956 der Berufung von Wladislaw Gomulka zum polnischen KP-Chef zu, obwohl dieser für eine eigenständige Politik gegenüber der UdSSR eintrat. Nur drei Wochen später ließ Chruschtschow den Ungarn-Aufstand blutig niederschlagen. Obwohl das Aufbegehren in Osteuropa seine Kritiker auf den Plan rief, konnte er die Widersacher entmachten: Im Juni 1957 wurden Malenkow, Lasar Kaganowitsch und Wjatscheslaw Molotow aus dem Parteipräsidium ausgeschlossen.

1958–63: Unberechenbare Westpolitik Das von emotionalen Ausbrüchen und mangelndem diplomatischem Geschick geprägte Wesen Chruschtschows bestimmte auch seine Außenpolitk. Als erster sowjetischer Regierungschef (ab 1958) besuchte er die USA (15.9.1959) und warb für friedliche Koexistenz. Der erhofften Versöhnung zwischen Ost und West setzte er im Zuge der Kuba-Krise 1962 die Drohung eines Atombomben-Einsatzes entgegen. Ein Jahr später stimmte er dem Atomteststopp-Abkommen zu (Unterzeichnung 5.8.1963 in Moskau).

Ab 1962: Wachsende innere Kritik Chruschtschows Eingeständnis, es gebe mehrere Wege zum Sozialismus, mit dem er für die Aussöhnung zwischen der UdSSR und Jugoslawien gesorgt hatte (1955), sowie die gemäßigte Politik gegenüber dem Westen führten 1961 zum offenen Bruch mit China. Auch die fehlgeschlagene Agrarpolitk – die Sowjetunion war weiterhin von Getreidelieferungen aus den USA und Kanada abhängig – vergrößerte die Zahl seiner Gegner. Am 14.10.1964 erfolgte die Entmachtung des KP-Chefs. In der offiziellen Verlautbarung hieß es, der 70jährige habe wegen seines «fortgeschrittenen Alters und gesundheitlicher Probleme» um seine Entlassung gebeten.

1966–72: Der verbitterte Pensionär Chruschtschow verkraftete den Macht- und Ansehensverlust nur schwer. In der Öffentlichkeit wurde er totgeschwiegen. Für Aufsehen sorgten lediglich seine 1970 in den USA veröffentlichten Memoiren. 77jährig starb er in Moskau an einer Herzattacke. Im Gegensatz zu allen anderen Sowjetführern verweigerte ihm die Regierung einen Platz an der Kreml-Mauer.

Winston Leonard Spencer Churchill

▸ Ein Leben für den Krieg ◂

(30. 11. 1874–24. 1. 1965)

Der eigensinnige und arbeitsbesessene britische Premierminister stoppte im 2. Weltkrieg die deutschen Truppen und damit den Faschismus, als Schriftsteller erhielt er 1953 den Literaturnobelpreis für seine sechsbändige Geschichte des 2. Weltkriegs. Die beiden machtbedingten Parteiwechsel des Politikers sind in der britischen Geschichte einmalig.

Seine Kindheit, sagte Winston Churchill, sei die unerfreulichste Zeit seines Lebens gewesen. Sein von ihm verehrter Vater Lord Randolph Churchill, Führer der konservativen Partei, kümmerte sich kaum um seinen Sohn. Die Schulzeit in Ascot, Brighton und Harrow wurde zum Leidensweg: Aus Protest gegen Druck und Strafen verließ er die Schule als Außenseiter ohne Abitur und wurde Berufsoffizier.

Ab 1893: Suche nach der Berufung Ohne den Schulzwang lebte Churchill auf: Er nahm freiwillig an fünf Feldzügen teil und machte seine ersten schriftstellerischen Versuche als Kriegsberichterstatter. Seine kritischen Kommentare lenkten die Aufmerksamkeit der Partei seines 1895 verstorbenen Vaters auf sich: Churchill wurde Unterhauskandidat, fiel in seinem Wahlkreis Oldham (1899) jedoch durch. Im für England zunächst unrühmlichen Burenkrieg (1899/1900) rettete Berichterstatter Churchill verwundete Soldaten, geriet in Gefangenschaft und entkam auf abenteuerliche Weise. Großbritannien hatte seinen ersehnten Kriegshelden, und Churchill gewann seinen Wahlkreis.

Ab 1904: Karriere als Liberaler 1904 lief der ehrgeizige konservative Hinterbänkler zu den populären Liberalen über. Die Konservativen straften ihn fortan mit Verachtung, die neuen Parteifreunde machten ihn 1906 zum Staatssekretär für Kolonialfragen, Wirtschaftsminister (1908) und Innenminister (1910). Unter Einfluß des Reformers Lloyd George avancierte Churchill kurzzeitig zum Radikalliberalen, der Sozialreformen für Arme forderte. Als Marineminister unter Premier Asquith (1911) verdrängte Churchills Kriegsbegeisterung alle Reformziele: Er startete die größte Flottenaufrüstung der englischen Geschichte.

1915–24: Sturz und Comeback Seine strategischen Fähigkeiten – schon 1911 sah er den Kriegsverlauf bis 1915 exakt voraus – konnte Churchill wegen fehlenden diplomatischen Geschicks nicht in politische Entscheidungen umsetzen. Als die von ihm geplante Balkanoffensive 1915 fehlschlug, mußte die Regierung zurücktreten und mit den Konservativen koalieren, die erfolgreich Churchills Rücktritt forderten. Sein Parteifreund Lloyd George holte ihn ins Kabinett zurück. Churchill wurde Rüstungsminister (1917), Kriegs- und Luftfahrtminister (1919) und Kolonialminister (1920).

Ab 1924: Abstieg als Konservativer Zwei Jahre nach dem Sturz der Regierung wechselte der machthungrige Churchill wieder zu den Konservativen. Premier Stanley Baldwin machte ihn zum Schatzkanzler (bis 1929), doch Churchill blieb ein Fremdkörper in der Partei. Aus dem Reformer von einst wurde ein Reaktionär, der sich gegen die bolschewistische Revolution in Rußland ereiferte, die er mit einem Feldzug bezwingen wollte. Nach der konservativen Wahlniederlage zog sich Churchill 1930 auf seinen Landsitz in Kent zurück. Er blieb Unterhausabgeordneter, widmete sich seiner Frau Clementine (Heirat 1908) und seinen vier Kindern. Der leidenschaftliche Zigarrenraucher begann zu malen, schrieb Bücher und politische Kommentare, in denen er unverdrossen vor einem 2. Weltkrieg warnte.

1939–45: Aufstieg zum Kriegshelden Als der Krieg 1939 ausbrach, stand Churchill als Prophet da. Der ungeliebte Krieger wurde einen Tag nach der englischen Kriegserklärung an Deutschland (3.9.) erneut Chef der Admiralität. Als die Norwegen-Offensive der veralteten Kriegsflotte Anfang Mai 1940 fehlschlug, nahm Premier Chamberlain seinen Hut – der 65jährige Kriegsexperte Churchill wurde sein Nachfolger. Er legte sein Programm in der berühmten «Blut-Schweiß-und-Tränen-Rede» (13.5.1940) dar: Krieg und Sieg um jeden Preis. Die gesamte Wirtschaft wurde auf Rüstung umge-

Winston Churchill, 1955

stellt, die Bevölkerung auf Entbehrungen eingeschworen – mit Erfolg: England siegte in der Luftschlacht über der Insel und stoppte den Gegner in Ägypten. Churchill ernannte sich zum Verteidigungsminister und wurde konservativer Parteichef (bis 1955). Sein Ziel, gemeinsam mit Roosevelt die Vormachtstellung in Europa zu übernehmen, scheiterte jedoch. Im Moment des Sieges zerbrach die englische Allparteienkoalition. Wahlkampfthema war der Staatsbankrott, Kriegsexperte Churchill mußte gehen.

1946–65: Die letzten Jahre Dem gefeierten Nationalhelden gelang 1951 das Comeback als Premierminister. Nach dem Tod Stalins (5.3.1953) forderte er als erster Politiker die Beendigung des kalten Kriegs. Sein Friedensplan kam nicht zustande: Churchill erlitt einen Schlaganfall; 1955 trat er zurück. Der unbeugsame Staatsmann starb 90jährig in der britischen Hauptstadt.

Georges Benjamin Clemenceau

(28.9.1841–24.11.1929)

▸ Der Tiger rettet Frankreich ◂

Der führende Politiker der französischen Radikalsozialisten stellte als Ministerpräsident (1906–09) das Staatswohl über alles. Bei den Friedensverhandlungen von Versailles (1919) setzte der «Tiger», der von der deutschen Kriegsschuld überzeugt war, die sog. Reparationsklausel durch.

Clemenceau stammte aus Mouilleron-en-Pareds im Westen Frankreichs. Durch seinen Vater lernte er früh das Gedankengut von Robespierre, der für das einfache Volk eingetreten war, kennen und schätzen. Die Verhaftung und drohende Deportation seines Vaters nach dem Attentat auf Napoleon III. bestärkte Clemenceaus Haß auf jede Form eines autoritären Staates.

1861–70: Studien und Reisen Während des Medizinstudiums (ab 1861) in Nantes und Paris engagierte sich Clemenceau im Kampf gegen Zensur und Polizei. Er gründete mehrere oppositionelle Zeitungen – darunter «Le Matin» –, die teilweise wieder verboten wurden. Nach der Promotion (1865) reiste Clemenceau nach England und in die USA. Seinen Lebensunterhalt verdiente er durch Übersetzungen sowie als Reit- und Französischlehrer. 1869 heiratete er in Stamford/Connecticut seine Schülerin Mary Plummer (drei Kinder, Scheidung 1877).

1870/72: Erste politische Ämter In der neuen Republik wurde er 1870 Bürgermeister von Montmartre, ein Jahr später zog er für die radikalen Republikaner in die Nationalversammlung. Seine Vermittlungsversuche während des Aufstands der Pariser Kommune (März bis Mai 1871) gegen die konservative Republik brachten ihm den Vorwurf des Verrats ein. Clemenceau verlor sein Parlamentsmandat.

1876–93: Wortführer der Radikalsozialisten Für die radikalsozialistischen äußersten Linken kehrte Clemenceau 1876 in das Abgeordnetenhaus zurück. Sein erklärtes Ziel war die Fortsetzung der Revolution von 1789. Clemenceau stilisierte seine Partei zur alleinigen Vertreterin der Arbeiterklasse hoch, wandte sich gegen alle Formen sozialer Ungerechtigkeit und verteidigte das Streikrecht. Den «Opportunisten» der bürgerlichen Parteien warf er vor, der Politik des deutschen Reichskanzlers Bismarck Vorschub zu leisten. Seine Kompromißlosigkeit und seine gefürchteten Attacken, mit denen er mehrere Regierungen stürzte, brachten Clemenceau den Beinamen «le tigre» ein. Doch auch der «Tiger» stolperte: Seine Verwicklung in die Bestechungsaffäre um den Bau des Panamakanals (1889 aus technischen Gründen gescheitert) unterbrach 1893 seine politische Karriere.

1906–09: Erstmals Regierungschef Die Dreyfus-Affäre verhalf Clemenceau zum Comeback. Alfred Dreyfus, Hauptmann jüdischer Herkunft, war als Opfer antisemitischer Ressentiments wegen Geheimnisverrats zu lebenslanger Deportation verurteilt worden. Als Herausgeber der Zeitschrift «L'Aurore» setzte sich Clemenceau für die Revision des Prozesses ein und veröffentlichte 1898 Émile Zolas Appell an den Präsidenten «J'accuse». Nach der öffentlichen Rehabilitation des Hauptmanns kam Clemenceau 1902 wieder in den Senat.

Vier Jahre später wurde er zunächst Innenminister, dann Ministerpräsident. In dieser Funktion stellte der temperamentvolle Clemenceau die Staatsräson obenan. Er führte die Einkommensteuer ein und ließ 1908 die Streikbewegung mit Gewalt niederschlagen. Die Preisgabe einst von ihm selbst schwer erkämpfter Erfolge kommentierte er trocken: «Jetzt stehe ich auf der anderen Seite der Barrikade.» Diese Haltung verübelte ihm die Linke; 1909 mußte Clemenceau wegen mangelnder parlamentarischer Unterstützung zurücktreten.

Georges Clemenceau

1917: Rückkehr an die Macht Während des 1. Weltkriegs bekämpfte Clemenceau mit publizistischen Mitteln den Kriegsoptimismus des Militärs. Erst als Frankreich 1917 vor dem Zusammenbruch stand, willigte der 76jährige ein, die Regierung zu übernehmen. Er errichtete eine Kriegsdiktatur und stärkte mit moralischen Appellen den Durchhaltewillen des Volkes. Überzeugt von der Kriegsschuld der Deutschen, lehnte Clemenceau den 14-Punkte-Plan von US-Präsident Woodrow Wilson ab. Er setzte die Reparationsklausel durch und erreichte die Verfügung über das Saarland und die Rückgliederung Elsaß-Lothringens.

Nach der Unterzeichnung des Friedensvertrags von Versailles (28. Juni 1919) hoffte Clemenceau, aus den Präsidentenwahlen im Folgejahr als Sieger hervorzugehen. Doch die Politiker hatten nicht vergessen, daß er die Friedensverhandlungen im Alleingang geführt hatte. Clemenceau verlor die Wahl und trat als Ministerpräsident zurück.

Ab 1920: Privatmann Weit ab vom politischen Tagesgeschäft widmete sich Clemenceau seinem Garten und verfaßte philosophische Bücher. 88jährig starb er in seiner Pariser Wohnung und wurde entsprechend seinem letzten Wunsch ohne offizielle Zeremonien beigesetzt.

XIV. Dalai Lama

(*6. 6. 1935)

▸ Ein Mönch auf der Suche nach Frieden ◂

Der XIV. Dalai Lama (dt.: «Ozean des Wissens») mußte 1959 vor den Chinesen aus seinem Land fliehen. Aus dem indischen Exil legte er 1987 einen Friedensplan vor, der ihm zwei Jahre später den Nobelpreis einbrachte, an der machtlosen Situation der Tibeter allerdings nichts ändern konnte.

Nach dem Tod des XIII. Dalai Lama (17. 12. 1933) machten sich hohe tibetische Würdenträger auf die Suche nach seinem Nachfolger, der nach buddhistischem Glauben die Wiedergeburt Buddhas ist. Nach Deutung verschiedener Orakel fanden die Regierungsvertreter vier Jahre später den 2jährigen Tanchu Dhondup im kleinen Ort Takster nahe der chinesischen Grenze. Sie unterzogen den Jungen einer genauen Prüfung über seine früheren Leben (z. B. Erkennen von Gegenständen aus dem Besitz seiner Vorgänger), die Tanchu Dhondup mit Bravour bestand. Am 22. 2. 1940 wurde der 4jährige als XIV. Dalai Lama im tibetischen Herrschersitz Potala in Lhasa unter seinem Mönchsnamen Tenzin Gyatso inthronisiert.

Ab 1940: Vom Kind zum Würdenträger Die Auffassungsgabe des Dalai Lama – er brauchte ein Buch nur einmal zu lesen, um dessen Inhalt völlig aufzunehmen – siegte bald über die anfängliche Faulheit des Herrschers: Mit 14 Jahren galt der «Ozean des Wissens» als Fachmann auf allen Gebieten. In seinen politischen Entscheidungen strebte der Dalai Lama wie sein Vorgänger Reformen an. Tenzin Gyatso änderte das sozial unausgewogene Steuersystem, schaffte Feudalprivilegien ab und verstaatlichte landwirtschaftliche Anbauflächen.

1950: Chinesische Invasion Im Oktober 1950 überfielen chinesische Truppen das antikommunistische Tibet, wo Gewaltlosigkeit Staats- und Religionsziel ist. Die Regierung in Peking unter Mao Zedong machte historische Gründe für den Einmarsch geltend: Großbritannien und Rußland hatten 1907 die chinesische Oberhoheit über Tibet, das bis heute nur von Indien als Staat anerkannt wurde, per Vertrag offiziell bestätigt. Hauptgrund war jedoch die strategische Bedeutung Tibets (Grenzlage zu Indien). In dieser Ausnahmesituation wurde der Dalai Lama mit 15 Jahren vom bisherigen Regenten, dem Lama Taktra Rimpoche, für volljährig erklärt und damit – drei Jahre früher als vorgesehen – geistliches und weltliches Oberhaupt seines Landes (17. 11. 1950).
Unter chinesischem Druck kam es am 27. 5. 1951 zum «17-Punkte-Abkommen»: Tibet wurde autonome Region Chinas und bekam die Religionsfreiheit zugesichert, während chinesische Truppen das Leben kontrollierten und der in China umerzo-

gene Panschen Lama (gestorben 1989) zum gleichberechtigten Herrscher aufgebaut werden sollte. Der Versuch des Dalai Lama, politische Mitbestimmung und Unabhängigkeit für sein Land zu erreichen, schlug 1954 und 1956 in Peking fehl.

Ab 1959: Aufstand und Flucht Die Übergriffe der Soldaten gegen das tibetische Volk nahmen zu, die Unruhe wuchs. Obwohl der Dalai Lama zur Gewaltlosigkeit aufrief, kam es 1959 zum Aufstand, der China den Vorwand für die systematische Verfolgung Oppositioneller lieferte: Nach Schätzungen von amnesty international starben bis Anfang der 90er Jahre rund eine Million Tibeter durch Hunger, Folter und Zwangsarbeit. Die freie Religionsausübung und die tibetische Sprache wurden verboten (bis 1980). Der Dalai Lama entging seiner Verhaftung nur durch Flucht nach Dharamsala im Himalaja-Gebiet Nordindiens, wo er seitdem gemeinsam mit seiner Mutter sowie zwei Geschwistern lebt. In dieser Zeit schuf er eine demokratische Exilregierung und Verfassung für sein Land (1963), unterstützte geflüchtete Landsleute und bat in aller Welt – allerdings vergeblich – um politische Unterstützung.

Dalai Lama, 1988

1987: Ein Friedensplan für Tibet In einem Friedensplan forderte der Dalai Lama 1987 in Washington und 1988 in Straßburg u. a. die Bewahrung der kulturellen Identität Tibets sowie ein Höchstmaß innerer Autonomie bei Anerkennung der chinesischen Oberhoheit. China lehnte alle Verhandlungen ab und reagierte mit Härte: Demonstrationen in der Hauptstadt Lhasa wurden blutig unterdrückt, das Kriegsrecht ausgerufen. Für seine gewaltlosen Versöhnungsbemühungen erhielt der Dalai Lama 1989 den Friedensnobelpreis.

Wiedergeburt in Buddhismus und Lamaismus

- Ein Ziel des Buddhismus ist die geistige Entwicklung und Vervollkommnung (Eintritt ins Nirwana). Dieses Ziel wird nicht in einem Leben erreicht.
- Die Wiedergeburt eines Geistlichen oder Gelehrten betrifft den Geist, nicht den Körper: Der Verstorbene kehrt in einem Neugeborenen zurück.
- Wiedergeboren wird nur, wer eine der Stufen des Nirwana (vollständiger seelischer Ruhezustand als Lebensziel) erreicht hat.
- Der Wiedergeborene selbst strebt durch seine Hilfsbereitschaft in einem späteren Leben die Buddhaschaft an. Lebensziel: Hilfe für Mitmenschen.

Alcide De Gasperi

(3.4.1881 – 19.8.1954)

▸ Europäer der ersten Stunde ◂

Der italienische Ministerpräsident, der bis 1953 insgesamt neun Regierungen vorstand, stellte die Weichen für die Westintegration Italiens, erreichte 1946 die Autonomie seiner Südtiroler Heimat (sog. Gruber-De Gasperi-Abkommen), sicherte im Pariser Frieden 1947 die Souveränitat seines Landes und war Vorreiter einer europäischen Gemeinschaft.

Der Sohn strenggläubiger Katholiken aus dem Ort Pieve Tesino verbrachte Kindheit und Schulzeit in Trentino-Südtirol, ehe er in Trient und in Wien Geisteswissenschaften studierte (Promotion 1905). Als Redakteur der Zeitungen «Il Trentino» und «La Voce cattolica» engagierte er sich für die Loslösung des italienischsprachigen Teils Südtirols von Österreich-Ungarn (Irredentismus), aber auch für eine Gesellschaft mit christlichen Grundsätzen.

Nach 1912: Abgeordneter Ab 1911 vertrat er seine Heimatregion im Wiener Reichsrat. Durch die Niederlage der Doppelmonarchie im 1. Weltkrieg war 1919 der Anschluß ganz Südtirols an Italien erreicht. De Gasperi engagierte sich bei der Gründung der katholischen Italienischen Volkspartei (PPI) und wurde 1921 Parlamentsabgeordneter in Rom. Drei Jahre später übernahm er den Parteivorsitz.

Ab 1922: Auseinandersetzung mit Faschismus Nach dem Marsch der Faschisten auf Rom stimmte auch De Gasperi im Oktober 1922 für die Regierung Benito Mussolinis, befaßte sich jedoch in der Folge kritisch mit der Herrschaft des «Duce»: Die angestrebte Kooperation mit den Sozialisten zur Abwahl Mussolinis erreichte er jedoch nicht. 1926 wurde die PPI verboten, De Gasperi als Oppositioneller zu vier Jahren Haft verurteilt.

1928–43: Politische Pause Nach anderthalb Jahren aus dem Gefängnis entlassen, begann für De Gasperi, der unter ständiger Beobachtung der Herrschenden stand, die lange Phase der politischen Enthaltsamkeit. Der überzeugte Katholik nahm eine Stellung als Bibliothekar im Vatikan an. Die Machtposition des Kirchenstaats schützte De Gasperi vor weiterer Verfolgung. Der begeisterte Bergsteiger zog sich ins Privatleben mit seiner Frau, Francesca Romani (Heirat 1922; vier Töchter), zurück.

Ab 1943: Rückkehr ins Rampenlicht Nach Entmachtung der Faschisten (1943) bildeten die 1942 neugegründeten Parteien eine Übergangsregierung. Mitglied dieses Befreiungskomitees war auch Alcide De Gasperi, der die PPI als Christlich-Demokratische Partei (Democrazia Cristiana; DC) neu aufleben ließ und 1944 zum italienischen Außenminister ernannt wurde (bis 1946; erneut 1951–53). 1945 übernahm er erstmals den Posten des italienischen Ministerpräsidenten.

Ab 1945: Orientierung nach Westen Während die starke Linke eine Annäherung an die UdSSR anstrebte, suchten De Gasperis Christdemokraten die Unterstützung der USA. Gemeinsame Regierungsversuche aller Parteien, die im Widerstand gegen die Faschisten bis 1944 vereint gewesen waren, scheiterten. Bei den Entscheidungswahlen über den zukünftigen außenpolitischen Kurs siegte die DC im April 1948 mit klarer Mehrheit (48,5 % aller Stimmen) über die Volksfront von Sozialisten und Kommunisten (35 %). De Gasperis gute Beziehungen zu den Vereinigten Staaten und sein Wahlerfolg sicherten die wirtschaftliche Entwicklung Italiens durch Hilfeleistungen im Rahmen des Marshallplans. Im Gegenzug konnten die USA auf De Gasperi als Verbündeten im beginnenden kalten Krieg zählen: 1949 gehörte Italien zu den Mitbegründern der NATO.

Bis 1954: Der erste Europäer Durch die Freundschaft mit dem Franzosen Robert Schuman und dem Belgier Paul Henri Spaak inspiriert, engagierte sich der fähige Diplomat De Gasperi für die Idee einer westeuropäischen Union auf wirtschaftlichem und politischem Gebiet. Ab Ende der 40er Jahre war er Mitglied des Präsidiums der Europäischen Bewegung, des Ministerkomitees des Europarats sowie des Europäischen Wirtschaftsrats (OEEC), dem Vorläufer der OECD. Er hatte ent-

Alcide De Gasperi, 1953

scheidenden Anteil an der Realisierung des sog. Schuman-Plans (Montanunion, auch Europäische Gemeinschaft für Kohle und Stahl; 1951). Drei Jahre später übernahm er den Vorsitz über diese Organisation. 1952 war er zudem an der Vertragsausarbeitung zur Europäischen Verteidigungs-Gemeinschaft (EVG) beteiligt, deren Ratifizierung 1954 scheiterte.

1953: Politische Niederlage Nachdem die Regierung die versprochenen Agrar-, Schul- und Steuerreformen nur halbherzig realisiert hatte und durch ein neues Wahlgesetz (Oppositionsjargon: «Betrugsgesetz») die Machtstellung der herrschenden DC zementieren wollte, erlitt die DC 1953 eine schwere Wahlschlappe. De Gasperi trat zurück; ein Jahr später starb der 73jährige in Sella di Valsugana.

Deng Xiaoping

(*22.8.1904)

▸ Herrscher aus dem Hintergrund ◂

Der starke Mann Chinas löste das Land in den 80er Jahren aus außenpolitischer Isolation und führte wirtschaftliche Reformen durch. Innenpolitisch zeichnete Deng für die blutige Niederschlagung der Demokratiebewegung von 1989 verantwortlich.

Mit 17 Jahren verließ Deng seine chinesische Heimatprovinz Sichuan, um in Frankreich zu studieren. Obwohl seine Eltern als Landbesitzer wohlhabend waren, verdiente sich Deng seinen Lebensunterhalt selbst – zunächst in Lyon (1921), die folgenden vier Jahre in Paris. Hier wurde er Mitglied des Chinesischen Sozialistischen Jugendbunds und der Kommunistischen Partei seines Landes (KPCh). Nach einem Semester in Moskau kehrte er 1926 nach China zurück.

Ab 1927: Aufstieg in der Partei Zur neuen Heimat wurde die Partei, für die Deng seit Ende der 20er Jahre im Bürgerkrieg gegen die Kuomintang von Chiang Kaishek Truppenverbände zusammenstellte. 1934/35 floh Deng unter Führung Mao Zedongs mit der Roten Armee aus dem Süden des Landes in den Nordosten (sog. Langer Marsch). Das Ende des Krieges gegen Japan (1937–45) erlebte er ab 1943 im militärischen Führungsstab der Kommunistischen Partei. Nach dem Sieg im Bürgerkrieg gegen Chiang Kaishek holte ihn sein alter Kampfgefährte Mao als Stellvertretenden Ministerpräsidenten (1952) und Finanzminister (1953/54) nach Peking. Mit 50 Jahren Generalsekretär des ZK, Chef des Verteidigungsrats und Politbüromitglied, bestimmte Deng die Geschicke der jungen Volksrepublik ab 1954 entscheidend mit.

1966–73: Opfer der Kulturrevolution Während der Kulturrevolution holte ihn seine westliche Vergangenheit ein: Mao selbst schloß ihn 1967 wegen angeblich versuchter kapitalistischer Reformen und fehlender «ideologischer Klarheit» aus der KPCh aus. Deng erwies sich als Opportunist: Nach öffentlicher Selbstkritik und sechsjähriger «Umerziehung» als Klempner in der Provinz wurde der vierfache Vater 1973 wieder in alle Ämter eingesetzt – in einer Phase, als China sich dem Westen öffnete und Mitglied der UNO wurde (1971).

1976/77: Zwischen Aufstieg und Fall Der wiedererstarkte Deng Xiaoping machte sich Hoffnungen auf das Ministerpräsidentenamt des todkranken Zhou Enlai, doch Maos Frau, seine Erzfeindin Jiang Qing, diskreditierte ihn erfolgreich als Abweichler. 1976 wurde Deng erneut aus allen Ämtern entlassen, nachdem er sich für vorsichtige Wirtschaftsreformen ausgesprochen hatte.

Ab 1977: Starker Mann Chinas Nach Maos Tod (9.9.1976) wurde die sog. Viererbande um Jiang Qing verhaftet, Deng 1977 rehabilitiert. Als neuer Vizechef der Partei überzeugte er die Führungsgremien der KPCh von der Notwendigkeit, die Wirtschaft zu reformieren, um den Lebensstandard der unzufriedenen Bevölkerung zu heben. Zu diesem Zweck führte Deng das Land aus der außenpolitischen Isolation.

Weniger erfolgreich verlief eine Militäraktion gegen Vietnam (1979), nachdem Truppen des Nachbarstaats in Kambodscha einmarschiert waren. Am Ende der dreiwöchigen Intervention hatte China zahlreiche Tote zu beklagen.

Inzwischen mit getreuen Gefolgsleuten in hohen Machtpositionen umgeben, zog sich Deng von einigen Staats- und Parteiposten (Generalstabschef, seit 1975; Stellvertretender Ministerpräsident) zurück, ohne an politischem Einfluß zu verlieren. So konnte es sich der begeisterte Bridgespieler und leidenschaftliche Raucher sogar leisten, 1982 auf die Position des chinesischen Staatsoberhaupts zu verzichten.

Deng Xiaoping, 1974

Ab 1979: Kampf gegen Demokratisierung In der Innenpolitik erwies sich der wirtschaftspolitische Reformer jedoch als Hardliner: Nachdem er bereits 1979 und 1984 erste Demokratisierungsversuche von Pekinger Studenten unterbunden hatte, ließ er die friedlichen Demonstrationen am 4.6.1989 mit Gewalt von der Armee niederschlagen. Dialogbereite Politiker wie Ministerpräsident Zhao Ziyang wurden entlassen, die Anführer der Protestaktionen, die teilweise auch Dengs Entmachtung gefordert hatten, hart bestraft. Der inzwischen 85jährige Deng Xiaoping gab kurz darauf sein letztes Amt, den Vorsitz in der staatlichen Militärkommission, ab, dennoch gilt er weiterhin als die graue Eminenz seines Landes.

Erst zu Beginn der 90er Jahre ebbte der propagandistische Personenkult um Deng Xiaoping ab, der Ende der 80er Jahre seinen Höhepunkt erreicht hatte.

Außenpolitische Erfolge Dengs

1978	Tokio-Besuch: Jap.-Chin. Freundschaftsvertrag	Wirtschaftshilfe
1978	Diplomatische Beziehungen zu den USA	Isolation Taiwans
1979	USA-Besuch fördert weitere Annäherung	Wirtschaftshilfe
1984	Hongkong-Vertrag mit Großbritannien	Rückgabe 1997
1989	Besuch Michail Gorbatschows in Peking	Annäherung an UdSSR

Alexander Dubček

(27.11.1921–8.11.1992)

▸ Vergeblicher Traum vom menschlichen Sozialismus ◂

Der tschechoslowakische Politiker, Symbolfigur des Prager Frühlings, wollte Sozialismus und Demokratie miteinander verbinden. Nach nur achtmonatiger Amtszeit als KP-Chef beendeten Truppen des Warschauer Pakts seinen «sanften» Kommunismus (1968). 1989 wurde Dubček nach den demokratischen Umwälzungen in seinem Land rehabilitiert.

Dubček, in Uhrovec in der westlichen Slowakei geboren, wuchs in Kasachstan auf. 1925 war sein Vater, der zu den Mitgründern der KP gehörte, mit der Familie in die Sowjetunion übergesiedelt. In Kasachstan lernte Dubček auch seine Frau Hanka kennen (Heirat 1945, drei Söhne). Nach der Rückkehr der Familie in die Tschechoslowakei (1938) arbeitete er als Maschinenschlosser in Trencin.

1939–45: Illegale Parteiarbeit Geprägt durch die politischen Aktivitäten des Vaters, trat Dubček 1939 der illegalen tschechoslowakischen KP bei. Aus dem Untergrund löste die KP am 29.8.1944 den slowakischen Nationalaufstand aus, den die deutschen Truppen im Oktober niederschlugen. Gemeinsam mit seinem Bruder, der bei den bewaffneten Auseinandersetzungen fiel, nahm Dubček in einer Partisanenbrigade an den Kämpfen teil.

1948–67: Aufstieg in der Parteiorganisation Nach dem Krieg arbeitete Dubček zunächst als Schlosser, 1948 wurde er Parteifunktionär. Ein Studium an der KPdSU-Parteihochschule in Moskau (1955–58) schloß er mit Auszeichnung ab. Ab Juni 1960 gehörte er dem Sekretariat des ZK an und rückte im April 1963 als 1. Sekretär der slowakischen KP in eine Führungsposition.

1967/68: Prager Frühling Auf einer ZK-Sitzung am 31.10. 1967 stellte sich Dubček erstmals offen gegen den tschechoslowakischen Staatspräsidenten und KP-Chef Antonín Novotny. Dubček warf dem Stalinisten diktatorisches Verhalten und mangelnde Bereitschaft zu durchgreifenden wirtschaftlichen und gesellschaftlichen Reformen vor. Zwei Monate später trat Novotny zurück; sein Nachfolger hieß Dubček.
Der Sieg der Reformer zog eine Erneuerungsbewegung nach sich, die das ganze Volk erfaßte («Prager Frühling»). Dubček führte die Meinungs- und Pressefreiheit ein und forderte einen eigenständigen Weg seines Landes zum Sozialismus. Er strebte eine sozialistische Marktwirtschaft an und erwog die Zulassung neuer politischer Parteien.

1968–89: Entmachtung und Isolation Obwohl sich Dubček stets gegen antisozialistische Strömungen wandte und mehrfach in Moskau für seinen Kurs warb, nahm der Druck der sozialistischen Nachbarstaaten zu. Trotz verbaler Drohungen und demonstrativer Militärmanöver an der ČSSR-Grenze (Juni/Juli 1968) glaubte der als Dickschädel bekannte Dubček an die Durchsetzung seiner Reformpolitik. Eine Fehleinschätzung: In der Nacht vom 20. auf den 21.8.1968 besetzten Truppen des Warschauer-Pakts das Land. Dubček und die übrigen Führer (u. a. Ministerpräsident Oldrich Cerník und Parlamentspräsident Josef Smrkovsky) wurden nach Moskau deportiert, wo sie das sog. Moskauer Protokoll schließen mußten. Mit der demütigenden Unterzeichnung des Dokuments erklärte sich Dubček einverstanden, die Reformen zurückzunehmen, und gestattete der UdSSR auf unbestimmte Zeit die Truppenstationierung.

Der Abstieg zur «Unperson» ging schnell: Am 17.4.1969 wurde Dubček von Gustav Husák als Parteichef abgelöst und ein Jahr später aus der Partei ausgeschlossen (Juni 1970). Seinen Lebensunterhalt verdiente der vom Staatssicherheitsdienst isolierte Dubček als Angestellter der Forstverwaltung in Bratislava.

Alexander Dubček (Mitte), 4. 8. 1968. Links von ihm Walter Ulbricht, im Hintergrund Erich Honecker, ganz rechts der sowjetische Chefideologe Michail Suslow

Ab 1989: Rückkehr auf die politische Bühne 1988 übte Dubček in mehreren Interviews scharfe Kritik am Regime Husák. Im Herbst 1989 nahm er an den von Václav Havels Bürgerforum organisierten Massendemonstrationen gegen die KP teil. Nach deren Ablösung wurde der von der Bevölkerung als «Vater der Revolution» verehrte Politiker rehabilitiert und zum Parlamentspräsidenten gewählt (27.12.1989). Dubček blieb parteilos, denn er verstand sein Amt als parteiübergreifend. An den Folgen eines Autounfalls starb der 70jährige 1992 in Prag.

Dubček während des Prager Frühlings

5. 1. 1968	Dubček wird KP-Chef
5. 4. 1968	Verabschiedung eines Aktionsprogramms: Meinungs-, Koalitions- und Versammlungsfreiheit; Ziel: Demokratischer Sozialismus
20. 8. 1968	Warschauer-Pakt-Truppen marschieren ein
21. 8. 1968	Verhaftung Dubčeks
23. 8. 1968	Dubček muß Moskauer Protokoll unterzeichnen: Rücknahme der Reformen, Wiedereinführung der Zensur, Verbot des Pluralismus
31. 8. 1968	ZK der KP weigert sich, Dubček abzuwählen; er bleibt im Amt, wird jedoch von der UdSSR kontrolliert
17. 4. 1969	Dubček wird auf sowjetischen Druck abgesetzt

Friedrich Ebert

(4.2.1871–28.2.1925)

▸ Vom Sattlermeister zum Reichspräsidenten ◂

Der erste – sozialdemokratische – Reichspräsident der Weimarer Republik (1919–25) strebte die Veränderung der Gesellschaft durch Reformen statt Revolution an und stabilisierte die Demokratie durch selbstlosen Einsatz.

Ebert stammte aus einer Heidelberger Handwerkerfamilie, sein Vater war Schneider. Der junge Friedrich wurde Sattler, reiste nach seiner Lehrzeit nach altem Zunftbrauch durch das ganze Land und ließ sich schließlich in Bremen nieder.

Ab 1889: Mitglied der SPD Mit 18 Jahren schloß sich Ebert der SPD an, ohne sich zunächst an den theoretischen Diskussionen über den Weg der Sozialdemokratie und die Überwindung des Kapitalismus zu beteiligen. Ebert gehörte zum gewerkschaftlichen Lager der SPD: Fernab von Dogmatismus ging es ihm um die reale Verbesserung der Arbeits- und Lebensbedingungen der Werktätigen. Ab 1893 Redakteur der «Bremer Bürgerzeitung», zog er 1900 als Abgeordneter in die Bremer Bürgerschaft. Nachdem er auch den Fraktionsvorsitz in der Hansestadt übernommen hatte, wurde der Parteivorstand in Berlin auf den 34jährigen aufmerksam.

Ab 1905: Parteikarriere Als Sekretär des Parteivorstands stellte er sein praktisches und organisatorisches Talent unter Beweis: Er führte in der SPD erstmals Buchführung, Mitgliederkarteien und moderne Verwaltung ein, schaffte Schreibmaschinen an und erfaßte den wachsenden Parteibesitz. 1912 wurde er in den Reichstag gewählt, dem er bis 1919 angehörte; nach dem Tod August Bebels übernahm er 1913 gemeinsam mit Hugo Haase den Parteivorsitz.

Ab 1913: SPD-Vorsitzender Die SPD, die 1912 bei den Reichstagswahlen mit 34,8 % der Stimmen erstmals die stärkste Fraktion stellte, hatte im Jahr der Amtsübernahme Eberts mehr als eine Million Mitglieder. Dank seiner rhetorischen Begabung und seines auf Ausgleich bedachten Führungsstils stimmte die SPD am 2.12.1914 nach heftiger Diskussion den von Ebert befürworteten Kriegskrediten im Reichstag zu (einzige Gegenstimme von Karl Liebknecht). Ebert, ab 1916 auch Fraktionsvorsitzender, trat mit seiner patriotischen Politik (Landesverteidigung und «Burgfrieden» mit der Regierung) dem Vorwurf der Konservativen entgegen, die SPD sei eine «vaterlandslose, internationalistische Organisation». Das Ziel seiner Politik, die SPD zur staatstragenden Partei zu machen und den Kapitalismus zu reformieren, sowie Eberts Eintreten für den Krieg führten zur Abspaltung des linken Parteiflügels als USPD (1917) bzw. KPD (1918/19).

1918/19: Revolution und Machtübernahme Der Januarstreik der Munitionsarbeiter (1918) war durch Eberts Einflußnahme als Streikleiter schnell abgewendet. Nach Ende des Kriegs, Abdankung Kaiser Wilhelms II. und Ausbruch der Revolution (9.11.1918) wurde Ebert als Führer der stärksten Fraktion Reichskanzler. Da er für eine parlamentarische Demokratie und gegen eine kommunistische Räterepublik eintrat, ließ er als Vorsitzender des Rats der Volksbeauftragten (Übergangsregierung) die von ihm abgelehnte Revolution mit Hilfe der Armee 1919 beenden. Diese krasse antisozialistische Wendung brachte ihm Anfeindungen von der Linken und Zustimmung der gemäßigten Konservativen ein. Am 11.2.1919 wählte die Weimarer Nationalversammlung Ebert zum ersten Präsidenten der Republik.

Friedrich Ebert

1919–25: Reichspräsident der Weimarer Republik Eberts Amtszeit wurde überschattet von Polemik und Hetze rechtskonservativer Kreise, die die Demokratie und einen Reichspräsidenten, der dem Versailler Friedensvertrag zugestimmt hatte, für untragbar hielten. Im sog. Kapp-Putsch versuchten rechtsextreme Politiker um Wolfgang Kapp am 13.3.1920, die alte Ordnung wiederherzustellen, scheiterten jedoch an der Entschlossenheit der Bevölkerung, die zum Generalstreik aufrief. Ebert, der mit der Regierung nach Dresden und Stuttgart geflüchtet war, verstand es in der Folgezeit nicht, die rechtsgerichtete Reichswehr neu zu organisieren und auf die Republik einzuschwören sowie die einflußreichen antirepublikanischen Freikorps aufzulösen. Kommunisten und linke Sozialisten sahen in Ebert, der weiterhin rechtsgerichtete Minister in der Reichsregierung duldete, einen Verräter der revolutionären Ziele. 1923 kam es zum Konflikt, als er mit Hilfe der Reichswehr und der Sondervollmachten des Art. 48 der Verfassung die neugebildeten kommunistisch-sozialdemokratischen Regierungen in Sachsen und Thüringen aus Furcht vor Umsturzversuchen absetzte (sog. Reichsexekution).

1925: Tod Der stets um Ausgleich und Verständigung bemühte Reichskanzler führte bis 1925 insgesamt 173 Verleumdungsprozesse. Das Urteil eines Magdeburger Gerichts, er habe als Leiter des Januarstreiks von 1918 Landesverrat begangen, machte Ebert zum Gespött der Rechten. Als er sich Anfang 1925 gegen falsche Korruptionsvorwürfe in Berlin zur Wehr setzen mußte, führte ein Blinddarmdurchbruch zum Tod des 54jährigen.

Dwight David Eisenhower

(14. 10. 1890–28. 3. 1969)

▸ Symbolfigur des alliierten Sieges ◂

Der US-General hatte entscheidenden Anteil am Sieg über Hitler-Deutschland: Er zeichnete für die alliierte Landung in der Normandie verantwortlich und nahm die deutsche Kapitulation entgegen. Seine Doktrin zur Abwehr des Kommunismus bestimmte die US-Außenpolitik der 50er und 60er Jahre.

Die kostenlose Ausbildung an der Militärakademie West Point beendete 1911 die puritanische, religiöse Kindheit des 20jährigen Dwight D. Eisenhower in Abilene/Kansas. Der dritte von sieben Söhnen eines mittellosen Fabrikarbeiters mußte seinen Traum von einer Footballkarriere nach einer Knieverletzung begraben. Der militärische und private Werdegang von «Ike», wie Eisenhower seit frühester Kindheit genannt wurde, verlief indes planmäßig: 1915 schloß er seine Lehrzeit als Leutnant ab, ein Jahr später heiratete er Mary («Mamie») Doud.

Ab 1917: Beruflicher Aufstieg Statt den 1. Weltkrieg – wie erhofft – in Frankreich zu erleben, wurde Eisenhower Ausbilder und Bataillonskommandeur. 1926 beendete er die Militärakademie Fort Leavenworth als Klassenbester, trat 1927 in die Militärschule in Fort McNair/Washington ein und erarbeitete zwei Jahre später Expertisen für das amerikanische Kriegsministerium. Als Adjutant des Generalstabschefs Douglas A. MacArthur erhielt Eisenhower 1930 den entscheidenden Karriereschub. Gemeinsam mit seinem Förderer baute er 1933–39 eine Armee-Einheit auf den Philippinen auf.

Ab 1941: Held des 2. Weltkriegs Eine Woche nach dem japanischen Überfall auf Pearl Harbour und dem Kriegseintritt der USA (7./8. Dezember 1941) kam Fernostexperte Eisenhower in das Washingtoner Kriegsplanungsdepartment, dessen Vorsitz er 1942 übernahm. Nachdem die Schlacht von Midway Anfang Juni 1942 den militärischen Umschwung zugunsten der USA gegen Japan gebracht hatte, erhielt Eisenhower den Oberbefehl über alle US-Streitkräfte in Großbritannien. Als Leiter der alliierten Invasion in Nordafrika (November 1942) entfachte er einen Sturm der Entrüstung, als er den ehemaligen Nazi-Kollaborateur der Vichy-Regierung, Admiral Darlan, zum Hochkommissar für Nordafrika ernannte. Dennoch wurde Eisenhower Oberbefehlshaber der dortigen alliierten Truppen (Januar 1943) und leitete erfolgreich die Invasionen auf Sizilien (Juli 1943) und das italienische Festland (September 1943).

1944: Unternehmen «Overlord» Inzwischen hochdekoriert, bereitete der Oberkommandierende über die Invasionsstreitkräfte in Europa die alliierte Landung in der Normandie (Operation «Overlord») vor. Die Invasion am 6. 6. 1944 (dem sog.

D-Day) markierte den Wendepunkt an der Westfront. Paris wurde befreit (25.8.), die alliierten Truppen überquerten den Rhein (24.3.1945). Am 7.5.1945 nahm der im Dezember 1944 zum General ernannte Eisenhower in Reims die deutsche Kapitulation entgegen.

1945–52: Weg in die Politik Obwohl Eisenhower offiziell keiner Partei angehörte, bildete sich 1947 ein republikanischer Freundeskreis, der ihn zum Präsidentschaftskandidaten aufbauen wollte. Ike bekannte sich erst im Juni 1952 zu seiner Kandidatur: Der NATO-Oberbefehlshaber (1950–52) scheute klare innenpolitische Aussagen, die seinem nationalen Ansehen hätten schaden können. Dennoch triumphierte er im ersten TV-Wahlkampf der US-Geschichte über den Demokraten Adlai Stevenson.

1952–60: 34. Präsident der USA Während Eisenhower in der Außenpolitik weiterhin erfolgreich war, betrieb er die Innenpolitik nur halbherzig und verlor durch Unentschlossenheit und Fehler deutlich an Ansehen: Trotz zahlreicher Proteste unternahm er nichts gegen die Kommunistenjagd von Senator Joseph McCarthy. Angekündigte Reformen blieben entweder völlig aus (Sozialpolitik) oder erwiesen sich als ungenügend (Bürgerrechtsgesetz). Den Wettlauf um die Vormacht im All verloren die USA gegen die UdSSR.
Das Bild des Zauderers revidierte Eisenhower in der Außenpolitik: Er beendete den Koreakrieg (1953) und unterstützte die Waffenstillstandspolitik der UNO gegen Frankreich

Dwight D. Eisenhower, 1957

und Großbritannien während der Suezkrise (1956). Nach seiner Wiederwahl formulierte er die Eisenhower-Doktrin: Jeder Staat des Mittleren Ostens erhielt militärische und wirtschaftliche Hilfe, um sich gegen den Kommunismus zu behaupten. Er garantierte die Freiheit Berlins während der Berlin-Krise 1959; sein Versuch, eine Annäherung mit Nikita Chruschtschow zu erreichen, schlug nach einem ersten Gespräch (1959) jedoch fehl. Auf dem Höhepunkt des kalten Kriegs übergab er sein Amt 1961 an den Demokraten John F. Kennedy.

Ab 1961: Ende als Militär Erneut im Rang des Generals, betätigte sich Eisenhower bis zu seinem Tod (1969 in Washington) als Hardliner: Er befürwortete kurzzeitig einen Atomwaffeneinsatz im Vietnamkrieg; aus der Politik zog er sich nach seinem zweiten Herzinfarkt 1965 zurück.

Ludwig Erhard

(4.2.1897–5.5.1977)

▸ Vater des deutschen Wirtschaftswunders ◂

Der Wirtschaftsfachmann leitete den ökonomischen Aufschwung der BRD nach dem 2. Weltkrieg ein. Mit der sozialen Marktwirtschaft schuf er die Grundlagen des bundesdeutschen Wirtschaftssystems. Nach 14 Jahren als Wirtschaftsminister wurde er 1963 Bundeskanzler, mußte jedoch bereits drei Jahre später zurücktreten.

Der im bayerischen Fürth geborene Erhard war das jüngste von fünf Geschwistern. Der Vater hatte ein Textilwarengeschäft, die Mutter entstammte einer Handwerkerfamilie. Nach dem Realschulabschluß absolvierte Erhard eine kaufmännische Lehre (ab 1913). Am 1. Weltkrieg nahm er als Artillerist teil und wurde schwer verwundet.

Ab 1924: Arbeit als Wirtschaftler Nach dem Krieg studierte Erhard Betriebswirtschaft, Volkswirtschaft und Soziologie und promovierte 1924 mit einer währungspolitischen Arbeit. Ende der 30er Jahre erwarb er sich als Leiter des privaten Instituts für Wirtschaftsbeobachtung der deutschen Fertigware den Ruf eines Wirtschaftsfachmanns.

Ab 1945: Wirtschaftsberater der Alliierten Daß er zum «Vater der D-Mark» wurde, verdankte Erhard einer Denkschrift (1944), in der er von einem für Deutschland verlorenen Krieg ausging. Als diese Schrift 1945 in die Hände der Amerikaner gelangte, ernannten sie Erhard zu ihrem Wirtschaftsberater und beauftragten ihn mit dem ökonomischen Wiederaufbau in Franken.

Seine Tätigkeit für die Besatzungsmächte wurde lediglich durch eine 14monatige Episode als bayrischer Staatsminister für Handel und Gewerbe (Oktober 1945 bis Dezember 1946) unterbrochen. Ab Anfang 1947 war Erhard bei der Zentralverwaltung für Wirtschaft in Frankfurt a. M. Vorsitzender der Sonderstelle Geld und Kredit und bereitete die Währungsreform vor.

1948: Durchführung der Währungsreform Als Direktor der Verwaltung Wirtschaft (ab 2.3.1948) setzte Erhard seine Konzeption der sozialen Marktwirtschaft durch. Mit der Wirtschaftsreform vom 20.6.1948 schaffte er gegen den Widerstand der amerikanischen Militärregierung die Rationierung zahlreicher Verbrauchsgüter ebenso ab wie die festgelegten Preise und den Lohnstopp. Statt dessen setzte er auf freien Wettbewerb. Diese Maßnahmen bildeten die Grundlage für das sog. Wirtschaftswunder, den ökonomischen Aufstieg der BRD.

1949–63: Minister für Wirtschaft Im Februar 1949 trat Erhard in die CDU ein. Noch im selben Jahr holte ihn Bundeskanzler Konrad Ade-

nauer als Wirtschaftsminister ins Kabinett. In seiner folgenden 14jährigen Amtszeit bestimmte Erhard maßgeblich den Aufstieg der BRD zu einer der führenden Industrie- und Handelsmächte der Welt.
Ab Mitte der 50er Jahre kam es zu Querelen mit Adenauer, der in Erhard einen Konkurrenten um das Amt des Kanzlers sah. Mal kritisierte der Regierungschef öffentlich die politischen Qualitäten seines Wirtschaftsministers, mal brachte er ihn als Präsidentschaftskandidaten ins Spiel, was der leidenschaftliche Zigarrenraucher jedoch strikt ablehnte. Längst verfügte Erhard über eine beträchtliche Hausmacht in der CDU und wurde im Oktober 1957 zum Vizekanzler ernannt.

Ludwig Erhard, 1964

1963–66: Bundeskanzler Gegen den Widerstand Adenauers wurde Erhard am 16.10.1963 zu dessen Nachfolger gewählt. Den klaren Stil, der ihn als Wirtschaftsminister ausgezeichnet hatte, ließ Erhard in seinem neuen Amt allerdings vermissen. Dennoch konnte er die Bundestagswahlen zwei Jahre später für sich und seine Partei gewinnen (47,6 %). Doch die Zeiten des Wirtschaftswunders waren vorbei: Die Krisen in der Kohle- und Stahlindustrie brachten der CDU bei den Landtagswahlen in Nordrhein-Westfalen (Juli 1966) eine deutliche Niederlage ein, die Erhard, seit 1966 Parteivorsitzender, angelastet wurde. Die angespannte Wirtschaftslage führte zu Differenzen über den Haushaltsentwurf für 1967. Erhard konnte die geplanten Steuererhöhungen nicht gegen den Koalitionspartner FDP durchsetzen, dessen Minister am 27.10.1966 zurücktraten. Einen Monat später demissionierte auch Erhard. Nachfolger Kurt-Georg Kiesinger bildete einen Tag später eine Große Koalition mit der SPD.
Mit seinen Warnungen vor dem Verfall der Leistungsgesellschaft erreichte Erhard Anfang der 70er Jahre in der CDU erneut große Popularität. 1976 schied er aus dem Bundestag aus. Ein Jahr später starb Erhard 80jährig in Bonn.

Aufgaben des Staates in Erhards sozialer Marktwirtschaft

- Sozial unerwünschte Ergebnisse der Marktwirtschaft korrigieren
- Freien Wettbewerb gegen Gefahren (z. B. Kartelle) schützen
- Einkommens- und Vermögensverhältnisse im Interesse aller nicht am Wirtschaftsprozeß Beteiligten korrigieren
- Aufgaben übernehmen, die die Möglichkeiten der Privatinitiative übersteigen (z. B. Bildungspolitik)
- Konjunkturschwankungen durch Konjunkturpolitik bekämpfen

Tage Fritjof Erlander

(13.6.1901–21.6.1985)

▸ Wohlfahrt als Regierungsziel ◂

Der sozialdemokratische Ministerpräsident Schwedens (1946–69) machte sein Land zum modernen Wohlfahrtsstaat und beschritt einen Weg zur sozialen Reform des Kapitalismus. Erlander wahrte die schwedische Neutralität, suchte aber die wirtschaftliche Kooperation mit dem Westen.

Der Sohn eines Volksschullehrers und Organisten aus dem Dorf Ransäter/Provinz Värmland studierte nach der Karlstader Schulzeit Rechts- und Staatswissenschaften, Volkswirtschaft und Geschichte an der Universität in Lund (Abschluß 1928). Seine breiten wissenschaftlichen Kenntnisse nutzte er zunächst als Redakteur und Lektor bei «Svensk Upplagsbok», dem größten Lexikon-Verlag des Landes.

Ab 1930: Politiker Nach ersten Erfahrungen in studentischen Gremien wurde Erlander mit 29 Jahren Stadtverordneter für die Sozialdemokraten in Lund – zu einer Zeit, als die seit 1920 in Schweden regierenden Sozialdemokraten unter Friedensnobelpreisträger Hjalmar Branting die Macht an die Freisinnige Partei (1926–28; 1930–32) bzw. an die Konservativen (1928–30) verloren hatten. Erlander, der 1930 die Lehrerin Aine Anderson heiratete (zwei Söhne), entwickelte sich zum Experten für Sozialpolitik sowie für die arbeits- und finanzpolitische Situation Schwedens. In der zweiten Kammer des Reichstags (Mitglied 1933–45 und 1948–73) bewies er schon in den 30er Jahren sein rhetorisches Talent. Seine radikalen Ansichten zur Landesverteidigung – Erlander forderte konsequente Abrüstung – revidierte er vor dem Hintergrund des drohenden 2. Weltkriegs.

Ab 1939: Aufstieg im 2. Weltkrieg Ein Jahr, nachdem er seinen Redakteursberuf aufgegeben hatte, widmete sich der neue Unterstaatssekretär im Sozialministerium ab 1939 ganz der Politik. Zwei Jahre später untersuchte er als Vorsitzender einer Kommission die Bevölkerungsentwicklung des im Krieg neutralen Landes. 1944 wurde der Sozialpolitiker zum Staatssekretär befördert. Kurz nach Ende des 2. Weltkriegs stieg Erlander zum Erziehungsminister auf – ein Amt, das er bis Anfang Oktober 1946 ausübte.

Ab 1946: Ministerpräsident und Parteivorsitzender Nach dem Tod seines Parteifreunds Per Albin Hansson wurde der 45jährige zum neuen Ministerpräsidenten (Oktober 1946) und zum Vorsitzenden der Sozialdemokraten gewählt. Wie Hansson führte er die Neutralitätspolitik Schwedens, das 1945 zu den Gründungsmitgliedern der Vereinten Nationen gehörte, fort: In der Phase des beginnenden kalten Kriegs zwischen Ost und West verzichtete Er-

lander ab 1949 auf eine Mitgliedschaft seines Landes in der NATO und der EWG (ab 1957). Statt dessen suchte er die Annäherung an die übrigen skandinavischen Länder. Am 25.6.1952 gründeten Dänemark, Norwegen und Schweden den Nordischen Rat, der eine wirtschaftliche, soziale und kulturelle Kooperation der Länder vorsah.
Erlander verstärkte das schwedische Engagement in der Entwicklungshilfepolitik. Am 16.4.1947 riefen die Skandinavier gemeinsam mit 17 anderen europäischen Staaten in Paris die Organisation für europäische wirtschaftliche Zusammenarbeit (OEEC) ins Leben.

Ab 1946: Vater des Wohlfahrtsstaats
Innenpolitisches Bravourstück Erlanders wurde die Sozialpolitik: Unter seiner Führung entwickelte sich Schweden zum modernen Wohlfahrtsstaat. Um ein «Volksheim für alle» zu schaffen, forderte er die sozialen Klassen erfolgreich zur Solidarität auf. Durch umfangreiche Gesetze zur Altersversorgung sicherte er die Rentenfinanzierung, zu der alle Bürger je nach Einkommen ihren finanziellen Beitrag leisten mußten. Besonders hoch fiel der Steuersatz für Spitzenverdiener aus. Der studierte Volkswirtschaftler schuf Anreize zur Gründung genossenschaftlicher Betriebe, ohne Privatunternehmen zu verstaatlichen, wie es in sozialistischen Staaten praktiziert wurde. Durch Industrialisierung, hohe Löhne, eine funktionstüchtige Krankenversorgung, ein engmaschiges soziales Netz und eine Bildungspolitik, die alle Teile der Bevölkerung einschloß, avancierte

Tage Erlander

Schweden zum reichen Musterstaat und weltweiten Vorbild sozialdemokratischer Politik.

1969: Rückzug aus der Politik Erlander, der zeitweise nur durch eine Koalition mit der Bauernpartei Regierungschef geblieben war, trat mit 68 Jahren aus Altersgründen zurück, nachdem er der Sozialdemokratischen Partei 1968 erstmals seit 28 Jahren eine absolute Mehrheit im Reichstag gesichert hatte. Im September 1969 wurde Olof Palme zu seinem Nachfolger ernannt.
Der über die Parteigrenzen hinaus geschätzte Erlander übernahm das ruhigere Amt des Vorsitzenden eines Nationalkomitees für die UNO-Umweltschutzkonferenz von 1972. Ein Jahr später gab er sein Reichstagsmandat ab und zog sich ganz ins Privatleben in seinem Stockholmer Haus zurück, wo er seine Memoiren verfaßte. Erlander starb 84jährig in der schwedischen Hauptstadt an einem Herzleiden.

Francisco Franco Bahamonde

(4.12.1892–20.11.1975)

▸ Der letzte Diktator Westeuropas ◂

Der General löste den Spanischen Bürgerkrieg aus (1936–39), der ihn an die Macht brachte. Der Caudillo – so sein offizieller Titel – schuf ein rechtsgerichtetes Staatssystem mit faschistischen Tendenzen und legte die Rückkehr Spaniens zur Monarchie nach seinem Ableben fest.

Franco, in der galizischen Hafenstadt El Ferrol geboren, wurde vom Vater, einem Marinezahlmeister, streng erzogen. Schon als 14jähriger schlug Francisco die Militärlaufbahn ein und besuchte die Heereskadettenanstalt in Toledo. Er meldete sich als Freiwilliger für den Einsatz in Marokko.

Ab 1912: Militärkarriere 1912 erhielt Franco sein erstes Kommando in der spanischen Afrika-Kolonie. Mit großer Professionalität führte er seine Truppe und wurde mit 22 Jahren zum jüngsten Hauptmann der spanischen Armee ernannt. 1922 übernahm er das Kommando der spanischen Fremdenlegion; ein Jahr später heiratete er Carmen Poho (eine Tochter). Als er drei Jahre später den Aufstand der Rif-Kabylen in Marokko niederschlug, hatte Spanien einen neuen Nationalhelden.

1931–36: Abstieg – Aufstieg – Abstieg Das Ende der Monarchie (1931) bedeutete auch das vorläufige Ende der Karriere Francos. Doch schon zwei Jahre später reaktivierte ihn die konservative Regierung. 1934 schlug Franco, durch die Lektüre marxistischer Schriften zum glühenden Antikommunisten geworden, einen von den Sozialisten gesteuerten Aufstand der Minenarbeiter in Asturien nieder.

Die Unfähigkeit der zersplitternden Parteien, die schlechte Wirtschaftslage in den Griff zu bekommen, nutzte Franco im Februar 1936 zu einem Appell für eine Militärregierung. Daraufhin sorgte die amtierende Volksfrontregierung für seine Strafversetzung auf die Kanarischen Inseln. Dort schloß er sich einer seit Monaten vorbereiteten Armee-Verschwörung an.

1936–39: Spanischer Bürgerkrieg Am 18.7.1936 löste Franco den sog. Aufstand der Generäle in Spanisch-Marokko aus. Die Militärrevolte griff schnell auf das Mutterland über und führte zum Spanischen Bürgerkrieg. Zwei Monate später bestimmten die Putschisten Franco zum Generalissimo und Oberbefehlshaber. Am 1.10.1936 folgte die Wahl zum Chef der nationalspanischen Regierung und des spanischen Staates. Ursprünglich sollte Franco diese Position nur für die Dauer des Bürgerkriegs einnehmen, doch sein Bruder und Berater Nicolás strich diese Beschränkung kurz vor der Proklamation. Sieben Monate später reorganisierte Franco die faschistische

Falange und stellte damit sein Regime auf eine parteipolitische Basis. Mit militärischer Unterstützung Deutschlands («Legion Condor») und Italiens besiegte Franco Anfang 1939 die republikanischen Truppen. Am 1.4.1939 zog er in Madrid ein.

Ab 1939: Spanischer Caudillo Gestützt auf das Heer, die Einheitspartei der Falange, die Großgrundbesitzer und die katholische Kirche errichtete Franco ein diktatorisches Regime, in dem er konservative Vorstellungen mit faschistischen Prinzipien verschmolz. An der Spitze stand er selbst als «Caudillo de las Españas por la gracia de Dios» (Führer Spaniens von Gottes Gnaden); die Bezeichnung «Caudillo» geht zurück auf den Titel des ersten spanischen Anführers gegen die Mauren (8. Jh.). Franco schuf einen starken Zentralstaat und unterband rigoros die regionalistischen Bestrebungen – beispielsweise standen katalanische Sprache und Folklore unter Strafe. Den Widerstand der Opposition ließ der Caudillo, der seine Reden stets monoton und ohne jede Gestik vortrug, von Guardia Civil und Militär unterdrücken.

Ab 1953: Öffnung nach Westen Nach dem 2. Weltkrieg blieb Spanien zunächst isoliert, Folge der Politik des «letzten überlebenden faschistischen Diktators». Erst während des kalten Kriegs konnte er sich als strammer Antikommunist international profilieren. 1953 stimmte er einem NATO-Beitritt zu. Die wirtschaftliche Öffnung gen Westen vollzog Franco erst in den 60er Jahren vor dem Hintergrund gravierender Versorgungsengpässe.

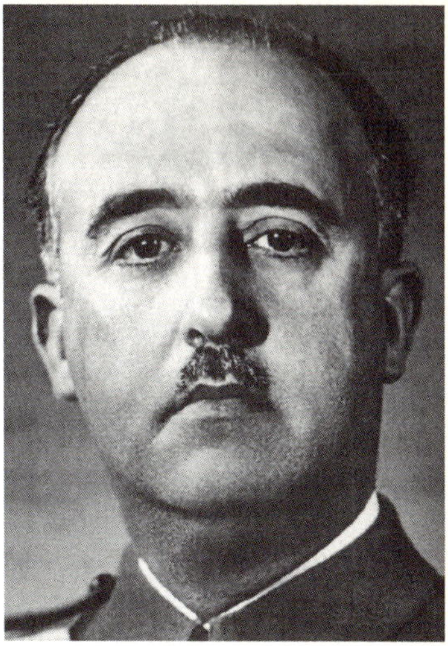

Francisco Franco

1969: Ernennung des Nachfolgers Bereits 1947 hatte Franco ein Nachfolgegesetz erlassen, das die Wiedereinführung der Monarchie nach seinem Tod vorsah. 1969 ernannte er den 32jährigen Juan Carlos Borbón y Borbón zum Prinzen von Spanien. Allerdings sollte Juan Carlos keineswegs die diktatorische Machtfülle des Caudillo – Franco vereinigte die Ämter des Staats- und Regierungschefs, des Oberbefehlshabers der Armee und des Vorsitzenden der Falange in seiner Person – erhalten. Vielmehr sollte die Armee eine Schlüsselstellung einnehmen. Doch Juan Carlos setzt sich darüber hinweg: Zwei Tage nach dem Tod des 82jährigen Caudillo in Madrid inthronisiert, brachte er Spanien auf den Weg zur Demokratie.

Indira Gandhi

(19. 11. 1917–31. 10. 1984)

▸ Nehru-Tochter scheitert an Religionskonflikt ◂

Die machtbewußte Realpolitikerin dominierte fast zwei Jahrzehnte lang die indische Politik. Die Durchsetzung ihres Kurses führte 1969 und 1978 zur Spaltung der regierenden Kongreßpartei.

Das einzige Kind des späteren indischen Ministerpräsidenten Nehru wurde in Allahabad geboren. Ihre Kindheit war geprägt vom indischen Unabhängigkeitskampf, an dem ihr Vater an der Seite von Mahatma Gandhi teilnahm. Mit zwölf Jahren gründete sie die sog. Affenbrigade, eine Gruppe von Mädchen und Jungen, die als Boten geheime Nachrichten zwischen den Freiheitskämpfern überbrachten. 1935/36 studierte sie an der Universität des Philosophen und Dichters Rabindranath Tagore in Indien, 1937 nahm sie ein Geschichts- und Anthropologiestudium in Oxford auf.

1937–54: Mitstreiterin ihres Vaters Indira trat 1937 in die Kongreßpartei ein und nahm als Begleiterin und Beraterin ihres Vaters bereits mit 20 Jahren Einfluß auf die Politik ihres Landes. Zusammen mit Nehru bekämpfte sie die britische Kolonialherrschaft und engagierte sich in der Schul- und Sozialpolitik. 1942 heiratete sie Firoze Gandhi (nicht verwandt mit Mahatma Gandhi; geschieden 1947; zwei Söhne).

1955–64: Frühe politische Ämter 1955 wurde Indira Gandhi in die Spitze der Kongreßpartei, 1959 zur Präsidentin gewählt. 1964 übernahm sie das Ministerium für Information und Rundfunk. Nach dem Tod des Ministerpräsidenten Lal Bahadur Shastri wurde sie zwei Jahre später zu seiner Nachfolgerin gewählt.

1966–77: Erste Amtszeit Als Ministerpräsidentin war Indira Gandhi zunächst mit den Machtkämpfen innerhalb der Kongreßpartei, die über die Frage der Bewältigung der sozialen Mißstände entflammten, konfrontiert. Es gelang ihr, die Mehrheit auf ihre Meinung – Verstaatlichung großer Industriezweige und Banken – einzuschwören. Folge: Die Partei spaltete sich. Bei vorzeitigen Neuwahlen erhielt ihre Neue Kongreßpartei die Zweidrittelmehrheit, die innerparteilichen Gegner wurden in die Bedeutungslosigkeit abgedrängt. Außenpolitisch fühlte sich Indira Gandhi dem politischen Testament ihres Vaters – Neutralität und friedliche Koexistenz – verpflichtet. Dennoch schloß sie 1971 einen Freundschaftsvertrag mit der Sowjetunion und unterstützte die Selbständigkeitsbemühungen Ostbengalens. Im Dezember 1971 kam es darüber zu einem kurzen Krieg mit Pakistan. Der indische Sieg führte zur Gründung des Staates Bangladesh.

Die wirtschaftlichen und sozialen Probleme Indiens verursachten Mitte der 70er Jahre eine schwere innenpolitische Krise. Die Opposition gegen Gandhi wuchs. Als die Ministerpräsidentin im Juni 1975 von einem Gericht in Allahabad der Korruption bei den Unterhauswahlen von 1971 für schuldig befunden wurde, verhängte Gandhi den Ausnahmezustand und ließ ihre politischen Kontrahenten verhaften. Verfassungsänderungen sollten 1976 ihre Position stärken. Der Machtmißbrauch kam einem Staatsstreich gleich und stärkte die Opposition, die durch die von Gandhi veranlaßte Zwangssterilisation zur Einschränkung der Bevölkerungsexplosion weiteren Zulauf erhielt. Angesichts des wachsenden Widerstands löste Gandhi das Parlament auf und rief Neuwahlen für März 1977 aus. Die Kongreßpartei erlitt eine erdrutschartige Niederlage, Gandhis konservativer Gegenspieler Morarji Desai bildete die neue Regierung.

1977–80: Opposition und Comeback Von ihren früheren Parteifreunden abgeschrieben, bereitete Gandhi ihr politisches Comeback vor: Sie ließ sich zur Präsidentin des von ihr gegründeten Indian National Congress wählen und erzielte bei den Regionalwahlen im Februar 1978 in einigen Teilstaaten die absolute Mehrheit. Mehrere Parlamentsabgeordnete schlossen sich daraufhin ihrer Partei an und Gandhi kehrte nach einer Nachwahl 1978 als Oppositionsführerin ins Parlament zurück. Enttäuscht von der Inkompetenz der zerstrittenen Regierung wählten sie ihre Landsleute im Januar 1980 erneut zur indischen Ministerpräsidentin.

Indira Gandhi, 1982

1980–84: Letzte Amtsperiode Ihren größten außenpolitischen Erfolg feierte Gandhi 1983: Als Nachfolgerin Fidel Castros wurde sie Führerin der Blockfreien Staaten. Durch regionale Autonomiebestrebungen und religiöse Gegensätze wuchsen die Spannungen im eigenen Land. Als die Auseinandersetzungen zwischen Hindus und Sikhs in der Region Punjab im Juni 1984 bürgerkriegsähnliche Formen annahmen, ließ Gandhi das Heiligtum der Sikhs, den Goldenen Tempel von Amritsar, von Einheiten der Armee stürmen. Die Angehörigen der Religionsgemeinschaft schworen blutige Rache: Am 31.10.1984 wurde Indira Gandhi von ihren beiden Sikh-Leibwächtern im Garten ihres Büros erschossen. Ihr Sohn Rajiv, den sie konsequent zu ihrem Nachfolger aufgebaut hatte, wurde am selben Tag als neuer Ministerpräsident vereidigt.

Mohandas Karamchand (Mahatma) Gandhi

(2.10.1869–30.1.1948)

▸ Gewaltlos in die Unabhängigkeit ◂

«Mahatma» – die große Seele – wurde Wegbereiter für die Unabhängigkeit des indischen Subkontinents, konnte die Spaltung zwischen Hindus und Moslems aber nicht verhindern. Seine Methode des gewaltlosen Widerstands machte ihn zur Symbolfigur der Bürgerrechtsbewegung in den 60er Jahren.

Als jüngstes Kind der vierten Frau des örtlichen Verwaltungsleiters wuchs Mohandas in Porbandar im Bundesstaat Gujarat auf. Von seiner streng religiösen Mutter wurde der Junge in einem moralisch rigorosen Hinduismus unterwiesen, dessen wichtigste Maxime Gewaltlosigkeit war. Vegetarische Ernährung, Fasten und Toleranz gegenüber Andersgläubigen waren Gandhi, der bereits mit 13 Jahren heiratete, von Kindesbeinen an vertraut.

Um Rechtsanwalt zu werden, kam Gandhi 1888 nach London (Examen 1891). Mit seiner asketischen Lebensweise fand er in der Vegetarier-Gesellschaft einen Kreis Gleichgesinnter, wurde bald Vorstandsmitglied und begann, sich mit der Bibel und nun auch philosophisch mit dem Hinduismus zu beschäftigen.

1893–1914: Widerstand in Südafrika

Da er als Rechtsanwalt in Indien keine Anstellung fand, ging er 1893 im Auftrag einer indischen Firma nach Südafrika. Aus dem geplanten einen Jahr wurden 21: In Südafrika lernte Gandhi Unterdrückung und Diskriminierung der indischen Minderheit kennen. Als ihnen die Regierung der Provinz Natal das Wahlrecht nehmen wollte, begann der 24jährige für die Rechte seiner Landsleute zu kämpfen. Der bis dahin unpolitische junge Mann wurde über Nacht zum Anführer einer weltweit beachteten Bewegung, deren Sprachrohr – die indische Kongreßpartei in Natal – er 1894 gründete.

Der britische Sieg im Burenkrieg (1899–1902) brachte neue Nachteile für die indische Minderheit: 1906 erließ die Regierung in Transvaal einen Befehl zur Registrierung der Inder. Bei einem Massenprotest, den Gandhi im September organisierte, weigerten sich die Inder trotz Strafandrohung, dieser Anweisung nachzukommen: «Satyagraha», Gandhis Methode des «Festhaltens an der Wahrheit», war geboren.

1915–34: Führer der Kongreßpartei

Zurück in Indien, wandte Gandhi die Satyagraha-Methode 1919 gegen ein Gesetz an, das den Behörden die Möglichkeit gab, Aufwiegler ohne Prozeß zu verhaften. Gandhis Aufruf zum passiven Widerstand löste eine Massenprotestbewegung aus, die in einem Blutbad endete: Britische Soldaten töteten rund 400 Inder bei einer Versammlung in Amritsar/Provinz Punjab. Trotz dieser Tragödie war Gandhi zu Beginn der 20er Jahre die dominierende politische Persönlichkeit in seinem Land. Er reorganisierte den 35 Jahre alten Indischen Nationalkongreß und rief zum Boykott britischer Waren und Institutionen auf. Als es 1922 zu Ausschreitungen in einem kleinen Dorf im Osten des Landes kam, beendete Gandhi die Aktion zur Enttäuschung vieler seiner Anhänger. Er wurde verhaftet und wegen Aufwiegelei zu sechs Jahren Gefängnis verurteilt, nach einer Blinddarmoperation im Februar 1924 jedoch entlassen. Während seiner Abwesenheit hatte sich die Kongreßpartei gespalten und die Einheit zwischen Hindus und Moslems aufgelöst.

Der junge Gandhi, 1921

Ab 1927: Forderung nach Unabhängigkeit 1927 beriefen die Briten zur Ausarbeitung einer Verfassungsreform eine Kommission ein, in der kein einziger Inder vertreten war. Gandhi forderte Dominion-Status (Teilautonomie) von Großbritannien und drohte mit einem landesweiten Streik. Im März 1930 erhoben die Briten eine Steuer auf Salz – Gandhis «Salzmarsch» entwickelte sich zu einer der spektakulärsten Protestaktionen, bei der mehr als 60000 Satyagrahas verhaftet wurden. Nach einem Kompromiß mit den Behörden konnte Gandhi 1931 als einziger Vertreter des Indischen Nationalkongresses an der Round Table Konferenz in London teilnehmen. Die Unabhängigkeit kam nicht zustande, zudem wurde Gandhi nach seiner Rückkehr erneut verhaftet. Noch im Gefängnis begann er einen Hungerstreik aus Protest gegen ein neues diskriminierendes Wahlgesetz, das nach landesweiten Protesten zurückgenommen wurde. 1934 legte Gandhi sein Parteiamt nieder: Er war enttäuscht von den Mitgliedern der Partei, für die das Prinzip der Gewaltlosigkeit nur ein politisches Mittel und keine fundamentale Überzeugung darstellte.

Im 2. Weltkrieg verhandelte er mit den Briten erneut über die Unabhängigkeit Indiens. Als Gandhi 1942 den sofortigen Abzug der Kolonialherren aus Indien forderte, verhafteten die Behörden kurzzeitig die gesamte Führung des Nationalkongresses. Blutige Unruhen waren die Folge, die auch nach Kriegsende anhielten. Verhandlungen zwischen Moslems, Nationalkongreß und Briten führten zur Teilung des Subkontinents. Am 15.8.1947 erhielten das hinduistische Indien und das muslimische Pakistan die Unabhängigkeit. Ein halbes Jahr später wurde der 78jährige Gandhi wegen seiner Versöhnungspolitik gegenüber Pakistan von einem fanatischen Hindu in Delhi erschossen.

Charles de Gaulle

(22.11.1890–9.11.1970)

▸ Ein General erneuert «Grande nation» ◂

Der Offizier bestimmte zwei Phasen der französischen Politik: Während des 2. Weltkriegs war er Führer des Freien Frankreichs, das gegen das prodeutsche Vichy-Regime aufbegehrte. Anfang der 60er Jahre beendete er die Algerienkrise und sicherte Frankreich die heutige starke Stellung in Europa.

Der in Lille geborene zweite Sohn eines patriotisch eingestellten Literatur- und Philosophieprofessors begeisterte sich schon als kleiner Junge für das Militär. Nach dem Schulbesuch erhielt de Gaulle ab 1910 eine Ausbildung an der Militärakademie in St. Cyr bei Paris, die er zweieinhalb Jahre später abschloß. Fortan diente er in einem Infanterieregiment unter Oberst Philippe Pétain.

Ab 1925: Günstling von Pétain Im Herbst 1924 schloß de Gaulle die Oberste Militärschule ab. Nach einjähriger Stationierung in Mainz/ Rheinland-Pfalz wurde er 1925 Mitglied des Stabes von Armee-Generalinspekteur Pétain und trat in den Folgejahren mit zahlreichen militärtheoretischen Vorträgen und Schriften hervor. 1934 geriet er in Konflikt mit seinem Förderer: In seiner Schrift «Vers l'armée de métier» machte sich de Gaulle für den Einsatz von Panzerverbänden stark. Gleichzeitig kritisierte er Pétains Militärkonzeption als ungeeignet, um Frankreich vor dem faschistischen Deutschen Reich zu schützen. Mit dieser Kritik machte sich de Gaulle über Jahre hinaus Feinde im Generalstab; 1938 kam es zum endgültigen Bruch mit Pétain.

1940–45: Führer des Freien Frankreichs Am 17.6.1940 übernahm General Pétain die Regierungsgewalt und unterbreitete den Deutschen die Bitte um Waffenstillstand. Einen Tag später forderte de Gaulle von London aus seine Landsleute mit dem Ausspruch «Frankreich hat eine Schlacht verloren, aber keinen Krieg» auf, den Krieg fortzusetzen. Gleichzeitig erklärte er sich zum einzigen legitimen Repräsentanten Frankreichs und wurde daraufhin in Abwesenheit zum Tode verurteilt.
Als Chef des Freien Frankreichs baute de Gaulle eine Gegenregierung auf, deren internationale Anerkennung stetig wuchs. Nach der Eroberung Nordafrikas verlegte er den Sitz des Französischen Nationalkomitees nach Algier und wandelte es am 3.6.1944 in die Provisorische Regierung der Französischen Republik um. Zweieinhalb Monate nach der alliierten Landung zog de Gaulle als Befreier in Paris ein (26.8.1944).

1946: Rückzug Nach 14monatiger Amtszeit als Ministerpräsident trat de Gaulle am 20.1.1946 zurück, weil er seine Forderungen nach Einrichtung eines Präsidialsystems mit starker Stellung des Präsidenten nicht durchsetzen konnte.

Staatsbesuch von Charles de Gaulle bei Bundeskanzler Adenauer, 1963

1958–68: Guide de la nation Als im Mai 1958 die IV. Republik infolge ständig wechselnder Regierungen und des Algerienkonflikts auseinanderbrach, kehrte de Gaulle an die Macht zurück. Mit der Verfassung der V. Republik (4.10.1958) erhielt er die Vollmachten, die er zwölf Jahre zuvor gefordert hatte. Am 21.12.1958 wurde de Gaulle mit Dreiviertelmehrheit zum Präsidenten, dem «Guide de la nation», gewählt. Trotz heftiger Widerstände der eigenen Anhänger entließ er 1962 Algerien und die übrigen französischen Kolonien in die Unabhängigkeit. Allerdings sorgte er dafür, daß enge Bande zur ehemaligen Kolonialmacht bestehenblieben. In der übrigen Außenpolitik setzte de Gaulle seine Vision von der «Grande nation» um und erklärte die französische Souveränität zur Leitlinie allen Handelns. Er machte Frankreich zur Atomstreitmacht (Force de frappe) und löste das Land aus allen Bündnisverpflichtungen (NATO-Austritt 1.7.1966). Mit der strikten Neutralität im Vietnamkrieg und im Nahen Osten demonstrierte de Gaulle die Unabhängigkeit des Landes.

Der Wunsch nach Souveränität bestimmte auch de Gaulles Europapolitik. Mit der Formel vom «Europa der Vaterländer» wollte er die europäische Einigung auf die wirtschaftliche Kooperation begrenzen. Einen EG-Beitritt Großbritanniens lehnte er strikt ab. Hingegen setzte er auf Aussöhnung mit dem ehemaligen Kriegsgegner Deutschland (Freundschaftsvertrag 1963).

1968: Rücktritt Die Mairevolte 1967 (Straßenschlachten zwischen Studenten und Polizei) traf den Präsidenten, der seine militärische Vergangenheit nie ablegen konnte, unvorbereitet. Die politischen und wirtschaftlichen Probleme waren nicht wie die Krisen zuvor mit Stärke zu lösen. Ein Volksentscheid, den er wie so viele Male zuvor benutzen wollte, um seine Politik bestätigen zu lassen, bedeutete das Aus. Am 27.4.1968 lehnten die Franzosen de Gaulles Pläne zur Regionalisierung ab und sprachen ihm ihr Mißtrauen aus. Einen Tag später trat de Gaulle zurück. Zweieinhalb Jahre später starb er in Colombey-les-deux-Églises an einem Herzanfall.

Michail Sergejewitsch Gorbatschow

(*2.3.1931)

▸ Wandel und Ende einer Weltmacht ◂

Der sowjetische KP-Chef (1985–91) unterzog nicht nur die innere Ordnung des Vielvölkerstaats dramatischen Reformen, sondern veränderte auch die Weltordnung grundlegend. Allerdings entwickelten die Umgestaltungen, die er auf den Weg brachte, eine Eigendynamik, mit der er selbst nicht Schritt halten konnte. Sein Abtritt (1991) besiegelte das Ende der Sowjetunion.

Gorbatschow wurde in Priwolnoje, einem Dorf in der Nähe von Stawropol/Nordkaukasus, als Sohn eines Bauern und einer orthodoxen Katholikin geboren. Schon als 15jähriger trat er dem Jugendverband Komsomol bei und erhielt vier Jahre später den Orden des Roten Banners der Arbeit.

Ab 1952: Klassische Parteikarriere
Während seines Jurastudiums in Moskau (1950–55) lernte Gorbatschow die Philosophiestudentin Raissa Titorenko kennen, die er 1956 heiratete (eine Tochter). Vier Jahre zuvor war er der KPdSU beigetreten. Gorbatschow arbeitete nie als Rechtsanwalt, sondern durchlief eine Parteikarriere und zog 1970 in den Obersten Sowjet ein. Zwischenzeitlich besuchte er das Agrarinstitut und erwarb sich durch Landwirtschaftsexperimente, die zu erheblichen Ertragssteigerungen führten, den Ruf eines Agrarfachmanns. 1980 wurde er mit 49 Jahren jüngstes Mitglied im Politbüro.
Gorbatschows Aufstieg begann 1982 unter KPdSU-Chef Jurij Andropow, den er aus Stawropol kannte. Im Auftrag Andropows organisierte er die durchgreifende Ablösung korruptionsverdächtiger Funktionäre. Entgegen allen Erwartungen mußte er nach Andropows Tod 1984 Konstantin Tschernenko den Vortritt als KPdSU-Chef lassen.

Ab 1985: Glasnost und Perestroika
Ein Jahr später, nach dem Tod Tschernenkos, setzte sich Gorbatschow gegen die konservativen Kräfte durch und übernahm den Vorsitz der KPdSU. In den ersten Wochen seiner Amtszeit verbesserte er seine Machtposition durch großangelegte Entlassungen quer durch die Funktionärskader. Prominenteste Opfer waren Außenminister Andrej Gromyko sowie Gorbatschows Hauptwidersacher im Politbüro, Grigorij Romanow.
Im Oktober 1985 legte Gorbatschow ein Programm zum wirtschaftlichen und sozialen Umbau der Sowjetunion vor (Perestroika). Eckpunkte waren stärkere Eigeninitiative sowie die Einführung marktwirtschaftlicher Elemente (z. B. stärkere Ausrichtung der Produktion an der Nachfrage). Eine offene Informationspolitik sollte die Entscheidungen der Regierung für alle Teile der Bevölkerung nachvollziehbar machen (Glasnost).

Ab 1987: Außenpolitischer Kurswechsel Auch in der Außenpolitik vollzog Gorbatschow eine radikale Richtungsänderung: In den Abrüstungsverhandlungen mit den Vereinigten Staaten zeigte er sich kompromißbereit (Verzicht auf die bisherige sowjetische Forderung, alle Waffensysteme einzubeziehen) und ermöglichte damit im Dezember 1987 die sog. Null-Lösung zur Beseitigung aller Mittelstreckenraketen in Mitteleuropa. Weitere Abrüstungschritte folgten (z. B. START-Vertrag Juni 1991), denn Gorbatschow wollte die Rüstungsausgaben drastisch senken, um so die nötigen finanziellen Mittel für sein wirtschaftliches Umbauprogramm zu bekommen.

1988 zog er die Truppen aus dem besetzten Afghanistan ab. Die von ihm durchgesetzte nachträgliche Verurteilung des sowjetischen Einmarschs in der ČSSR (1968) und in Afghanistan (1979) bedeutete eine Abkehr von der bisherigen hegemonialen Großmachtpolitik. 1990 ermöglichte Gorbatschow durch seine Zustimmung die deutsche Einheit. Die übrigen Ostblockstaaten ermunterte er zu Reformen, leitete den Truppenabzug der Roten Armee ein und besiegelte damit auch das Ende des Warschauer Pakts im Februar 1991.

Ab 1992: Machtverlust Trotz der außenpolitischen Erfolge, für die Gorbatschow 1990 den Friedensnobelpreis erhielt, häufte sich im Inland die Kritik. Die Konservativen sahen Einfluß und Weltmachtstellung der UdSSR schwinden, die radikalen Reformer beanstandeten ein zu zögerliches Vorgehen.

Trotz erweiterter Vollmachten war

Michail Gorbatschow

Gorbatschow – ab 1990 Staatspräsident – den aufflackernden Nationalitätenkonflikten sowie den Unabhängigkeitsbestrebungen der Sowjetrepubliken nicht gewachsen. Die UdSSR, die Gorbatschow als Staatenbund erhalten wollte, zerfiel.

Das letzte Aufbäumen der kommunistischen Machtelite, die im August 1991 erfolglos putschte, bedeutete auch den Anfang vom Ende der Ära Gorbatschow. Zum neuen starken Mann wurde der russische Präsident Boris Jelzin, der für kompromißlose Reformen eintrat und der KPdSU jede Betätigung in Rußland untersagte. Am 24.8.1991 trat Gorbatschow als Parteivorsitzender zurück.

In der Folgezeit meldete er sich immer wieder zur russischen Politik zu Wort, spielte in der neuen politischen Landschaft jedoch keine Rolle mehr. Im Westen ist Gorbatschow gerngesehener Gast und hochbezahlter Vortragsreisender.

Ernesto (Che) Guevara Serna

▸ Revolutionär ohne Grenzen ◂

(14.6.1928–9.10.1967)

Der argentinische Freiheitskämpfer, in den 60er Jahren politische Leitfigur der aufbegehrenden Jugend, kämpfte an der Seite Fidel Castros in der kubanischen Revolution (1954–56). Mit seinen theoretischen Schriften lieferte «Che» einen wichtigen Beitrag zu einem selbständigen Marxismus in den Ländern Lateinamerikas.

Guevara, in Rosario (Argentinien) geboren, war der erste Sohn eines Mate-Plantagenbesitzers. Knapp zwei Jahre alt, wurde Ernesto erstmals von Asthma heimgesucht, einem Leiden, das ihn ein Leben lang begleitete. Der Junge wuchs gemeinsam mit vier Geschwistern in Alta Gracia im Bergland der Provinz Córdoba auf. Guevaras Eltern vermittelten ihrem Sohn eine liberale Einstellung: Sie lehnten die bestehenden Herrschaftsschichten, die sich nur durch Militärgewalt an der Macht hielten, radikal ab. Dennoch verband Ernesto neun Jahre lang (1944–53) eine innige Liebe mit Chichina Ferreyra, die aus einer der wohlhabendsten Familien des Landes stammte.

1947–54: Entwicklung zum Revolutionär Während seines Medizinstudiums in Buenos Aires (1947–53) unternahm Guevara ausgedehnte Reisen durch Lateinamerika, wo er Not und Elend der Landbevölkerung sowie der indianischen Ureinwohner kennenlernte. Die Geburtsstunde des marxistischen Revolutionärs Guevara schlug 1954 in Guatemala und wurde maßgeblich von der peruanischen Kommunistin Hilda Gadea Acosta beeinflußt, mit der er ein Verhältnis hatte.

1954–56: Kubanische Revolution Nach der Teilnahme an der gescheiterten Revolution in Guatemala floh Guevara nach Mexiko. Dort begegnete er erstmals Fidel Castro. Der Kubaner bereitete den Sturz von Diktator Fulgenico Batista y Zaldívar vor. Guevara, der glaubte, Revolution sei nur durch Kampf möglich, schloß sich ihm an und beteiligte sich an der im Dezember 1956 beginnenden Kuba-Invasion. Zwei Jahre zogen sich die bewaffneten Auseinandersetzungen hin, in deren Verlauf Guevara den Ruf eines gefürchteten Guerillakommandanten erwarb. Während der Kämpfe schloß sich den Partisanen die Lehrerin Aleida March de la Forre an, die Guevara 1959 heiratete.
Nach der Flucht von Diktator Batista (31.12.1958) und dem triumphalen Einzug der Guerilleros in Havanna ordnete Guevara das sog. Paredón an: In einer gnadenlosen «Säuberungsaktion» ließ er mehrere tausend Menschen hinrichten. Ziel war es, jegliche Opposition sowie die Offiziere der regulären Armee unschädlich zu machen.

Bis 1965: Politiker in Kuba Am 9.2.1959 wurde Guevara durch Verfassungsgesetz als «geborener Kubaner» bestätigt, seinem Namen fügte er «Che» (Revolutionär ohne Grenzen) hinzu. Obwohl offiziell nur zweiter Mann im Staat (hinter Castro), bestimmte er die Politik Kubas, das er zu einem konsequent sozialistischen Staat formen wollte. Als Präsident der Nationalbank (1959–61) und als Industrieminister (1961–65) sorgte Che für die überstürzte Verstaatlichung der Wirtschaft. Das Streben nach einem «neuen sozialistischen Menschen» brachte ihn zunehmend in Konflikt mit der Sowjetunion, deren Politik er öffentlich attackierte. Auf Druck der UdSSR zwang Castro daraufhin den ehemaligen Kampfgefährten am 14.3.1965 zum Rücktritt.

Ernesto «Che» Guevara, 1960

Ab 1965: Vergeblicher revolutionärer Kampf Guevara wollte die Revolution über Kuba hinaus in die Welt tragen. Nachdem er mit diesem Vorhaben gescheitert war, beschränkte er seine Aktivitäten auf Lateinamerika. Eine neue Frau trat in sein Leben: die Deutsche Heidi Bunke-Bider, genannt Tania, die ohne sein Wissen für die UdSSR spionierte. Im November 1966 traf Che mit ihr in Bolivien ein und baute dort eine Befreiungsarmee auf. Allerdings überschätzte er das revolutionäre Potential der Landbevölkerung, die nach einer Landreform Umsturzversuchen ablehnend gegenüberstand. Die «Dschungeltagebücher», die er während des Bolivien-Unternehmens führte, dokumentieren seinen Wandel vom begeisterten zum resignierenden Revolutionär. Am 7.10.1967 fiel Che Guevara bolivianischen Truppen in die Hände und wurde hingerichtet. Einen Tag später stellten die Behörden seine Leiche öffentlich zur Schau, ehe sie sie verbrannten.

Leitsätze aus Guevaras «Doktrin des Guerillakriegs»

- Volkskräfte können Krieg gegen Regierungsheer gewinnen
- Der Aufstandsherd kann sich selbst schaffen, d. h. Warten, bis alle Revolutionsbedingungen erfüllt sind, ist nicht immer nötig
- Im unterentwickelen Lateinamerika muß das Land Schauplatz der bewaffneten Auseinandersetzungen sein
- Der Guerillakampf ist Vorphase des Gesamtbefreiungskampfes
- Jeder Guerillakämpfer ist ein Sozialreformer

Haile Selassie I.

(23.7.1892–27.8.1975)

▸ Ein halbes Jahrhundert auf dem Löwenthron ◂

Der äthiopische Kaiser herrschte 44 Jahre mit absoluten Machtbefugnissen über sein Land. Nach anfänglichen Sozial- und Wirtschaftsreformen und außenpolitischen Erfolgen wurde er zunehmend zum Hemmschuh der Modernisierung in Äthiopien. 1974 entmachtete ihn das Militär.

Tafari, der zweite Sohn des Fürsten Makonnen und Neffe des Kaisers Menelik II., bekam eine umfassende Ausbildung in der Hauptstadt Addis Abeba, wohin ihn der Kaiser nach dem Tod des Vaters holte. Schon als Jugendlicher Gouverneur verschiedener Landesprovinzen, heiratete er als 19jähriger die Prinzessin Woizero Menen, eine entfernte Verwandte (gestorben 1962), mit der er drei Töchter und drei Söhne hatte.

Ab 1916: Aufstieg zum Regenten
Nach dem Tod Meneliks (1911) und dem Sturz seines Nachfolgers Lidsch Yahsu (1916) wurde Meneliks Tochter Zauditu neue Kaiserin Äthiopiens. Tafari Makonnens Karriere verlief weiterhin zielstrebig: Als neuer Thronfolger und Regent bestimmte er zunehmend die Richtlinien der Politik. Dank seiner Verhandlungen wurde das Land 1923 in den Völkerbund aufgenommen, ein Jahr später beendete er den Sklavenhandel in seiner Heimat. Der starke Mann Äthiopiens ließ sich 1928 mit 36 Jahren zum König krönen, sein neuer Herrschername lautete Haile Selassie I. (= Macht der Dreifaltigkeit). Nach dem Tod der politisch unbedeutenden Kaiserin bestieg er am 2.11.1930 den Kaiserthron.

Ab 1935: Ende der Reformpolitik
1931 erließ der Kaiser eine Verfassung – die erste in der Geschichte des Landes. Haile Selassie begann mit der Umsetzung seines Ziels, Äthiopien wirtschaftlich und sozial zu reformieren: Er initiierte Bildungs- und Alphabetisierungsprogramme, mußte seine Aktionen jedoch 1935 abbrechen, als das faschistische Italien das Land besetzte. Vergeblich hoffte Haile Selassie auf Unterstützung des Völkerbunds und floh 1936 nach Großbritannien. Gemeinsam mit äthiopischen Flüchtlingen kehrte er im Gefolge der britischen Truppen 1941 in sein Land und – nach einem Abkommen mit Großbritannien – auf den Thron zurück.

Ab 1952: Internationales Ansehen
Die größten Erfolge verbuchte Haile Selassie in der Außenpolitik. 1952 verband er Äthiopien in einer Föderation mit Eritrea, was den jahrhundertealten engen Bindungen Rechnung trug. Zehn Jahre später wurde die Provinz dem Kaiserreich eingegliedert. Sein diplomatisches Meisterstück lieferte Haile Selassie zu Beginn der 60er Jahre: Nachdem er die Staatschefs der afrikanischen Staaten 1960 in Addis Abeba um sich versammelt hatte, setzte er bis

1963 die Gründung der Organisation für afrikanische Einheit (OAU) durch. Das Hauptquartier der unabhängigen panafrikanischen Staatengemeinschaft wurde in der äthiopischen Hauptstadt eingerichtet.
Der Kaiser versuchte sich auch als Friedensvermittler, u.a. im Biafra-Konflikt in Nigeria (1967–70).

Ab 1955: Innenpolitischer Abstieg Auf dem Höhepunkt seiner Macht führte Haile Selassie 1955 eine neue Verfassung ein, die einen Senat (von ihm ernannt) und ein Abgeordnetenhaus (vom Volk ab 1957 erstmals direkt gewählt) vorsah. Trotz dieses demokratischen Scheins blieb seine Herrschaft unantastbar. Der Reformeifer der frühen Jahre war weitgehend verschwunden; eine Landreform (1942–44) blieb in den Anfängen stecken. In den 60er Jahren mehrten sich die Zeichen des Unmuts in der Bevölkerung, die auch die immer offensichtlichere Korruption der Staatsdiener und die Tatenlosigkeit ihres Kaisers anprangerten. Die aufflackernden Unruhen ließ Haile Selassie jedoch im Keim ersticken.
Ohne Erfolg blieben auch seine Versuche, den Kampf der zu Beginn der 60er Jahre gegründeten Befreiungsfront für ein unabhängiges Eritrea militärisch zu beenden.

1974: Militäraufstand und Sturz Als die Behörden 1973/74 eine gravierende Hungersnot offiziell totschwiegen und keine Hilfsmaßnahmen einleiteten, geriet die Lage in der Hauptstadt Addis Abeba außer Kontrolle. Das Militär übernahm die Macht und begann eine großangelegte Verhaftungswelle. Haile Selassie wurde aller politischen Funktionen enthoben und in seinem Palast unter Arrest gestellt. Nachdem sein Sohn Asfa Wossen übergangsweise zum – vom Militär geduldeten – König bestimmt worden war, schafften die neuen linksgerichteten Herrscher (sog. Provisorischer Verwaltungsrat) die Monarchie 1975 ab. Die Verstaatlichung des kaiserlichen Besitzes als Entschädigung für die Opfer der Hungersnot gelang nur teilweise, da Haile Selassie mehrere Milliarden Dollar ins Ausland geschafft hatte. Das Geld nutzte ihm jedoch nichts mehr: Bis zu seinem Tod durfte der früher äußerst reisefreudige Kaiser seinen Wohnsitz in der Hauptstadt Addis Abeba nicht mehr verlassen. Haile Selassie I. starb 1975 im Alter von 83 Jahren an einem Prostataleiden.

Haile Selassie I.

Dag Hammarskjöld

(29. 7. 1905 – 18. 9. 1961)

▸ Finanzexperte verhilft UNO zum Durchbruch ◂

Der zweite Generalsekretär der 1945 gegründeten Vereinten Nationen löste die Organisation in seiner Amtszeit (1953–61) aus der Abhängigkeit der Welt- und Kolonialmächte und stärkte den Einfluß der Dritte-Welt-Staaten. 1961 erhielt der schwedische Diplomat postum den Friedensnobelpreis.

Von seinem Vater, einem adligen Regierungspräsidenten aus Uppsala, übernahm der in Jönköping geborene Dag Gerechtigkeitssinn, Pflichtgefühl und Arbeitseifer. Seine Mutter, die Tochter des Dichters Carl Almquist, erzog ihn im Sinne des Christentums. All diese Eigenschaften bestimmten Hammarskjölds Leben, der mit 25 Jahren sein Studium der Rechtswissenschaften und Nationalökonomie in Uppsala abschloß (Dissertation 1933). Eine akademische Laufbahn schlug das Multitalent – er war Experte für schwedische Literatur, verfaßte und übersetzte mehrere Bücher – jedoch aus.

Ab 1935: Von der Reichsbank in die Reichsregierung Statt dessen nahm Hammarskjöld 1935 eine Stelle in der Reichsbank an, deren Aufsichtsratsvorsitzender er 1941–48 war. Der sozialdemokratische Finanzminister Ernst Wigfors machte ihn 1936 zum Staatssekretär. Hammarskjöld stürzte sich in die Arbeit, war bald unentbehrlich. Nach dem 2. Weltkrieg war er wirtschaftspolitischer Fachmann der Regierung von Tage Erlander, der ihn 1951 wegen seines diplomatischen und organisatorischen Geschicks zum stellvertretenden Außenminister ernannte (bis 1953).

Ab 1951: Fachmann der UNO-Delegation All seine Fähigkeiten konnte Hammarskjöld als Vertreter Schwedens bei den Vereinten Nationen wirksam einsetzen. Der Freund der schwedischen Natur verhandelte in Paris und Genf und stand den schwedischen UNO-Politikern ab 1952 vor. Das «Arbeitstier» – er kam wochenlang mit nur wenigen Stunden Schlaf aus – überzeugte seine internationalen Kollegen schnell von seinen Qualitäten: Als 1953 ein Nachfolger für den zurückgetretenen ersten UNO-Generalsekretär, den Norweger Trygve Lie, gesucht wurde, bestimmte die Generalversammlung den 47jährigen Hammarskjöld.

Ab 1953: Generalsekretär der UNO Der neue Amtsinhaber erwies sich als Glücksgriff: Geleitet von einem religiösen Humanismus, wollte er trotz des kalten Kriegs ein Generalsekretär für alle Staaten sein. Die Machtlosigkeit der Vereinten Nationen gegenüber den Weltmächten war unter Lie deutlich zutage getreten. Hammarskjöld versuchte erfolgreich, den Einfluß der Organisation zu stärken. Er schaffte das imperative Mandat der Staatsvertreter ab, die dadurch unabhängiger in ihren Entscheidungen wurden. Seine di-

plomatischen Fähigkeiten setzte er meisterhaft ein: Er besuchte bis Mitte der 50er Jahre fast alle Mitgliedsstaaten, setzte auf persönliche Kontakte und widmete sich den Ländern Afrikas. Aus vier afrikanischen Mitgliedsstaaten (1953) wurden bis 1960 insgesamt 26.
Nebenbei fand Hammarskjöld immer wieder Zeit, seinen kulturellen Neigungen nachzugehen: Der leidenschaftliche Kunstsammler organisierte klassische Konzerte im New Yorker Hauptquartier der UNO.

Ab 1955: Krisenmanagement Mehrere Krisen bestimmten die Amtszeiten Hammarskjölds: Unter großem persönlichem Einsatz erreichte er 1955 die Freilassung von US-Piloten, die in China wegen Spionage angeklagt waren. Nach diesem Erfolg – China war kein UNO-Mitglied – gab ihm der Sicherheitsrat 1956 freie Hand zur Lösung der Suezkrise. Gegen die Interessen Großbritanniens und Frankreichs setzte Hammarskjöld UNO-Einheiten ein, die den Waffenstillstand zwischen Israel und Ägypten kontrollierten, das britisch-französische Bombardement Ägyptens beendeten und die Sicherheit des Suezkanals für die internationale Schiffahrt garantierten. Im selben Jahr intervenierte er vergeblich gegen die Niederschlagung des Ungarn-Aufstands, zwei Jahre später vermittelte er erfolgreich im Libanon-Konflikt.

1957–62: Zweite Amtszeit Der gefeierte Generalsekretär wurde 1957 mit großer Mehrheit wiedergewählt. Die nächste Herausforderung, die Entschärfung der sog. Kongokrise, bezahlte er mit dem Leben. Kurz nach der Unabhängigkeit Belgisch-Kongos (1960; ab 1971 Zaire) putschte die Armee unter Oberst Mobutu. Gleichzeitig erklärte sich die Provinz Katanga unabhängig. Präsident Lumumba bat die Vereinten Nationen um Hilfe; Hammarskjöld entsandte afrikanische UNO-Truppen. Erfolgreich verstand es der Generalsekretär, die Interessen der Welt- und Kolonialmächte zurückzudrängen. Als er im September 1961 aus Léopoldville (heute Kinshasa) zu einem Gesprächstermin mit Katanga-Rebellenführer Moïse Tschombé aufbrach, stürzte sein Flugzeug aus ungeklärten Gründen über der Provinz nahe Ndola ab. Hammarskjöld, der in Uppsala beigesetzt wurde, erhielt postum den Friedensnobelpreis für 1961. Sein Nachfolger als Generalsekretär wurde der Burmese U Thant.

Dag Hammarskjöld, 1959

Václav Havel

(*5.10.1936)

An der Spitze des von ihm gegründeten Bürgerforums konnte der Dramatiker Havel, über zwei Jahrzehnte als Dissident verfolgt, 1989 die kommunistische Herrschaft in der ČSSR beenden. Als erster demokratisch gewählter Präsident der ČSR mußte er das Ende eines einheitlichen Staates der Tschechen und Slowaken machtlos miterleben.

Havel entstammt einer wohlhabenden Prager Architektenfamilie. Als der Junge zwölf Jahre alt war, wurde das Familienvermögen im Zuge von Verstaatlichungen beschlagnahmt. Der Sohn aus bürgerlichem Hause mußte die Schule verlassen (1951) und arbeitete als Zimmermannslehrling und Chemielaborant; nebenbei machte er auf dem Abendgymnasium das Abitur (1954). Da ihm das gewünschte kulturwissenschaftliche Studium verwehrt wurde, studierte er an der Universität Prag Automation des Verkehrswesens.

1963–68: Politisches Engagement als Dramatiker Nach dem Wehrdienst arbeitete Havel zunächst als Kulissenschieber, ehe er 1963 zu einem der Hausautoren des «Theaters am Geländer» in Prag avancierte. Dort lernte er auch Olga Splichalová kennen, die er 1964 heiratete. In seinen Dramen setzte sich Havel mit den Gefahren totalitärer Machtansprüche auseinander. Ab Mitte der 60er Jahre mischte er sich zunehmend in politische Angelegenheiten ein. Auf einem Schriftstellerkongreß im Juni 1967 übte er offen Kritik am kommunistischen Regime von Antonín Novotny. Während des Prager Frühlings leitete Havel den reformerischen Club unabhängiger Schriftsteller und forderte öffentlich die Zulassung einer Oppositionspartei.

Nach der blutigen Niederschlagung der Reformversuche von Alexander Dubček (August 1968) erhielt Havel Aufführungs-, Publikations- und Reiseverbot. Tief enttäuscht und deprimiert zog sich er sich auf einen Bauernhof nahe der Grenze zu Polen zurück. Zur Sicherung des Lebensunterhalts verdingte er sich als Hilfsarbeiter in einer Brauerei.

1975–89: Jahre der Verfolgung Erst Mitte der 70er Jahre überwand Havel seine politische Sprachlosigkeit und rechnete in einem «Offenen Brief» mit dem Regime und KP-Chef Gustav Husák ab. Zwei Jahre später gehörte er zu den Gründern der Bürgerrechtsbewegung Charta 77, die ihre Forderungen nach Einhaltung der Menschenrechte und Verwirklichung der Bürgerrechte auf die Schlußakte der KSZE-Konferenz von Helsinki stützte. In der Folgezeit war Havel staatlichen Repressionen ausgesetzt, die in einer Verurteilung zu viereinhalb Jahren Haft und Schreibverbot wegen

«Gründung einer illegalen Vereinigung» (1979) gipfelten.
Die lange Haftstrafe machte Havel, der sich selbst als höflich und ängstlich charakterisiert, weltweit bekannt. Nach internationalen Protesten kam er im März 1983 frei. Nach seiner Genesung von den Folgen der Haft nutzte er geschickt das Medieninteresse an seiner Person für die politische Arbeit.

1989: Wegbereiter der Veränderung Ab Sommer 1989 beteiligte sich Havel an den Demonstrationen gegen die Regierung Husák. Als der Zusammenbruch der DDR auch eine demokratische Wende in der ČSSR möglich erscheinen ließ, gründete der Dissident das Bürgerforum, das die Bevölkerung zu friedlichem Widerstand gegen die Machthaber aufrief. Unter dem Druck der Demokratiebewegung mußte Staats- und Parteichef Husák schließlich zurücktreten (10.12.1989). 19 Tage später zog der Dramatiker Havel in die Prager Burg, den Amtssitz des Präsidenten, ein.

Der Dramatiker Havel

Hauptthema von Havels dramatischem Werk, in dem er Elemente des Absurden Theaters verwendet, ist die Gefahr des Identitätsverlusts in der modernen Gesellschaft. Erster internationaler Erfolg war «Das Gartenfest» (1963): Die identitätslosen Figuren des Stücks bewegen sich in einem modellhaften Raum und können sich nur in einer aus Phrasen bestehenden Sprache verständigen. Nach dem Verbot seiner Dramen in der ČSSR brachte zumeist das Wiener Burgtheater die Uraufführung seiner Werke heraus, u. a. «Audienz» (1977), «Vernissage» (1977).

Václav Havel, 1993

Ab 1990: Präsident Bei den ersten freien Parlamentswahlen im Juni 1990 errang das von Havel geführte Bürgerforum die Mehrheit. In der Folgezeit gelang es dem Kettenraucher Havel jedoch nicht, den wiedererstarkenden Nationalismus einzudämmen. 1992 scheiterte die Wiederwahl des stets leger auftretenden Staatschefs, der sich als Präsident aller Tschechoslowaken verstand, am Widerstand der Slowaken. Politisch machtlos, mußte Havel die Auflösung der Tschechoslowakei miterleben. Dennoch zog er sich nicht aus der Politik zurück, sondern wurde im Januar 1993 zum Präsidenten der Tschechischen Republik gewählt.

Paul von Beneckendorff und von Hindenburg

(2.10.1847–2.8.1934)

▸ Monarchist als Oberhaupt der Republik ◂

Der Militär und leidenschaftliche Anhänger der Monarchie wurde durch seine militärischen Erfolge im 1. Weltkrieg zum Aushängeschild und zur Vaterfigur der politischen Rechten. Als Reichspräsident (1925–34) konnte er den Aufstieg Hitlers nicht verhindern.

Der Sproß einer preußischen Offiziersfamilie wuchs in Posen auf. Die Herkunft prägte seinen Lebensweg: Bereits mit elf Jahren begann er als Kadett eine militärische Ausbildung und nahm an der Schlacht von Königgrätz (1866) und am Deutsch-Französischen Krieg (1870/71) teil. 1903 zum Kommandierenden General ernannt, erklärte der 64jährige 1911 nach einer soliden, unspektakulären Karriere seinen Abschied aus der Armee.

1914–18: Ruhm und Ehre im Krieg Beim Ausbruch des 1. Weltkriegs in den Militärdienst zurückgerufen, wurde Hindenburg nach der Schlacht bei Gumbinnen (1914) zum Oberbefehlshaber der 8. Armee an der Ostfront ernannt. Zusammen mit Generalstabschef Erich Ludendorff gelang ihm ein vernichtender Sieg über die russischen Armeen bei Tannenberg/Ostpreußen und an den Masurischen Seen. Der Mythos vom «Sieger von Tannenberg» war geboren, Hindenburg wurde Generalfeldmarschall und Oberbefehlshaber Ost. Unter seiner Führung eroberten deutsche Truppen Polen, Kurland und Litauen (1915), im August 1916 übernahm Hindenburg die Oberste Heeresleitung. Als sich abzeichnete, daß der Sieg zu Land unerreichbar war, befürwortete Hindenburg den uneingeschränkten U-Boot-Krieg, der zum Kriegseintritt der USA (April 1917) und schließlich zur Niederlage der Mittelmächte führte.

Ab 1918: Rückzug ins Private Vergeblich hatte Hindenburg versucht, die Monarchie zu retten. Nach der Abdankung Kaiser Wilhelms II. arbeitete er kurzzeitig mit der neuen republikanischen Regierung zusammen. Er organisierte den Rückzug der deutschen Armeen und unterstützte die Niederschlagung der revolutionären Unruhen im Land. Mit der Unterzeichnung des Versailler Friedensvertrags trat Hindenburg im Juli 1919 zurück. Seine Aussage vor dem parlamentarischen Ausschuß zur Untersuchung der Kriegsniederlage bekräftigte die für die junge Demokratie verhängnisvolle «Dolchstoßlegende»: Die Revolution in der Heimat sei den «im Felde unbesiegten Truppen» in den Rücken gefallen.

Ab 1925: Reichspräsident Nach dem Tod des ersten Reichspräsidenten der Weimarer Republik, Friedrich Ebert, wurde der 77jährige Hindenburg als Kandidat der Rechten 1925

Paul von Hindenburg mit Adolf Hitler beim Staatsakt in der Potsdamer Garnisonskirche, 21. März 1933

zu Eberts Nachfolger gewählt. Trotz seiner Abneigung gegen die Republik bemühte sich Hindenburg, sein Amt im Rahmen der Verfassung korrekt auszuführen. Zahlreiche Regierungskrisen und -umbildungen sowie die einsetzende wirtschaftliche Depression veranlaßten ihn nach dem Sturz der SPD-Regierung von Hermann Müller, im März 1930 den Zentrumsführer Heinrich Brüning als Kanzler einzusetzen, ohne das Parlament zu konsultieren. Das so errichtete konservative Präsidialregime höhlte das parlamentarische System aus und führte zum Niedergang der Republik.

1932–34: Wiederwahl und Tod Bei den Reichpräsidentenwahlen (1932) siegte Hindenburg – diesmal unterstützt von den Sozialdemokraten und den Parteien der Mitte – gegen Adolf Hitler. Er setzte die Praxis des Präsidialsystems fort und geriet zunehmend unter den Einfluß eines kleinen Kreises von Militärs und Großgrundbesitzern – unter ihnen auch sein Sohn. Auf deren Ratschlag hin ernannte er am 1.6.1932 Franz von Papen und noch im Dezember General Kurt von Schleicher zum Reichskanzler.

Hindenburg mißtraute den aggressiven Nationalsozialisten und verweigerte zunächst Hitler die Kanzlerschaft. Als jedoch Schleichers Ziel eines breiten politischen Konsenses unter Einbindung der Gewerkschaften scheiterte, resignierte Hindenburg und berief Hitler am 30.1.1933 zum Reichskanzler. Hindenburg arrangierte sich mit den Nationalsozialisten, unterzeichnete nach dem Reichstagsbrand die «Verordnung zum Schutz von Volk und Staat» (28.2.1933), die Hitler mit außerordentlichen Sondervollmachten ausstattete, und wurde durch sein Mitwirken an der nationalsozialistischen Machtdemonstration des «Tages von Potsdam» (21.3.1933) zur Galionsfigur des Dritten Reichs. Nach dem Tod des 86jährigen Hindenburg war 1934 der Weg zur totalen Herrschaft für Hitler frei.

Hirohito

(29.4.1901–7.1.1989)

▸ Abschied von der göttlichen Macht ◂

Der 124. Kaiser von Japan war mit 62 Jahren Regierungszeit der am längsten amtierende Herrscher seines Landes. Als erster Monarch auf dem Chrysanthementhron mußte Hirohito 1946 nach dem verlorenen 2. Weltkrieg auf den Göttlichkeitsanspruch verzichten. Unter seiner Regentschaft stieg Japan zur asiatischen Großmacht auf.

Als ältester Sohn des japanischen Kaisers Yoshihito war der Werdegang Hirohitos vorbestimmt: Seine umfassende Ausbildung in Tokio zielte darauf ab, eines Tages die Thronfolge anzutreten. Der Zeitpunkt kam während der ersten Auslandsreise des Prinzen. Überstürzt mußte er aus Europa zurückkehren, um mit 20 Jahren die Amtsgeschäfte von seinem geisteskrank gewordenen Vater zu übernehmen.

1921–41: Aufstieg zur Großmacht Als Yoshihito am 24.12.1926 starb, wurde Hirohito offiziell Kaiser von Japan (Tenno). Obwohl er für seine Herrschaft das Motto «Showa» (Erleuchtung und Frieden) wählte, setzte Japan seine Expansionspolitik unverändert fort. Unter seinen Vorgängern hatte das Land Korea erobert (1910), die deutschen Besitzungen im Südpazifik erhalten (1919) und Krieg gegen Rußland (1918–22) und China (1919) geführt. Die starken nationalistischen Militärverbände strebten gemeinsam mit dem Kaiser eine Vormachtstellung des Landes in Ostasien an. Eine wichtige Legitimation für das aggressive Vorgehen lieferte der aus shintoistischem Glauben abgeleitete Göttlichkeitsanspruch des Tenno, dem unbedingter Gehorsam zu leisten war. Im Mandschureikonflikt annektierte Japan 1931/32 weitere Gebiete, die zum neuen Staat Mandschukuo zusammengefaßt wurden. Der folgende internationale Protest veranlaßte Japan, 1933 aus dem Völkerbund auszutreten. Nach Abschluß des Antikominternpakts mit Hitler-Deutschland (1936) stimmte Hirohito ein Jahr später dem Einmarsch in China zu. 1940 hatten japanische Truppen weite Teile des «Reichs der Mitte» unter Kontrolle. Auf innenpolitischem Gebiet verhinderte Hirohito 1936 durch seinen persönlichen Einsatz einen geplanten Militärputsch rechtsextremer Offiziere. Das Privatleben des Kaisers verlief ruhiger: 1924 hatte er die Fürstentochter Nagako geheiratet (vier Töchter, zwei Söhne).

1941–45: Niedergang im 2. Weltkrieg Mit der Kriegserklärung der USA und Großbritanniens (Dezember 1941) wendete sich das Blatt. Die japanischen Truppen wurden in ihr eigentliches Staatsgebiet zurückgedrängt. Die Niederlage besiegelten die Atombombenabwürfe der USA auf Hiroshima und Nagasaki im August 1945. Eine Woche später verkündete der Kaiser in einer Radioansprache die Kapitulation Japans.

Ab 1946: Verlust von Macht und Göttlichkeit Kaiser Hirohitos imperialistische Politik war gescheitert. Gegenüber dem Oberbefehlshaber der US-Streitkräfte, General Douglas MacArthur, verzichtete der Tenno fortan auf seinen Göttlichkeitsanspruch und übernahm die Verantwortung für den verlorenen Krieg. Die 1946/47 unter amerikanischem Einfluß verabschiedete Verfassung sah für Hirohito nur noch repräsentative Aufgaben vor. In Japan wurde statt dessen die konstitutionelle Monarchie eingeführt.
1948 mußte sich Hirohito in einem Kriegsverbrecherprozeß vor einem internationalen Gericht verantworten. Trotz mancher Bedenken – Hirohito war Oberbefehlshaber der Streitkräfte, sein Wissen um die Folterung britischer Kriegsgefangener nicht eindeutig geklärt – wurde der Kaiser schließlich freigesprochen, zumal er gegen den Willen seiner Berater 1945 für die Kapitulation gewesen war. Seine undurchsichtige Rolle im 2. Weltkrieg blieb jedoch ein ständiger Konfliktpunkt.

1948–89: Rückzug ins Privatleben Ohne Einfluß in der Politik, widmete sich der Kaiser in den folgenden Jahrzehnten seiner Leidenschaft, der Meeresbiologie, in der er sich durch mehrere Veröffentlichungen einen internationalen Ruf erworben hat.
Erst in den 70er Jahren verließ das Kaiserpaar die selbstgewählte Isolation. Außer der ersten Europareise seit 1921, die den ohne großen Prunk lebenden Kaiser auch in die Bundesrepublik Deutschland führte, stand 1975 ein offizieller USA-Besuch auf dem Programm.
Innenpolitische Kontroversen um den Kaiser gab es noch einmal 1978, als Japan die göttliche Abstammung des Tenno erstmals wieder mit Zustimmung höchster Regierungskreise feierte. Der Kaiser wurde erneut in seine Rolle als oberster Vertreter des shintoistischen Glaubens eingesetzt. Die Auftritte des Regenten in der Öffentlichkeit nahmen jedoch ab. Von einem Blutsturz (1988) erholte sich Hirohito nicht mehr. Der Kaiser starb 87jährig in Tokio, wo er im Musashi-Mausoleum beigesetzt wurde. Die Nachfolge als Tenno trat sein ältester Sohn, der 55jährige Akihito, an.

Hirohito in seinem Labor im Kaiserpalast von Tokio, 1963. Der japanische Kaiser erlangte mit seinen biologischen Studien internationalen Ruf

Adolf Hitler

(20.4.1889–30.4.1945)

▸ Der Führer stürzt die Welt ins Chaos ◂

Als Führer und Reichskanzler schwang sich Hitler zum absoluten Herrscher im Deutschen Reich auf. Der Propagandist mit der Ideologie von der Überlegenheit der germanischen Rasse begann einen beispiellosen Vernichtungsfeldzug gegen das jüdische Volk. Er stürzte die Welt in einen Krieg, der 50 Millionen Menschen das Leben kostete.

Der im österreichischen Braunau am Inn nahe der deutschen Grenze geborene Hitler brach seine Realschulausbildung nach dem Tod seines Vaters, eines Zollbeamten, 1903 ab. Er träumte davon, ein Künstler zu werden, doch bei der Aufnahmeprüfung an der Wiener Kunstakademie scheiterte er zweimal.

1913–18: In deutschen Diensten Um sich dem Militärdienst in Österreich zu entziehen, siedelte Hitler 1913 nach München über. Bei Kriegsausbruch meldete er sich freiwillig für die deutsche Armee, wurde mehrfach verwundet und mit dem Eisernen Kreuz erster und zweiter Klasse ausgezeichnet. Nach einem Gasangriff im Oktober 1916 verbrachte er zwei Jahre im Krankenhaus.

1919–22: Politische Blitzkarriere Der talentierte Redner trat 1919 der neugegründeten Deutschen Arbeiterpartei (DAP) bei. Im revolutionären Klima der frühen Weimarer Jahre fand die nationalistische Politik der Partei beim Volk zunehmend Anklang. 1920 wurde sie in Nationalsozialistische Deutsche Arbeiterpartei (NSDAP) umbenannt, Hitler übernahm 1921 den Vorsitz.

1923–28: Putsch und Wiederaufbau Das schnelle Anwachsen der Partei ermutigte Hitler, die Bevölkerung am 9.11.1923 durch den Sturz der Münchner Landesregierung zum Marsch auf Berlin zu mobilisieren. Der Putsch schlug fehl, Hitler wurde zu fünf Jahren Festungshaft verurteilt, jedoch bereits Ende 1924 wieder aus dem Gefängnis in Landsberg am Lech entlassen. Hitler nutzte die Haftzeit, um in seinem Werk «Mein Kampf» seine extreme Weltanschauung und politischen Ziele darzulegen: Der «großgermanische» Führerstaat sollte die Interessen der deutschen «Herrenrasse» wahrnehmen, Lebensraum im Osten schaffen und das jüdische Volk vernichten.

1933: Machtübernahme Massenarbeitslosigkeit und Weltwirtschaftskrise brachten die Wende zugunsten der NSDAP, die bei den Reichstagswahlen 1932 stärkste Partei wurde. Am 30.1.1933 ernannte Reichspräsident Hindenburg Hitler zum Reichskanzler. Mit Hilfe von Intrigen und brutaler Härte baute Hitler seine Macht aus. Der Reichstagsbrand im Februar 1933 gab ihm Gelegenheit, mit dem Ermächtigungsgesetz alle demokratischen Einrichtungen auf-

zulösen. Den «Röhmputsch» – benannt nach dem Führer der NSDAP-Kampftruppe SA (Sturmabteilung), Ernst Röhm – inszenierte er zur Ausschaltung der SA und ihrer Anführer. Als Hindenburg am 2.8.1934 starb, vereinigte Hitler unter dem Titel «Führer und Reichskanzler» alle Macht in seiner Person. Mit Freundschaftsverträgen beruhigte er das mißtrauische Ausland, setzte seine außenpolitischen Interessen gleichwohl durch (Austritt aus dem Völkerbund 1933; Rückkehr des Saarlands ins Deutsche Reich 1935; Flottenabkommen mit Großbritannien 1935; Anschluß Österreichs 1938). Um die Kriegsgefahr zu bannen, billigten die Westmächte 1938 im Münchner Abkommen die Annexion der sudetendeutschen Gebiete durch Deutschland. Doch Hitlers Kriegsabsichten standen fest: Nach Wiedereinführung der Wehrpflicht (1935) wurde die Wirtschaft auf Kriegskurs gebracht, die Arbeitslosigkeit dadurch abgebaut.
Seit Beginn seiner Herrschaft betrieb Hitler die systematische Ausschaltung der Juden. 1935 erließ er die Nürnberger Rassengesetze, die Juden als Menschen zweiter Klasse abstempelten. Millionen Juden wurden auf Hitlers Befehl in Konzentrationslagern ermordet.

1939–45: 2. Weltkrieg und Tod Seinen Plan, dem deutschen Volk «Lebensraum» im Osten zu erobern, nahm Hitler 1939 in Angriff. Nach der Besetzung des freien Teils der Tschechoslowakei im Frühjahr versicherte er sich im Mai der Unterstützung des faschistischen Italiens («Stahlpakt») und überfiel am

Adolf Hitler

1.9.1939 Polen. Blitzsiege in Polen, Dänemark, Norwegen und zunächst auch in Frankreich brachten dem Diktator Rückendeckung im eigenen Land. Der Angriff auf die Sowjetunion (Juni 1941) und der damit begonnene Zweifrontenkrieg leiteten das Ende der Naziherrschaft ein. Die Niederlage in der Schlacht von Stalingrad (1942/43) und die Landung von Briten und Amerikanern in der Normandie (1944) entschieden den 2. Weltkrieg. Vergeblich versuchte eine Gruppe von Offizieren um Berthold Graf Schenck von Stauffenberg, den zunehmend vom völligen Wahnsinn gezeichneten Führer mit einem Attentat am 20.7.1944 auszuschalten. Angesichts der Niederlage nahmen sich Hitler und seine Lebensgefährtin Eva Braun 1945 in Berlin das Leben – eine Woche vor der Kapitulation.

Ho Chi Minh

(19.5.1890–3.9.1969)

▸ «Onkel Ho» weist Weg zur Freiheit ◂

Der nordvietnamesische Staatspräsident (1954–69), Ministerpräsident (1954/55) und Chef der Lao-Dong-Arbeiter-Partei (1951–59) wurde zum Inbegriff des vietnamesischen Freiheitskampfes, der im Indochinakrieg gegen Frankreich und im Vietnamkrieg gegen die USA seinen Höhepunkt fand. Ho Chi Minh (Der nach Erkenntnis Strebende) zählt zu den bedeutendsten kommunistischen Staatsmännern des 20. Jahrhunderts.

Der Name «Ho Chi Minh» war eines von rund 15 Pseudonymen, die Nguyen Sinh Cung, der Sohn eines verarmten Gelehrten, in seinem Leben benutzte. Mit 14 verließ er seine Heimatprovinz Nghe An im Norden Vietnams, um in Hue eine weiterführende Schule zu besuchen (bis 1908). Nach kurzem Intermezzo als Lehrer heuerte Cung als Koch auf einem französischen Schiff an.

1917–30: Hos Lehrzeit als Sozialist Während des 1. Weltkriegs kam er nach Frankreich, wo Cung sich zum überzeugten Sozialisten entwickelte. 1919 wandte er sich mit einer Acht-Punkte-Petition an die Versailler Friedenskonferenz: Mit der vergeblichen Forderung, seinen Landsleuten die gleichen Rechte einzuräumen wie den französischen Kolonialherren, begann Ho Chi Minhs 50jähriger Kampf für die Unabhängigkeit Vietnams. Im folgenden Jahr trat er der Kommunistischen Partei Frankreichs bei. 1923 ging er als Abgeordneter der Kommunistischen Internationale nach Moskau, Siam (heute Thailand) und China (1924), wo er in Kanton mit dem Aufbau einer vietnamesischen Befreiungsbewegung (Thanh Nien) begann. 1930 gründete er in Hongkong die Kommunistische Partei Indochinas (PCI). Seine guten internationalen Kontakte machten ihn zur unbestrittenen Autorität der Organisation.

1930–45: Im Exil Die französischen Kolonialherren, die ihre Macht in Vietnam nur mit Gewalt ausübten, fürchteten eine Revolution und verurteilten Ho 1930 in Abwesenheit zum Tode. Der PCI-Chef flüchtete nach Moskau und kehrte 1938 nach China zurück, wo er seine frühere Bekanntschaft mit Mao Zedong vertiefte. Den Versuch, die Unterstützung der chinesischen Regierung für seine 1941 gegründete Unabhängigkeitsbewegung Viet Minh gegen den Kriegsaggressor Japan zu erhalten, mußte Ho teuer bezahlen: Chiang Kaishek, seit 1927 im Bürgerkrieg gegen die chinesischen Kommunisten unter Mao Zedong, ließ ihn für 18 Monate inhaftieren.

1945: Kurze Phase der Unabhängigkeit Nachdem japanische Truppen Anfang 1945 die französischen Einheiten in Indochina besiegt hatten und ihrerseits im August von den

USA geschlagen worden waren, nutzte Ho Chi Minh seine Chance: Unter seiner Führung zogen die Viet-Minh-Verbände in Hanoi ein. Am 2.9.1945 rief Ho Chi Minh die Unabhängigkeit Vietnams aus. Gefahr drohte Ho von zwei Seiten: Auf alliierte Weisung übernahmen Chiang Kaisheks Einheiten die Kontrolle in den nördlichen Regionen des Landes. Auf Befehl von Charles de Gaulle stellten französische Soldaten – in Südvietnam – ihre Kolonialherrschaft wieder her. Bei Verhandlungen mit Ho versagte Frankreich die Anerkennung der Unabhängigkeit, doch erwirkte de Gaulle den Abzug der Chinesen.

Ho Chi Minh

1946–54: Indochinakrieg Die französische Aufsicht sorgte für Spannungen. Im November 1946 wurden rd. 6000 Vietnamesen bei Zusammenstößen getötet. Ho Chi Minh, der stets auf eine Verhandlungslösung gehofft hatte, konnte den Krieg nicht länger verhindern. Der Guerillakampf der Viet Minh war erfolgreich: 1953 beherrschte die vietnamesische Armee weite Teile des Landes, am 7.5.1954 fiel in der Schlacht bei Dien Bien Phu die Entscheidung gegen die Kolonialmacht. Bei der nachfolgenden Genfer Indochinakonferenz verzichtete Ho zunächst auf Südvietnam. Die beiden Landesteile sollten nach gemeinsamen Wahlen 1956 wiedervereinigt werden. Die USA verschoben den Wahltermin jedoch auf unbestimmte Zeit, Südvietnam entwickelte sich zum eigenen Staat.

1954–69: Einsatz für die Einheit Dank Ho Chi Minhs Verbindungen nach Moskau und China erhielt der strukturschwache Norden finanzielle Hilfe von beiden verfeindeten kommunistischen Mächten. Mitte der 50er Jahre setzte Ho eine umfassende Agrarreform und den Einstieg in die sozialistische Planwirtschaft durch. Aus Altersgründen gab der 69jährige den Parteivorsitz seiner 1951 gegründeten Arbeiterpartei ab, blieb aber Staatspräsident. Das «Sinnbild» des gesamten Volkes für die Einheit des Landes nahm 1964 den Krieg gegen die USA auf, die durch militärische Aktionen ihre Macht in Südvietnam gegen die seit 1959 vom Norden unterstützten Guerillaeinheiten des Vietcong sichern wollten. Sein großes Ziel erlebte Ho nicht mehr: Der Junggeselle starb 1969 – rd. sieben Jahre vor der Wiedervereinigung.

Erich Honecker

▸ «Wer zu spät kommt...» ◂

(*25.8.1912–29.5.1994)

Der SED-Chef (1971–89) und Staatsratsvorsitzende (1976–89) widersetzte sich politischen und wirtschaftlichen Reformen in der DDR. Honecker, der sein Land international hoffähig gemacht hatte, war für die Verfolgung und Bespitzelung vieler Bürger verantwortlich.

Der in Neunkirchen/Saar geborene Honecker verbrachte Kindheit und Jugend im nahen Wiebelskirchen, wo sein Vater, ein Bergmann, Mitglied der KPD war. Die Partei wurde für den jungen Erich zum zweiten Zuhause; bereits mit zehn war er in der Kinderorganisation Jung-Spartakus-Bund aktiv, vier Jahre später wurde er Mitglied des Jugendverbands (KJVD), ehe der Dachdecker ab 1929 der KPD angehörte.

1930–45: Zwischen Partei und Gefängnis Nach KP-Schulung in der UdSSR und Arbeitsbrigade wurde Honecker ab 1931 Leiter der Abteilung Agitation und Propaganda im Bezirk Saar. Sein Hauptbereich blieb die Jugendarbeit – nach dem Verbot der Partei (1933) auch im Untergrund. Im Dezember 1935 wurde der 23jährige von der Gestapo verhaftet und im Juni 1937 wegen geplanten Hochverrats zu zehn Jahren Zuchthaus in Brandenburg-Görden verurteilt, wo ihn die Rote Armee im April 1945 befreite.

Ab 1945: Aufbau des sozialistischen Deutschlands Unter Leitung Walter Ulbrichts half Honecker bei der Reorganisation der KPD. Der 33jährige wurde Jugendsekretär des Zentralkomitees und baute die Freie Deutsche Jugend (FDJ; gegründet im Februar 1946) auf, deren Vorsitz er bis 1955 innehatte. Das ZK-Mitglied (ab 1946) war nach der Zwangsvereinigung von KPD und SPD in der Sowjetischen Besatzungszone Vorstandsmitglied der Sozialistischen Einheitspartei Deutschlands (SED). Nach Gründung der DDR (7.10. 1949) gehörte Honecker der Volkskammer und ab 1950 dem SED-Politbüro (bis 1958 als Kandidat) an.

Bis 1972: Aufstieg zur Parteispitze Nach einem Lehrjahr an der Moskauer Parteihochschule (1955/56) wurde er Chef des Militär- und Sicherheitsreferats, das maßgeblich am Bau der Berliner Mauer am 13.8.1961 beteiligt war: Die erste Euphorie der Gründerjahre, einen gerechten sozialistischen Staat zu schaffen, war im kalten Krieg der Angst vor dem Exodus gewichen. Durch geschickte Personalpolitik brachte Honecker FDJ-Weggefährten in wichtige Parteiämter und stärkte so seine Macht. Unter Einfluß des KPdSU-Generalsekretärs Leonid Breschnew wurde Honecker am 3.5.1971 Nachfolger von Ulbricht als SED-Chef und im April Vorsitzender des Verteidigungsrats.

Ab 1971: Verständigung gegen Abgrenzung Honecker, seit 1971 auch Mitglied des Staatsrats der DDR, sollte nach dem Willen Breschnews eine vorsichtige Entspannung in den Beziehungen zur BRD einläuten, ohne den Sozialismus in Frage zu stellen. 1971 wurde das erste Transitabkommen zwischen der Bundesrepublik und West-Berlin mit der DDR vereinbart. Am 21.6.1973 trat der Grundlagenvertrag (unterzeichnet am 21.12.1972), der Gleichberechtigung, gutnachbarliche Beziehungen, Gewaltverzicht und Unverletzlichkeit der Grenzen festschrieb, in Kraft. Dem Bonner Ziel einer späteren Wiedervereinigung begegnete Honecker 1974 mit Streichung der Formulierung «deutsche Nation» aus der DDR-Verfassung.

1976–89: Alleinherrschaft in Staat und Partei Die Erfolge des am 29.10.1976 zum Vorsitzenden des Staatsrats gewählten Honecker lagen auf außenpolitischem Gebiet: 1973 wurde die DDR gemeinsam mit der BRD in die UNO aufgenommen, 1980 war die Visite bei Bundeskanzler Bruno Kreisky in Österreich der erste Staatsbesuch im Westen. Die Kontakte zu bundesdeutschen Politikern nahmen nach dem Besuch von Bundeskanzler Helmut Schmidt in der DDR (1981) zu. Nachdem Honecker mit dem CSU-Politiker Franz Josef Strauß 1983 einen Milliardenkredit für sein Land ausgehandelt hatte, folgte 1987 der größte Triumph, als er bei einem offiziellen Besuch in Bonn mit allen protokollarischen Ehren empfangen wurde.
In der DDR sicherte Honecker seine Macht durch Überwachung und

Erich Honecker, 1992

Unterdrückung der Bevölkerung. Trotz Unterzeichnung der KSZE-Schlußakte (1975) wurden Oppositionelle verfolgt, Regimekritiker ausgewiesen. Die Unzufriedenheit steigerte sich, als Honecker den Hoffnungen auf wirtschaftliche und politische Reformen eine Absage erteilte und die Mahnung Michail Gorbatschows («Wer zu spät kommt, den bestraft das Leben») unbeachtet ließ. Nach der Flucht von Zehntausenden über Ungarn und Prag sowie wöchentlichen Großdemonstrationen trat Honecker am 18.10.1989 von allen Ämtern zurück. Nach Aufenthalt in Moskau (1991) und Untersuchungshaft in Berlin (1992/93) wurde er angeklagt, der Prozeß wegen Honeckers Krebskrankheit jedoch abgebrochen. Mit seiner Frau Margot (Heirat 1953; erste Ehe mit Edith Baumann 1947–52; je eine Tochter) reiste er zu seiner Tochter Sonja nach Santiago de Chile aus, wo er 81jährig starb.

Miklós Horthy

(18.6.1868–9.2.1957)

▸ Der Reichsverweser paktiert mit Hitler ◂

Der Reichsverweser des 1920 wiedererrichteten Königreichs Ungarn stützte seine 24jährige Herrschaft auf ein dikatorisches Regime. Außenpolitisch lehnte sich Horthy eng an das faschistische Deutsche Reich an, um eine Revision des Friedens von Trianon (1920) zu erreichen, der Ungarn große Gebietsabtretungen auferlegt hatte.

Nikolaus (Miklós) Horthy von Nagybánya entstammte einer protestantischen Adelsfamilie, deren Gut in Kenderes (Ungarn) lag. Nach der höheren Schule ging er als Seeoffizier zur k.u.k. Marine Österreich-Ungarns, wo er zum Adjutanten von Kaiser Franz Joseph aufstieg.

1914–18: Seeoffizier Während des 1. Weltkriegs kommandierte Horthy den Kreuzer «Novara». Nach seiner Teilnahme am Seegefecht von Otranto (Italien) wurde er mit dem Militär-Maria-Theresia-Orden, der höchsten Kriegsauszeichnung, geehrt. Zum Konteradmiral befördert (Februar 1918), mußte er die Niederlage der Mittelmächte miterleben und die österreichisch-ungarische Flotte an Jugoslawien übergeben.

1919/20: Auf seiten der Weißen Als Kommunistenführer Béla Kun nach dem Scheitern der Räterepublik (21.3.–8.9.1919) fliehen mußte, besetzten die Rumänen Budapest. Horthy führte als Kriegsminister die Armee der sog. Weißen Gegenregierung in Szeged und nahm am 16.11.1919 Budapest ein. Bis zum Frühsommer 1920 blieb die Lage verworren: Dem «Weißen Terror» fielen zahllose wirkliche und vermeintliche Kommunisten zum Opfer; der Thron von Karl V. war vakant. Diesem Chaos bereitete die Wiederbelebung einer spätmittelalterlichen Einrichtung ein Ende: Ab 1.3.1920 lenkte Horthy als Reichsverweser die Geschicke des Landes. Die Hoffnungen seiner Landsleute, er könnte dank guter Kontakte zu führenden Politikern der Entente einen günstigen Frieden erreichen, erfüllte Horthy nicht. Im Vertrag von Trianon (4.6.1920) mußte er den Verlust eines Viertels des ungarischen Territoriums hinnehmen: Siebenbürgen fiel an Rumänien, Oberungarn an die Slowakei und die kroatischen Gebiete an Jugoslawien.

Ab Mitte der 20er Jahre: Diktator Horthy strebte eine lebenslängliche Herrschaft an, die diktatorischen Züge seines Regimes trat offen zutage. Horthy schaffte das Wahlrecht ab; das weitgehend entmachtete Parlament wurde von einer kleinen Oberschicht dominiert. Obwohl Horthy offiziell eine Opposition duldete, sah sich diese immer wieder polizeilichen Willkürmaßnahmen ausgesetzt. Mit rassistischen, antisemitischen und national-chauvinistischen Parolen stärkte Horthy das Nationalgefühl der Ungarn. Liberalismus und Demokratie lehnte er als «dem ungarischen Wesen fremd» ab.

Ab 1933: Nähe zu Nationalsozialisten Die faschistischen Tendenzen verstärkten sich vor dem Hintergrund der Weltwirtschaftskrise, die Lebensmittelknappheit und hohe Arbeitslosigkeit zur Folge hatte. 1932 übertrug Horthy die Regierungsbildung Gyula Gömbös de Sákfa, der bereits in den 20er Jahren eine «Achse der faschistischen Staaten» aus Deutschem Reich, Italien und Ungarn vorgeschlagen hatte. Von der ab 1933 forcierten Anlehnung an das Deutsche Reich erhoffte sich Horthy, die nach dem 1. Weltkrieg verlorenen Gebiete zurückzugewinnen. Dies gelang ihm zumindest teilweise. Der Preis: Austritt aus dem Völkerbund (11.4.1939) und Judenverfolgung.

1939–45: Opportunistische Außenpolitik Nach Ausbruch des 2. Weltkriegs betrieb Horthy einen außenpolitischen Schaukelkurs und geriet in immer größere Abhängigkeit zum Deutschen Reich. Unter dem Eindruck des massenhaften Todes ungarischer Soldaten suchte er den Kontakt mit den Alliierten. Er war jedoch zu entscheidungsschwach, um einen grundlegenden Kurswechsel herbeizuführen. Dadurch bot er Hitler die Gelegenheit, Ungarn zu besetzen (19.3.1944).
Ein halbes Jahr später gab er nach Geheimverhandlungen mit der Sowjetunion über Rundfunk doch noch den Befehl zum Frontenwechsel (15.10.1944). Auf Druck der Deutschen – eine SS-Einheit hielt seinen Sohn als Geisel fest – widerrief Horthy den vereinbarten Waffenstillstand. Hitler nahm ihn in «Ehrenhaft» und internierte ihn in Bayern. Nach dem Krieg entging Horthy einer Anklage als Kriegsverbrecher, mußte aber bei den Nürnberger Prozessen als Zeuge aussagen.

Miklós Horthy

1993: Neubewertung Um die Jahreswende 1948/49 verließ Horthy seinen zwischenzeitlichen Wohnsitz in Weilheim/Oberbayern und ging ins Exil nach Estoril (Portugal). Dort starb er im Alter von 89 Jahren. Im September 1993 durfte sein Leichnam in die Familiengruft in seinem Geburtsort umgebettet werden. Mit der Zeremonie einher ging eine Neubewertung seiner Person durch die ungarische Regierung: Horthy galt nun als aufrichtiger Patriot, dessen Bindung an Hitler «unumgänglich» gewesen sei.

Enver Hoxha

(16.10.1908–11.4.1985)

▸ Abschottung von Europa ◂

Der albanische KP-Chef (1943–85) hielt sein Land in völliger Isolation. Seine Vorstellung von einem unabhängigen, sich selbst versorgenden Staat machte Albanien zur rückständigsten Nation in Europa.

Die Herkunft Hoxhas, geboren in Gjirokastër, ist umstritten. Vermutlich entstammte er einer Gutsbesitzerfamilie, nach anderen Versionen war er Sohn eines Apothekers bzw. Finanzbeamten. Mit einem Staatsstipendium studierte Hoxha ab 1930 Naturwissenschaften und Jura in Montpellier und Paris. Dort kam er mit kommunistischen Gruppen in Kontakt und verlor sein Stipendium wegen Agitation gegen Albaniens Diktator Achmed Zogu. 1936 kehrte Hoxha nach Albanien zurück und arbeitete als Lehrer. Nach der italienischen Annexion büßte er diese Stelle ein und führte einen Tabakladen in Tirana, der sich zum konspirativen Treffpunkt linker Gruppen entwickelte.

Ab 1942: Führer der albanischen KP Aus vier ideologisch verfeindeten kommunistischen Zellen entstand am 8.11.1941 mit sowjetischer Hilfe die Kommunistische Partei Albaniens (KPA). Vorsitzender wurde Hoxha, bis dahin ein eher unbeschriebenes Blatt und daher der geeignete Kompromißkandidat. Im Juli 1943 übernahm Hoxha auch die Führung der albanischen Befreiungsbewegung. Nach dem Abzug der deutschen Besatzungstruppen bildete er eine Volksfrontregierung (Januar 1945) und rief ein Jahr später die Volksrepublik Albanien aus. Hoxha vereinte nun Partei- und Staatsgewalt in seiner Hand.

1948/49: Machtkämpfe Hoxhas Position war zunächst äußerst labil, denn Teile der Partei strebten eine Vereinigung mit Jugoslawien an. Erst nach dem Bruch zwischen Jugoslawien und der UdSSR gewann er die Macht zurück. Hoxha stellte sich vorbehaltlos auf die Seite des sowjetischen KP-Chefs Josef Stalin. Die sog. Titoisten wurden aus der Partei ausgeschlossen. Ihren Wortführer, Innenminister Koci Xoxe, ließ Hoxha nach einem Geheimprozeß 1949 hinrichten.

1949–62: An sowjetischer Seite Entsprechend dem sowjetischen Vorbild führte Hoxha eine Bodenreform durch und erhob die KP zur Staatspartei. Im Gegenzug erhielt er von der UdSSR Wirtschaftshilfe. Hoxha, der sein Land hermetisch von der Außenwelt abriegelte, strebte die Selbstversorgung an. Auch nach Stalins Tod (1953) hielt Hoxha an seinem stalinistischen Kurs fest und lehnte die Politik des neuen sowjetischen KP-Chefs Nikita Chruschtschow ab. Die Wiederannäherung zwischen der UdSSR und Jugoslawien, das Hoxha nach wie vor als größte Bedrohung seines Landes betrachtete, führte zum Zerwürfnis. Hoxha schlug sich auf die Seite Chinas. In einer «Säuberungsaktion» im September 1960 schaltete er alle moskautreuen Funktionäre aus. 14 Monate später brachen die beiden Staaten ihre Beziehungen ab.

1961–78: An der Seite Chinas China ersetzte die Sowjetunion als Geldgeber Albaniens. Allerdings wurde KP-Chef Mao Zedong niemals die Leitfigur, die Stalin noch immer war. Die Entfremdung zwischen Hoxha und Mao begann mit der amerikanisch-chinesischen Pingpong-Diplomatie (April 1971). Den Abbruch der Beziehungen bereitete Hoxha mit den gleichen Mitteln vor wie das Ende der Partnerschaft mit der Sowjetunion: Auf «Säuberungswellen» unter den chinatreuen Funktionären (ab Mitte 1973) folgten Parolen, die das Volk auf die kommenden schweren Zeiten einstimmen sollten.

Ab 1978: Verstärkter Personenkult Hoxha erstickte jede oppositionelle Regung: Im Sommer 1974 ließ er nahezu die gesamte Armeeführung hinrichten, nachdem im Militär Bestrebungen laut geworden waren, die Machtfülle der Partei einzuschränken. Auch im Kult, den er um seine Person schuf, eiferte Hoxha seinem Vorbild Stalin nach. So wurden die Worte des «Genossen Hoxha» in den Rang einer heiligen Schrift erhoben. Religiöse Konkurrenz hatte der Diktator nicht zu fürchten, denn bereits am 13.11.1967 hatte er Albanien zum ersten «atheistischen Staat der Welt» erklärt.

Enver Hoxha

1982: Letzte «Säuberung» Der Wegfall der ehemaligen Handelspartner, Mißernten und Naturkatastrophen forderten eine Öffnung Albaniens zu den «ideologischen Feinden» in Ost und West geradezu heraus. Dennoch lehnte Hoxha jeden Ausbau der Beziehungen insbesondere zum Westen als «Kapitulation» ab. Hingegen forderte sein designierter Nachfolger, der langjährige Ministerpräsident Mehmet Shehu, einen Ausbau der Beziehungen zum Westen (17.12.1981). Einen Tag später gab Hoxha den Selbstmord Shehus bekannt und ließ dessen Anhänger verhaften. Neuer zweiter Mann im Staat wurde Hoxhas Parteigänger Ramiz Alia.
Hoxha, schon seit 1948 schwer zukkerkrank, erlitt im Frühjahr 1984 einen Gehirnschlag. Ein Jahr später starb er 74jährig in Tirana. Nachfolger wurde wie erwartet Alia, der eine vorsichtige Öffnung einleitete.

Saddam Hussein

(*28.4.1937)

▸ Provokateur der Welt ◂

Der irakische Diktator (ab 1979) gilt als international gefährlichster Aggressor. Mit westlicher Hilfe rüstete er seine Armee zur zahlenmäßig viertstärksten der Welt auf. Militärische Erfolge blieben jedoch aus: Im Golfkrieg mit dem Iran (1980–88) kam es zum Patt, die Besetzung Kuweits (1990/91) endete mit der Vernichtung eines Großteils seiner Truppen.

Hussein entstammt einer Kleinbauernfamilie aus dem Dorf al-Auja bei Takrit. Nachdem der Vater früh die Familie verlassen hatte, mußte Saddam von Kindesbeinen an Äcker bestellen und Vieh hüten. Mit 11 Jahren verließ er sein Heimatdorf, denn er wollte eine Schule besuchen – gegen heftigen Widerstand der Familie. Er fand Aufnahme in Bagdad bei einem Onkel, der 1941 am gescheiterten Aufstand gegen die Briten beteiligt war und Saddam den Haß auf jede Fremdherrschaft vermittelte.

1948–59: Weg in die Gewalt Sein schlechtes Schulzeugnis verhinderte den Eintritt in die Militärakademie. Der beschäftigungslose Hussein geriet auf die schiefe Bahn und beteiligte sich in vorderster Front an gewalttätigen Demonstrationen gegen die Briten und ihre Sympathisanten. Dabei erwarb er sich den Ruf eines «Hit-Man», eines skrupellosen Killers. Die Bedeutung seines Vornamens – ursprünglich «Der Standhafte» wandelte sich in «Der Mann, der keinen Konflikt scheut».

Durch seinen Onkel kam Hussein in Kontakt mit der sozialistischen Baath-Partei, die die arabische Einheit anstrebte. Als 20jähriger wurde er Mitglied des nur etwa 500 Mann starken Parteizirkels. Am 17.10.1959 gehörte Hussein zu dem Kommando, das ein Attentat auf Staatschef General Qassim verübte. Der Anschlag scheiterte; Hussein floh über Syrien nach Ägypten.

1962–66: Verfolgung In Kairo studierte Hussein Jura (ab 1962) und war führendes Mitglied des dortigen Baath-Büros. Kurz nach seiner Heirat mit Sajida (fünf Kinder) kehrte er im Februar 1963 in den Irak zurück. Grund war der Sturz General Qassims und die Regierungsbeteiligung der Baath-Partei. Doch schon wenige Monate später wurde die Partei wieder verboten; Hussein kam in Haft.

1968: Mit Baath an der Macht Wieder in Freiheit (ab 1966), baute Hussein einen umfassenden Sicherheitsapparat auf und bereitete einen Putsch gegen die Regierung vor: Am 17.7.1968 übernahm die Baath-Partei die Macht. Präsident wurde Hassan al-Bakr, einziger Stellvertreter sein Verwandter Hussein. Nach Flügelkämpfen innerhalb der Partei bestimmte Hussein ab 1970 faktisch allein die Politik des Revolutionsrats.

Durch Verstaatlichung der westlich dominierten Erdölindustrie (1972) schuf Hussein die Voraussetzung für den wirtschaftlichen Aufstieg. In den Folgejahren schaffte er das Analphabetentum fast vollständig ab, öffnete alle Berufe für Frauen und gestattete Privatwirtschaft.
Seine regionale Vormachtstellung versuchte Hussein, der sich 1976 zum General ernennen ließ, auszubauen, indem er bestehende Konflikte in den Nachbarländern schürte (Pakistan, Iran). Die außenpolitische Anlehnung an Moskau hatte allein materielle Gründe (Wirtschaftshilfe, Waffenlieferungen).
Innenpolitisch sicherte Saddam seine Position, indem er nahezu seine gesamte Verwandtschaft in Schlüsselpositionen unterbrachte. Damit die Vetternwirtschaft nicht zu sehr ins Auge fiel, verbot er die Nennung von Familiennamen in offiziellen Dokumenten (1976).

Ab 1979: Alleiniger Machthaber Am 14.7.1979 zwang Hussein al-Bakr zum Rücktritt aus Gesundheitsgründen. Mit «Säuberungen» und dem Aufbau eines Spitzelnetzes festigte er seine diktatorische Stellung. Husseins Expansionsdrang führte im September 1980 zum Angriff auf den Iran, den er nach der Machtübernahme der Mullahs geschwächt glaubte. Doch er unterschätzte den Nachbarn: Trotz massiver Finanz- und Militärhilfe des Westens, der UdSSR und der arabischen Ölstaaten sowie brutalsten Waffeneinsatzes (Giftgas) erreichte er nach achtjährigen Kämpfen mit 1 Mio. Toten nur ein Patt. Dennoch ließ sich Saddam im eigenen Land als

Saddam Hussein

«Schwert der arabischen Welt» feiern und baute den Personenkult weiter aus.

1990/91: Golfkrieg gegen Alliierte Um dem wirtschaftlich darniederliegenden Irak Zugang zu den Ölfeldern am Persischen Golf zu verschaffen, annektierte Hussein am 2.8.1990 das benachbarte Emirat Kuweit. Wieder unterschätzte er die Stärke seines Gegners, der die UNO hinter sich wußte. Einen Tag nach Ablauf eines Ultimatums zum Rückzug griffen alliierte Truppen unter Führung der Vereinigten Staaten den Irak an (17.1.1991). Schon nach sechs Wochen mußte Saddam einen Waffenstillstand akzeptieren. Allerdings gelang es der alliierten Streitmacht nicht, den Diktator zu stürzen. Hussein blieb trotz des militärischen Debakels an der Macht und konnte die nach der Kriegsniederlage aufgeflammten Erhebungen der Schiiten und Kurden mit Hilfe der Armee niederschlagen.

Abd Al Aziz Ibn Saud

(24.11.1880–9.11.1953)

▸ König des schwarzen Goldes ◂

Der arabische Herrscher eroberte ab Anfang des Jahrhunderts den größten Teil der Arabischen Halbinsel von den Osmanen zurück und gründete 1932 das Königreich Saudi-Arabien. Ein Jahr später leitet er das Öl-Zeitalter ein und machte sein Land zu einem der reichsten der Erde.

Die Kindheit des in Riad geborenen Abd al Aziz Ibn Abd ar Rahman As Saud – so sein vollständiger Name – war bestimmt von den kriegerischen Auseinandersetzungen innerhalb des Geschlechts der Saudis. 1890 wurde sein Vater Abdul Rachman mit der Familie vertrieben. Die folgenden zehn Jahre verbrachte Ibn Saud am Hofe des Emirs von Kuweit, der ihn wie ein väterlicher Freund aufnahm. Dort heiratete er auch die erste von insgesamt 19 Frauen, die ihm 36 Söhne schenkten (Töchter werden in der offiziellen islamischen Statistik nicht erfaßt).

1902–06: Eroberung des Nedschd Mit einer nur 14 Mann starken Truppe nahm Ibn Saud 1902 am Opferfest des Fastenmonats Ramadan die Stadt Riad ein. Es gelang ihm, dem Gouverneur vorzutäuschen, die Stadt sei von einem großen Heer umzingelt. Anschließend konnte Ibn Saud auch die heranrückenden osmanischen Einheiten zermürben. Dieser Erfolg machte ihn mit nur 22 Jahren zum strahlenden Helden, dem sich immer mehr Beduinenstämme anschlossen. In den folgenden Jahren eroberte er den gesamten Nordosten der Arabischen Halbinsel von den Osmanen zurück und sicherte sich damit die Herrschaft über den Nedschd.

Ab 1906: Missionierung im Namen von Wahab Für den Aufbau einer schlagkräftigen Armee mußte Ibn Saud zunächst den unbändigen Kampfeswillen der Beduinenstämme kanalisieren. Dies gelang dem hochgewachsenen Herrscher durch den Rückgriff auf die wahabitische Tradition seiner Familie. Er sandte Missionare aus, die den Beduinen predigten, den Islam streng und wörtlich anzuwenden (entsprechend den Regeln des Ibn Abdul Wahab, eines religiösen Aktivisten des 18. Jahrhunderts).
1912 forderte Ibn Saud die Bekehrten auf, in landwirtschaftliche Kolonien zu ziehen und sich dort für den Glaubenskampf zu bilden. In den entstehenden Siedlungen errichtete er Moscheen, die für die Religionsausübung unabdingbar waren.

Ab 1916: Eroberung Hedschas Im 1. Weltkrieg unterstützte Ibn Saud den Aufstand gegen die Türken, den Sherif Hussein von Mekka mit britischer Hilfe begonnen hatte (1916). Auslöser für die Eroberungszüge Ibn Sauds nach dem 1. Weltkrieg war der Streit mit Hussein, der sich bereits 1916 als «König von Arabien» hatte ausrufen lassen und zwei strategisch wichtige Oasen für sich beanspruchte. 1919 besetzte Ibn Saud die Oasen und eroberte in den nächsten sechs Jahren alle Gebiete der arabischen Halbinsel, die nicht unter britischer Oberhoheit standen. 1924 erreichte er Medina und Mekka, ein Jahr später Djidda. Ibn Saud proklamierte sich zum König Hedschas.

1928–29: Aufstand der Ikhwan 1928 kam es zum Konflikt mit den radikalen Wahabiten (Ikhwan), die verlangten, daß sich die islamischen Gläubigen aus aller Welt allein nach wahabitischen Regeln zu richten hätten. Zudem kritisierten sie Ibn Sauds Grenzverhandlungen mit den Engländern. Unter Führung von Sultan Ibn Bijad erhob sich 1928 die Kolonie von Ghatghat gegen den König. Ibn Saud ließ den Aufstand niederschlagen und Ghatghat dem Erdboden gleichmachen. Ende 1929 besiegte Ibn Saud die letzten abtrünnigen Verbände.

1932: Proklamation Saudi-Arabiens Am 23.9.1932 benannte der König das bisherige «Königreich von Hedschas, Nedschd und seiner abhängigen Gebiete» in «Königreich Saudi-Arabien» um. Damit schuf er den einzigen Staat der Welt, der nach der herrschenden Dynastie benannt ist. 1933 ließ sich Ibn Saud zum König des neuen Staates proklamieren.

Ab 1933: Beginn des Öl-Zeitalters Der König befand sich in permanenten Finanzschwierigkeiten, denn der Unterhalt seines Heeres verschlang Unsummen. Zwar erhob Ibn Saud weiterhin die von den Osmanen eingeführte Pilgersteuer (Abschaffung 1952), doch halbierte sich die Zahl der Pilger im Zuge der Weltwirtschaftskrise 1931. Um die Finanzen aufzubessern, gab Ibn Saud wahabitische Grundsätze auf: Er gestattete den Pilgern das Rauchen und das Mitführen von Tabak, was ihm beträchtliche Zolleinnahmen bescherte. Und er machte Geschäfte mit den «Ungläubigen»: Anfang 1933 erteilte er einem US-Syndikat eine Konzession für die Erdölsuche. Die Amerikaner wurden fündig. 1938 begann die Förderung und machte Saudi-Arabien nach dem 2. Weltkrieg zum technisch fortgeschrittensten arabischen Staat.

Abd Al Aziz Ibn Saud

Ab 1948: Gesundheitliche Probleme Eine alte Kriegsverletzung zwang den Herrscher in den Rollstuhl, den ihm US-Präsident Franklin D. Roosevelt geschenkt hatte. 72jährig starb Ibn Saud in seiner Sommerresidenz in Taif an Herzschwäche.

Boris Nikolajewitsch Jelzin

(*1.2.1931)

▸ Kämpfer gegen orthodoxe Kommunisten ◂

Der russische Präsident, der maßgeblich zur Entmachtung Michail Gorbatschows und zum Ende der UdSSR beitrug (1991), setzt in seinem Land auf radikale Reformen und die konsequente Einführung der Marktwirtschaft. Jelzin verteidigte leidenschaftlich die Demokratie, stattete sein Amt allerdings mit weitreichenden Vollmachten aus.

Als Jelzin zwei Jahre alt war, mußte seine Familie seinen Geburtsort Butka/Sibirien wegen der schlechten Versorgungslage verlassen. Die Bauern zogen in das 200 km entfernte Swerdlowsk am Ural. Nach Abschluß der Schule, wo er als hervorragender Volleyballspieler auffiel, reiste Jelzin ohne einen Rubel in der Tasche durch die Sowjetunion. 1975 schloß er in Swerdlowsk das Studium des Bauingenieurs ab. Anschließend arbeitete er in diesem Beruf und wurde schließlich zum Chefingenieur des Wohnungsbaukombinats der Stadt ernannt.

Ab 1968: Aufstieg in der Partei 1961 trat Jelzin in die KPdSU ein, 1968 begann seine Parteikarriere: Er stieg zum ersten Mann des Gebietskomitees Swerdlowsk, einem der größten Industriegebiete der UdSSR, auf, kam 1981 ins regionale ZK der KPdSU und 1984 ins Präsidium des Obersten Sowjets. Im April 1985 holte ihn KPdSU-Chef Michail Gorbatschow nach Moskau und übertrug ihm die Leitung der ZK-Abteilung Bauwesen. Ein halbes Jahr später löste Jelzin den bisherigen Moskauer Parteichef Wiktor W. Grischin ab.

Ab 1986: Konfrontation mit KP-Chef Gorbatschow Durch die konsequente Bekämpfung von Korruption und Bürokratie gewann Jelzin relativ schnell das Vertrauen der Bevölkerung. In öffentlichkeitswirksamen Auftritten suchte er die Nähe des Volkes und verstand es wie kein anderer russischer Politiker, der «Stimme des kleinen Mannes» Ausdruck zu verleihen.

Nach seiner Rede auf dem ZK-Plenum im Oktober 1987, in der er seinen Förderer Gorbatschow wegen schleppender Durchführung der Perestroika kritisierte, wurde Jelzin auf den einflußlosen Posten des 1. stellvertretenden Vorsitzenden des Baukomitees der UdSSR abgeschoben. Unbeeindruckt von dieser «erzieherischen Maßnahme», ließ er in seiner Kritik an der mangelnden Reformentschlossenheit der Parteiführung nicht nach. Dabei wußte er die Bevölkerung hinter sich, die ihn im März 1989 mit rund 89 % der Stimmen als Abgeordneten seines Moskauer Wahlkreises in den Kongreß der Volksdeputierten entsandte.

Spätestens die Aufforderung, Gorbatschow möge sich selbst «perestroikisieren», zeigte dem KPdSU-Chef, daß ihm in Jelzin ein mächtiger

Konkurrent erwachsen war. Am 11.7.1990 trat Jelzin aus der KPdSU aus und schaffte als Präsident der Russischen Föderativen Sowjetrepublik (seit 1990) alle Privilegien der Führungskader ab.

1991: Präsident Rußlands Im Juni 1991 wurde Jelzin mit 57 % der Stimmen zum Präsidenten der größten Sowjetrepublik Rußland gewählt. Zwei Monate später brachte ihm der Staatsstreich von orthodox-kommunistischen Politikern und Militärs den endgültigen Triumph über Gorbatschow: Jelzin organisierte den Widerstand gegen die Putschisten. Anschließend verbot er die KPdSU in Rußland und betrieb die endgültige Demontage Gorbatschows. Im Dezember 1991 setzte er die Gründung der Gemeinschaft Unabhängiger Staaten (GUS) und damit das Ende der Sowjetunion durch. Gorbatschow trat zurück.

1991–93: Machtkampf mit Kommunisten Die Reformpolitik Jelzins stieß im Volksdeputiertenkongreß auf heftigen Widerstand. Insbesondere die Altkommunisten, die etwa zwei Drittel der Abgeordneten stellten, beschuldigten den Präsidenten, mit seinem radikalen Übergang zur Marktwirtschaft bewußt die Verarmung weiter Teile der Bevölkerung in Kauf zu nehmen.
Im September 1993 spitzte sich der Konflikt zwischen dem gesundheitlich angeschlagenen Jelzin und dem Parlament zu. Wegen Behinderung seiner Politik löste Jelzin Volksdeputiertenkongreß und Parlament auf und ordnete Neuwahlen an. Daraufhin setzte das Parlament Jelzin ab,

Boris Jelzin, 1991

der bisherige Vizepräsident Alexander Ruzkoj ließ sich als Präsident vereidigen. Nachdem sich die Anhänger Ruzkojs im Parlament verschanzt hatten und die Armee hinter sich bringen wollten, ließ Jelzin das Parlament von Soldaten stürmen.

Ab 1993: Diktatorische Machtfülle Die neue Verfassung, die am 11./12.12.1993 in einer Volksabstimmung mit knapper Mehrheit angenommen wurde, räumt Jelzin nahezu unbeschränkte Vollmachten ein. Sie garantiert die Menschenrechte, verbietet Zensur und erlaubt privaten Grundbesitz. Die gleichzeitig abgehaltenen Parlamentswahlen bescherten Jelzin, dem gesundheitliche Probleme nachgesagt werden, neue Gegner: Der Wahlerfolg der rechtsextremen Nationalisten unter Wladimir Schirinowski zwang ihn zur Drosselung des Reformtempos.

János Kádár

(26. 5. 1912 – 6. 7. 1989)

▸ Vater des Gulasch-Kommunismus ◂

Der ungarische KP-Chef bestimmte 32 Jahre lang die Politik seines Landes. Außenpolitisch agierte er im Sinne der Sowjetunion, die er 1956 zur Niederschlagung des Ungarn-Aufstands veranlaßt hatte, innenpolitisch verfolgte er jedoch einen unabhängigen Kurs. Mit dem sog. Gulasch-Kommunismus sicherte er den Ungarn die größten bürgerlichen Freiheiten und den besten Lebensstandard aller Völker des Ostblocks.

Kádár wurde unter dem Namen Giovanni Czermanik geboren. Der uneheliche Sohn einer Slowakin, die in Fiume (heute: Rijeka) als Dienstmädchen arbeitete, wuchs in bescheidenen Verhältnissen bei einem Pflegevater in Kapoly im Südwesten Ungarns auf. Nach einer Feinmechanikerlehre arbeitete János als Schreibmaschinenmechaniker.

Ab 1931: Arbeit in der KP Bereits mit 19 Jahren gehörte Kádár der Führung des illegalen Kommunistischen Jungarbeiterbunds an. 1931 trat er in die verbotene KP ein und agierte aus dem Untergrund. Dort legte er sich den Decknamen «Kádár» zu, den er als Nachnamen beibehielt. 1937 wurde er verhaftet und verbrachte mehr als zwei Jahre im Gefängnis.

1945–51: Aufstieg und Fall Nach dem Ende des 2. Weltkriegs rückte Kádár in das Politbüro der KP auf und leitete den Aufbau der Budapester Parteiorganisation. Die Machtübernahme der (kommunistischen) Partei der Ungarischen Werktätigen (MDP) im Sommer 1948 verschaffte ihm das erste Ministeramt: Der als bedingungslos loyal geltende Funktionär wurde Innenminister und trug die Verantwortung für die Schauprozesse gegen Józsefe Kardinal Mindszenty und László Rajk (1949), der lange Jahre sein Freund und Vorbild gewesen war. Im April 1951 wurde auch Kádár verhaftet und wegen «Spionage und Verrat» zu lebenslanger Haft verurteilt.

1956: Machtübernahme im Ungarn-Aufstand Der Freilassung und der Rehabilitierung (Oktober 1954) folgte zwei Jahre später die erneute Aufnahme ins Politbüro (Juni 1956). Während des Ungarn-Aufstands (23.10.–4.11.1956) spielte Kádár eine verhängnisvolle Rolle: Als Mitglied der Regierung Imre Nagy begrüßte er zunächst dessen Reformen, bildete jedoch kurz darauf eine Gegenregierung und rief die Rote Armee zu Hilfe. Nach der blutigen Niederschlagung des Volksaufstands wurde Nagy verhaftet und 1958 hingerichtet. Der neue KP-Chef Kádár benannte die MDP in Ungarische Sozialistische Arbeiterpartei um.

Ab 1960: Gulasch-Kommunismus Anfang der 60er Jahre sorgte Kádár,

ab 1961 auch Staats- und Regierungschef (bis 1968), für innenpolitische Lockerungen. Er duldete einen eingeschränkten gesellschaftlichen Pluralismus, handhabte die Zensur relativ großzügig und söhnte sich mit der Kirche aus.
Während er seine Außenpolitik eng an Moskau anlehnte, ging er wirtschaftspolitisch eigene Wege. Der 1968 eingeführte «Neue Ökonomische Mechanismus» räumte den Betrieben vielfältige Entscheidungsbefugnisse ein und schuf die Grundlage für den sog. Gulasch-Kommunismus. Obwohl Kádár marktwirtschaftliche Einflüsse ausdrücklich billigte, erhielt er den sozialistischen Charakter der Wirtschaft.

Neuer Ökonomischer Mechanismus (1. 1. 1968)

- Weitgehender Verzicht auf zentralisierte Entscheidungen und Planvorgaben
- Zulassung freier Preisbildung
- Festsetzung der Löhne und Gehälter nach jeweiliger Ertragslage der Unternehmen
- Stärkere Beteiligung der Arbeiter an allen innerbetrieblichen Entscheidungen
- Mehr Selbständigkeit für den genossenschaftlichen Agrarsektor

Die Bevölkerung akzeptierte Kádárs Autorität. Dies verdankte der stets bescheiden auftretende Chef der Kommunisten seiner relativ liberalen Innenpolitik, die die Einhaltung rechtsstaatlicher Prinzipien gewährleistete, dem steigenden Lebensstandard und seiner Abneigung gegen jede Form des Personenkults.

Janós Kádár, 1988

1988/89: Entmachtung Der schleichende Machtverlust begann mit den Reformen des sowjetischen KP-Chefs Michail Gorbatschow. Kádár büßte die Rolle des liberalen Vorreiters im sozialistischen Lager ein; zudem verschlechterte sich die Wirtschaftslage zusehends. Im Mai 1988 mußte der KP-Chef nach 32jähriger Amtszeit seinen Platz zugunsten reformbereiter Kräfte räumen; Nachfolger wurde Károly Grósz. Kádárs zwielichtige Rolle während des Ungarn-Aufstands war zunehmender öffentlicher Kritik ausgesetzt. Ein Jahr nach seinem Rücktritt wurde der publizitätsscheue Kádár aller Parteiämter enthoben. Am gleichen Tag, an dem der 77jährige in Budapest starb, hob der Oberste Gerichtshof des Landes das Todesurteil gegen Nagy auf.

Mustafa Kemal Atatürk

(19.5.1881 – 10.11.1938)

▸ Reformer gegen den Islam ◂

Mustafa Kemal, der 1934 den Beinamen «Atatürk» (Vater der Türken) erhielt, war der Gründer des modernen türkischen Staates. Er zwang den Sultan zur Abdankung und vollzog als erster Präsident der von ihm ausgerufenen Republik (1923) die Trennung von Kirche und Staat.

Der Sohn eines Zollbeamten und einer Bauerntochter wurde als Mustafa Kemal geboren. Nach dem frühen Tod des Vaters mußte er mit neun Jahren die Schule verlassen. 1893 schloß er sich einer Militärschule in Saloniki an, zwei Jahre später wechselte er nach Monastir (Militärgymnasium). Ab 1899 besuchte er die Istanbuler Kriegsschule und -akademie, die er 1905 als Hauptmann im Generalstab verließ.

Ab 1895: Erste politische Aktivitäten Auf der Militärschule fand Kemal Zugang zu den Jungtürken, einer nationalistischen Bewegung, die für eine bürgerliche Verfassung und für die Aufhebung des Sultanats kämpfte. Kemal wurde führender Vertreter des verbotenen revolutionären Klubs Watan (Vaterland), der den Jungtürken nahestand. Nach dem Verrat durch einen Spitzel hielten ihn die Machthaber im berüchtigten Roten Gefängnis, dem Folterkeller von Istanbul, mehrere Wochen lang gefangen. 1908 kam es zum Aufstand der Jungtürken, die 1913 die Macht übernahmen.

1915: Held des 1. Weltkriegs Militärische Eigenmächtigkeit machte Kemal populär: Ohne die Weisung der ihm verhaßten deutschen Verbündeten abzuwarten, wehrte er mit seinen Truppen den britisch-französischen Angriff auf die Dardanellen ab. Das Volk feierte Kemal, die Militärführung veranlaßte seine Strafversetzung. Die folgende Niederlage des Osmanischen Reichs mußte er machtlos mit ansehen.

1920: Kemal erobert die Macht Anfang 1919 stieg Kemal zum Oberbefehlshaber der 9. Armee in Anatolien auf, demissionierte jedoch aus der Armee des Sultans (8.7.1919) und setzte seinen Kampf gegen die Okkupation von Alliierten und Griechen (seit 1917 mit den Alliierten verbündet) fort. Anatolien entwickelte sich zum neuen Machtzentrum: In Sivas wurde ein Nationalkongreß zur Rettung der Türkei einberufen; in Ankara bildete die sog. Große Nationalversammlung eine Regierung mit Kemal an der Spitze gegen den Sultan in Istanbul.
Die Unterzeichnung des Friedensvertrags von Sèvres (10.8.1920), der die Türkei auf einen Kernstaat reduzierte (ein Zehntel des ehemaligen Staatsgebiets), lehnten Kemal und seine Anhänger, die sog. Kemalisten, als Hochverrat ab. Ihre Kompromißlosigkeit verschaffte ihnen weite-

ren Zulauf. 1922 hatten sie ihr Ziel erreicht: Kemal Pascha (Namenszusatz seit 1916) vetrieb die Griechen, Sultan Mahmud VI. dankte ab.

1924–34: Die großen Reformen Als Präsident der von ihm proklamierten Republik (1923) schuf sich Kemal diktatorische Kompetenzen. Zwar setzte er auf eine Revolution des Volkes und gründete hierfür die Volkspartei, doch gab er Tempo und Abfolge der Umwälzungen vor. Am 3.3.1924 schaffte Kemal das Kalifat ab und beseitigte so den klerikalen Einfluß auf das Erziehungssystem. Innerhalb weniger Jahre verdrängte er die Religion fast vollständig aus der Politik und schuf in der ehemals islamisch geprägten Türkei eine Gesellschaft westlicher Prägung.
Die Reformpolitik rief zwar den Widerstand der orthodoxen Muslims hervor, machte Kemal jedoch bei der jüngeren Generation zum Idol.

1938: Tod des Lebemanns Kemal «lebte» seine Reformpolitik. Als erster verzichtete er auf die traditionelle Kopfbedeckung, den Fes, und zeigte sich nur mit Hut. Zu seiner Hochzeit (1924) mit der gebildeten Latife Hanim wurden auch Frauen eingeladen – eine kleine Revolution in einem islamischen Land mit strenger Geschlechtertrennung. Die Ehe des Reformers scheiterte nach 18 Monaten: Latife äußerte öffentlich ihre politischen Ansichten, Kemal trennte sich von ihr.
Der Alkohol brachte Kemal ins Grab. Nachdem Ärzte eine Leberzirrhose festgestellt hatten, entsagte er vier Wochen dem Raki. Ab Anfang 1939 war Kemal bettlägerig, im Oktober fiel er in ein Koma, aus dem er nicht wieder erwachte.

Mustafa Kemal Atatürk

Die Reformen des Kemal Atatürk

1925	Tragen religiöser Trachten und des Fes verboten
1925	Abschaffung der mohammedanischen Zeitrechnung; Einführung des Gregorianischen Kalenders
1926	Scharia durch Adaption des Schweizer Zivilgesetzbuchs ersetzt: Mann und Frau in der Familie gleichberechtigt, Abschaffung der Polygamie
1926	Allgemeine, unentgeltliche Schulpflicht
1928	Neuschaffung der türkischen Sprache (fremde Wörter durch heimische ersetzt); lateinische Schrift löst arabische ab
1932	Übersetzung des Korans ins Türkische

John Fitzgerald Kennedy

(29. 5. 1917 – 22. 11. 1963)

▸ Ein Attentat beendet den amerikanischen Traum ◂

Der jüngste Präsident der USA wurde während seiner zweijährigen Amtszeit zur Symbolfigur für die Hoffnung auf Frieden, Freiheit und Fortschritt. Es gelang ihm, bei der jungen Generation die Grundwerte der amerikanischen Demokratie neu zu beleben.

Das zweite von neun Kindern des schwerreichen Bankpräsidenten und späteren US-Botschafters Joseph P. Kennedy aus Brookline/Massachusetts wurde frühzeitig zu Ehrgeiz und Zähigkeit erzogen. John studierte Geschichte und Volkswirtschaft in Harvard und an der London School of Economics (1935–41). Während des 2. Weltkriegs wurde Kennedy, Kommandant eines Torpedobootes, schwer verletzt, als ein japanischer Zerstörer sein Boot versenkte. Nach dem Krieg plante er zunächst eine journalistische Laufbahn, doch durch den Tod seines älteren Bruders Joseph richtete sich der ganze Ehrgeiz seines Vaters auf ihn: John sollte Politiker werden.

1946–53: Kongreßabgeordneter Mit massiver Unterstützung seiner Familie kandidierte er 1946 als Abgeordneter der Demokraten für das US-Repräsentantenhaus. Als er bei den Wahlen seinen republikanischen Gegner um Längen schlug, war er erst 29. Während seiner drei Amtszeiten im Kongreß profilierte er sich als unorthodoxer Liberaler.

1953–61: Senator Obwohl die Republikaner in Massachusetts bei den Präsidentsschaftswahlen deutlich vorn lagen, machte Kennedy bei den Senatswahlen das Rennen. Ein Jahr später heiratete er die Millionärstochter Jacqueline Lee Bouvier (zwei Kinder). «Jacky» Kennedy wurde zu einer beliebten Persönlichkeit, doch John war auch anderen Frauen nicht abgeneigt (Affäre mit Marilyn Monroe).
Als Senator erwarb er sich bald den Ruf eines streitbaren Mannes. Im Gegensatz zu seinem Vater stellte er sich gegen die Kommunistenhatz des Senators Joseph R. McCarthy. Eine schwere Rückenoperation fesselte ihn sechs Monate ans Bett. Kennedy nutzte die Zeit, um sein Buch «Zivilcourage» (1956) zu schreiben, für das er 1957 den Pulitzerpreis erhielt. Nach dem überwältigenden Erfolg bei seiner Wiederwahl in den Senat 1958 nahm er das Präsidentenamt ins Visier. Der gesamte Kennedyclan unterstützte die Kampagne. John stach seine schärfsten demokratischen Mitbewerber, die Senatoren Hubert H. Humphrey und Lyndon B. Johnson, aus. Der charismatische Redner gewann die Wahlen 1960 mit rund 118 000 Stimmen Vorsprung gegen Richard Nixon.

Ab 1961: Präsidentschaft Bei seiner Amtseinführung im Januar 1961 war

John F. Kennedy mit 43 Jahren der jüngste und zugleich der erste katholische Präsident der USA. In seiner Antrittsrede beschwor er den Geist der neuen Zeit, die mit seiner Amtsübernahme angebrochen sei: «Fragt nicht, was euer Land für euch tun kann – fragt, was ihr für euer Land tun könnt.» In seiner Botschaft zur Lage der Nation rief er das Volk zum «Aufbruch zu neuen Grenzen» auf, ein Motto, das Teil seines Programms wurde. Der populäre Präsident erklärte die Beseitigung der Armut zur zentralen Aufgabe der Nation und erließ ein Gesetz zur Erhöhung des Mindeststundenlohns sowie Landwirtschafts- und Wohnungsbaugesetze. Dem konservativ dominierten Kongreß ging das Reformprogramm des Präsidenten zu weit. Er blockierte Kennedys Initiativen, so daß wesentliche Projekte, z. B. massive Kürzungen der Einkommenssteuer und die Aufhebung der Rassendiskriminierung, erst nach dem Tod verwirklicht werden konnten.

«Ich bin ein Berliner!»:
John F. Kennedy in Berlin, 1963

1962: Kubakrise In der Außenpolitik mußte Kennedy gleich zu Beginn seiner Amtszeit eine schwere Niederlage einstecken: Die von den USA organisierte Invasion von Exilkubanern in ihrer Heimat mit dem Ziel, das Castro-Regime zu stürzen, schlug fehl. Kennedy mußte öffentlich die politische Verantwortung übernehmen. Der sowjetische Staatschef Nikita Chruschtschow reagierte und errichtete Raketenstellungen auf Kuba, von denen aus die US-Metropolen an der Ostküste erreicht werden konnten. Erst nach massiven amerikanischen Drohungen, die die Welt an den Rand eines Atomkriegs brachten, wurde die Kubakrise im Oktober 1962 beigelegt. Um die Beendigung des kalten Kriegs bemüht, feierte Kennedy seinen größten außenpolitischen Triumph mit der Unterzeichnung des Moskauer Atomteststoppabkommens vom 5.8.1963, war aber auch für die Verstärkung der US-Militärberater und damit für eine Eskalation in Vietnam verantwortlich.

22.11.1963: Das Attentat Zwei Kugeln bereiteten der hoffnungsvollen Karriere ein jähes Ende: Als Kennedy mit seiner Frau und dem texanischen Gouverneur John B. Conally im offenen Wagen durch Dallas fuhr, wurde er tödlich getroffen. Den wahrscheinlichen Attentäter Lee Harvey Oswald erschoß zwei Tage später der Nachtclubbesitzer Jack Ruby. Die Hintergründe des Anschlags wurden nie ganz aufgeklärt: Die eingesetzte Warren-Untersuchungskommission ging von einem Einzeltäter aus, doch sind Gerüchte über eine Verschwörung nie vollständig verstummt.

Jomo Kenyatta

(*20. 10. 1891 – 22. 8. 1978)

Der Unabhängigkeitskämpfer und erste Staatspräsident Kenias (1964–78) wurde in vielen Ländern zum Vorbild für konsequente Afrikanisierung in Wirtschaft und Verwaltung. Die gewaltsame Ausschaltung der Opposition machte ihn Ende der 60er Jahre faktisch zum Diktator.

Kamau Ngengi wurde 1891 (evtl. erst 1893) im Dorf Ichaweri in der Region des Bantuvolks Kikuyu in Zentralkenia geboren. Von seinem Vater, einem Farmer, sowie seinem Großvater, einem Wahrsager und Medizinmann, lernte er die traditionellen Werte seines Stammes kennen. Als er mit etwa zehn Jahren nach einer schweren Infektionskrankheit in einer schottischen Missionsstelle geheilt worden war, verließ er sein Heimatdorf, um in der Missionsschule europäisches Denken kennenzulernen. Ab 1921 arbeitete er – frisch verheiratet – als Johnstone Kenyatta (freie Übersetzung des Nachnamens: «perlengeschmückter Gürtel») in der Stadtverwaltung von Nairobi (bis 1926). Ein Jahr später wurde Kenyatta Mitglied der Young Kikuyu Association (ab 1928: Kikuyu Central Association), die den britischen Kolonialherrschern die wirtschaftlichen Probleme der Bevölkerung verdeutlichen wollte. 1929 wurde er Generalsekretär der Organisation.

1931–46: Studienzeit in Europa Nachdem Kenyatta mehrfach im Londoner Kolonialministerium auf die rechtlose Situation seines Volkes hingewiesen hatte, nahm er ab 1931 während eines Studienaufenthalts (Anthropologie) in England Kontakt zu gleichgesinnten Afrikanern in Großbritannien auf. Auf Einladung der Kommunistischen Liga gegen den Imperialismus reiste er – nun als Jomo («Brennender Speer») Kenyatta – mehrfach nach Moskau.

1946: Rückkehr nach Kenia Nach dem Ende des 2. Weltkriegs kehrte Kenyatta nach Kenia zurück, wo er 1947 dank seiner Verbindungen und Kenntnisse zum Präsidenten der Kenya African Union gewählt wurde, die für die Unabhängigkeit des Landes eintrat. Die schnell anwachsende Bewegung gründete Geheimbünde (Mau-Mau), die durch gezielte Aktionen die weißen Farmer vertreiben und das Land den besitzlosen Kikuyu übergeben wollte. Als sich die Aktionen 1952 häuften, riefen die um ihre Macht fürchtenden britischen Kolonialherren den Ausnahmezustand aus und verhafteten alle nationalistischen Anführer. Als Verantwortlicher der Mau-Mau-Bewegung erhielt Kenyatta in einem weltweit beachteten Prozeß eine 7jährige Haftstrafe, ohne daß gesicherte Beweise für seine Beteiligung vorlagen. Nach Ablauf der Strafe (1959) wurde Kenyatta zwei weitere Jahre gefangengehalten, ehe er im August 1961 endgültig freikam.

Ab 1961: Weg in die Unabhängigkeit
Kaum entlassen, nahm Kenyatta den Kampf für die Freiheit seines Landes erneut auf. Großbritannien hatte nach jahrelangen blutigen Auseinandersetzungen dem Druck der Bevölkerung nachgegeben: Im Anschluß an die Londoner Kenia-Konferenz hoben die Kolonialherrscher 1960 den Ausnahmezustand auf und ließen politische Parteien zu. Kenyatta wurde noch während seiner Haft zum Präsidenten der Kenya African National Union, 1969–91 Einheitspartei des Landes. Ab Januar 1962 war er als Mitglied der Gesetzgebenden Versammlung maßgeblich an der Ausarbeitung einer Verfassung für Kenia beteiligt. Bei den ersten Wahlen (1963) bestimmte das Volk den bisherigen Staatsminister für wirtschaftliche Planung und Verfassungsfragen (ab April 1962) zum Premierminister. In der neuen Republik Kenia (ab 12.12.1964) bekam Kenyatta auch das Präsidentenamt und erhielt zudem den Ehrentitel «Mzee» (Kisuaheli für: «Ehrwürdiger Herr»).

1964–78: Amtszeit als Staatschef
Obwohl Jomo Kenyatta während seiner Studienzeit Interesse für kommunistische Theorie gezeigt hatte und nach dem langen Freiheitskampf eher antibritisch eingestellt war, unternahm er keinen Versuch, einen sozialistischen Staat aufzubauen. Kenyattas Politik orientierte sich trotz Widerstands der Opposition am westlichen Demokratieverständnis. Einigkeit herrschte bei

Jomo Kenyatta

der konsequenten Afrikanisierung des Landes: Wichtige Posten in Wirtschaft und Verwaltung wurden mit Afrikanern besetzt, Amtsinhaber aus anderen Kontinenten (vor allem Inder) zumeist entlassen.
1969 baute Kenyatta seine Herrschaft zur Autokratie aus, als er die einzige Oppositionspartei des Landes, die Kenya Peoples Union, wegen angeblicher sozialistischer Tendenzen verbot und ihren Vorsitzenden, Ogirga Odinga, verhaften ließ. Im gleichen Jahr wurde Kenyatta ohne Gegenstimme in seinem Amt bestätigt. Nachdem sich zu Beginn der 70er Jahre mehrfach oppositionelle Gruppen innerhalb des Einparteienparlaments gebildet hatten, löste Kenyatta auch das Parlament auf. Trotz seiner unumschränkten Herrschaft war der Staatspräsident bis zu seinem Tod 1978 in Mombasa beim Volk überaus beliebt.

Muammar al Khadafi

(*?.9.1942)

▸ Förderer des internationalen Terrorismus ◂

Der libysche Herrscher (seit 1969) gilt als der unberechenbarste Politiker der Nachkriegszeit. Mehrfach versuchte er vergeblich, seine panarabischen Träume durch Staatszusammenschlüsse zu verwirklichen. Seine offene Unterstützung des internationalen Terrorismus brachte den Revolutionsführer Mitte der 80er Jahre in Konflikt mit den USA.

Khadafi, einziger Sohn einer Nomadenfamilie, wurde in der Wüste von Syrte geboren. Weder seine Eltern noch seine drei Schwestern konnten lesen und schreiben. Der Tod des Großvaters im Widerstand gegen die italienischen Kolonialisten und die Verwundung des Vaters im 2. Weltkrieg führten zum Haß auf jegliche Fremdherrschaft. Von der höheren Schule in der Oasenstadt Sebha bei Fezzan wurde er wegen politischer Tätigkeit gegen die Monarchie ausgeschlossen. Nach dem Abitur in Masrata bei Tripolis begann er 1962 ein Geschichtsstudium, zwei Jahre später trat er in die Militärakademie ein.

1969: Machtübernahme Auf der Militärschule gelangte Khadafi zu der Überzeugung, daß die Armee das einzige Instrument sei, um ein schnelles Ende der Monarchie herbeizuführen. Mit diesem Ziel gründete er die illegale Organisation der Freien Offiziere, eine Bezeichnung, die bereits seine Vorbilder, der ägyptische Staatschef Gamal Abd el-Nasser und seine Putschisten, gewählt hatten.
Am 1.9.1969 setzten die Freien Offiziere unter Führung des 27jährigen Khadafi den greisen König Idris I. ab, der sich zur Kur in der Türkei aufhielt. Khadafi, der wegen mangelnden Organisationstalents den Putsch mehrfach verschoben hatte, wurde Vorsitzender des Revolutionsrats und Oberbefehlshaber der Streitkräfte. Er leitete die Islamisierung ein und schottete das Land gegen westliche Einflüsse ab. Alle Italiener wurden ausgewiesen, die britischen und amerikanischen Militärstützpunkte geschlossen und die ausländischen Unternehmen verstaatlicht. 1970 heiratete er die Krankenschwester Safya (fünf Kinder), die ihn nach einer Blinddarmoperation im Krankenhaus betreut hatte.

Ab 1970: Festigung der Macht Kostenlose Schulbildung, Verbesserung der Krankenversorgung, staatlicher Wohnungsbau und Verdoppelung der Minimallöhne verschafften Khadafi Rückhalt im Volk. Vermeintliche Gegner schaltete er sofort aus; innerhalb von drei Jahren nach der Machtübernahme waren sechs seiner früheren zwölf Mitstreiter tot, verhaftet oder im Exil.
Außenpolitisch sah sich Khadafi in der Nachfolge Nassers, dessen panarabische Träume er verwirklichen

wollte. Doch sämtliche Pläne für arabische Föderationen scheiterten (u. a. Dreierbund mit Ägypten und Syrien 1971, Konföderation mit Tunesien 1974).

1975: Das «Grüne Buch» 1973 entwickelte Khadafi die sog. Dritte Theorie, die er zwei Jahre später im «Grünen Buch» (benannt nach der Farbe des Propheten Mohammed) veröffentlichte. Für den Revolutionsführer, der zeitweilig in einem Nomadenzelt lebt und damit bewußt an Beduinentraditionen anknüpft, stellt die Theorie einen Mittelweg zwischen Kapitalismus und Kommunismus dar. In der Verfassung von 1977 setzte Khadafi seine Theorie in die Praxis um. Seitdem bezeichnet er Libyen als «Staat der sich selbst regierenden Massen». Zwei Jahre später trat er zugunsten sog. Revolutionskomitees von allen politischen Ämtern zurück, übte als «Revolutionärer Führer» jedoch weiterhin faktisch die Macht aus.

Khadafis Grüne Revolution

Politische Theorie
Volk soll sich auf Volkskongressen an der Basis organisieren und gemeinsam mit den Behörden alle nationalen Angelegenheiten regeln; Ziel: «Kontrolle des Volkes durch das Volk»
Wirtschaftliche Theorie
Niemand soll im Auftrag eines anderen arbeiten; Profit und damit auch Geld können abgeschafft werden
Soziale Theorie
Befürwortung des Nationalismus – «Nationale Befreiungsbewegungen sind soziale Bewegungen»

Muammar al Khadafi, 1989

1986: Konfrontation mit den USA Schon seit den 70er Jahren versorgte Khadafi zahlreiche afrikanische Befreiungsbewegungen (u. a. in Tunesien, Ägypten und der Westsahara) sowie linke Terrorgruppen in Westeuropa (u. a. in Irland) mit Waffen und Geld. 1986 versuchte US-Präsident Ronald Reagan den «Terroristen Nr. 1» mit einer totalen Wirtschaftsblockade und Manövern im Mittelmeer auch im eigenen Land ins Abseits zu drängen. Einem US-Luftangriff auf sein Hauptquartier in Tripolis (15. 4. 1986) entkam Khadafi mit leichten Blessuren; seine Adoptivtochter wurde jedoch getötet, zwei Söhne erlitten schwere Verletzungen. Nach dem US-Angriff zog sich Khadafi monatelang aus der Öffentlichkeit zurück.

Ab 1988: Unklare Machtposition Seit Ende der 80er Jahre blieb unklar, inwieweit Khadafis Macht gefestigt ist. Wirtschaftliche Schwierigkeiten sowie oppositionelle Regungen unter Studenten, Fundamentalisten und Teilen der Armee veranlaßten «Seine Exzellenz Revolutionsführer» – so die offizielle Anrede – zu innenpolitischen Lockerungen.

Ruhollah Mussawi Khomeini

(17.5.1900–3.6.1989)

▸ Prediger der Islamischen Weltrevolution ◂

Nach dem Sturz des Schahs, gegen den er 16 Jahre lang aus dem Exil agitiert hatte, formte Khomeini den Iran als geistiger und politischer Führer zu einem islamischen Staat. Seine sog. Islamische Revolution führte zum Erwachen des islamischen Fundamentalismus in den Staaten der Golfregion.

Khomeini wurde als Ruhollah Mussawi Hendi in Khomein, einer Kleinstadt westlich von Isfahan, geboren. Er war das jüngste von sechs Kindern des schiitischen Gelehrten Ajatollah Sayid Mustafa Mussawi, eines erbitterten Gegners der Schah-Dynastie. Ruhollas Vater starb wenige Monate nach der Geburt seines Sohns bei einem Mordanschlag.

Ab 1914: Theologische Ausbildung Nach einem Studium in Isfahan ging Ruhollah als 22jähriger an die Hochschule der heiligen Stadt Ghom. Etwa ab diesem Zeitpunkt nannte er sich nach seiner Heimatstadt Khomeini – Grund war ein neues Gesetz, das einen Familiennamen zur Pflicht machte, bis dahin waren lediglich Rufnamen bekannt. 1927 heiratete Khomeini die Tochter einer angesehenen Ajatollah-Familie und erhielt Zugang zur theologischen Elite. Gerade 30 Jahre alt, durfte er sich «Ajatollah» (Zeichen Allahs) nennen.

Ab 1930: Agitation gegen den Schah Khomeinis Predigten waren durch ein starkes soziales und gesellschaftliches Engagement gekennzeichnet. Er opponierte gegen die Regime von Resa Schah und dessen Sohn Mohammed, die den Einfluß der religiösen Mullahs beschnitten. Nachdem Khomeini – Ende der 50er Jahre in die Reihe der auserwählten Religionsführer (Ajatollah al-uzma = Groß-Ajatollah) gerückt – in einer Predigt den Herrscher beleidigt hatte, kam der Geistliche in Haft (4.6.1963). Khomeini lehnte die Forderung des Schah-Regimes nach Mäßigung ab und wurde in die Türkei abgeschoben (4.11.1964). Ein Jahr später ließ er sich im irakischen Wallfahrtsort Nedschef, in dem sich das Grab des Schia-Gründers Ali befindet, nieder.

1964–79: Vorbereitung der Revolution Unbemerkt von der Öffentlichkeit scharte Khomeini im Exil die Opposition um sich. Auf unzähligen Kassetten, die in sein Heimatland geschmuggelt und dort vervielfältigt wurden, predigte er die Islamische Revolution. Ende der 70er Jahre forderte das Volk lautstark den Sturz des Schahs und die Rückkehr Khomeinis, der nach der vom Schah erzwungenen Ausweisung aus dem Irak (1978) inzwischen in Neauphle-le-Château, westlich von Paris, lebte. Am 16.1.1979 hatte der 79jährige Khomeini sein Ziel erreicht: Auf Drängen der USA verließ der Schah das Land, zwei Wochen später bereiteten die Iraner dem Greis einen triumphalen Empfang.

1979: Sieg der Islamischen Revolution Am 2.4.1979 proklamierte Khomeini die Islamische Republik Iran. Unter der Führung der islamischen Geistlichkeit bilden Staat und Religion eine unauflösliche Einheit. Khomeini erhielt als «Faghin» (Führer der Nation) umfassende Vollmachten in allen politischen und religiösen Fragen. In Schnellverfahren verurteilten neu gebildete Revolutionsgerichte Oppositionelle und Anhänger des alten Regimes zum Tode. Khomeini löste die Beziehungen zum Westen und näherte sich den arabischen Staaten an, auf die er die Islamische Revolution schnellstmöglich übertragen wollte.

Khomeinis Islamische Revolution

- Westlich ausgebildete Juristen durch Mullahs ersetzt, die allein nach den Grundsätzen der Scharia Recht sprechen
- Schließung der Banken in herkömmlicher Form, da im Islam das Zinsnehmen untersagt ist
- Aufhebung des Steuersystems; ersetzt durch die im Koran vorgesehene Almosensteuer

Ab 1980: Golfkrieg Der Kampf um die Vormachtstellung am Persischen Golf führte 1980 zum Krieg zwischen dem sunnitischen Irak und dem schiitischen Iran. Khomeini, von der Bevölkerung wie ein Gott verehrt, mobilisierte mit seinen religiösen Parolen Hunderttausende Freiwillige, die aufgrund mangelnder Ausrüstung in den sicheren Tod gingen.

Ruhollah Khomeini

Erst der Niedergang der Wirtschaft und ausbleibende Militärerfolge veranlaßten ihn nach acht Jahren Krieg, einem Waffenstillstand zuzustimmen.

Ab 1982: Rückzug aus der Öffentlichkeit Trotz seines labilen gesundheitlichen Zustands blieb der religiöse Fanatismus des «Erleuchteten Führers des Volkes» ungebrochen. Im Februar 1989 rief er zur Ermordung des Schriftstellers Salman Rushdie auf, der mit seinem Roman «Die satanischen Verse» Gotteslästerung begangen habe. Auch die Politik bestimmte der zurückgezogen lebende Khomeini weiterhin.
Als Khomeini nach inneren Blutungen in einem Teheraner Krankenhaus operiert werden mußte, erreichte der Personenkult um ihn den Höhepunkt: Live übertrug das Fernsehen den chirurgischen Eingriff. 87jährig starb der Revolutionsführer zwölf Tage später an Krebs.

Kim Il Sung

(15. 4. 1912–8. 7. 1994)

▸ Totalitäres Regime und Familienmacht ◂

Der am längsten regierende Machthaber des 20. Jahrhunderts (1946–1994) errichtete in Nordkorea einen einzigartigen Kult um seine Person und schottete sein Land hermetisch ab. Kims Versuch, zum Herrscher über ganz Korea zu werden, scheiterte im Korea-Krieg (1950–53).

Der «größte Marxist-Leninist unserer Zeit», wie er sich gerne titulieren ließ, wurde als Kim Song Chu in Mangyongdae geboren. Die Eltern waren Bauern und flohen 1925 wegen Hungers in die Mandschurei. 1927 trat Kim dem kommunistischen Jugendverband bei und wurde vier Jahre später KP-Mitglied.

Ab 1935: Kampf gegen die Japaner Die offizielle Biographie Kims kolportiert das Bild des geborenen Revolutionärs: Angeblich gründete Kim bereits mit 14 Jahren eine revolutionäre Organisation und mußte vor dem japanischen Kolonialregime fliehen. Er schwor, als Revolutionär zurückzukehren und sein Land in die Unabhängigkeit zu führen. Dieses Ziel erreichte er – so die offizielle Lesart – im Alleingang. Er gründete die Guerillabewegung Revolutionäre Kraft und trieb die Japaner am 15.10.1945 zur Kapitulation.
Historisch haltbar ist diese Version, an die ein ganzes Volk glaubt, nicht. Zwar nahm Kim an einigen Guerilla-Aktionen teil, doch setzte er sich 1941 mit den Resten seiner von den Japanern zerschlagenen Einheit in die Sowjetunion ab. Dort wurde er politisch und militärisch geschult und diente in der Roten Armee.

Ab 1945: Machthaber Koreas Nachdem die Japaner 1945 zurückweichen mußten, zog Kim in russischer Uniform in Pjöngjang ein. Er änderte seinen Namen in Kim Il Sung (legendärer koreanischer Volkheld). Sowjetischer Protektion verdankte Kim seinen Posten als Vorsitzender des neu installierten volksdemokratischen Regimes. Seine erste Rede stammte aus der Feder des sowjetischen Oberkommandierenden, und der «glühende Patriot und Nationalheld» mußte sie Wort für Wort verlesen. 1947 bildete Kim eine provisorische Regierung. Vergeblich bemühte er sich, die Einheit Koreas herzustellen, und wurde 1948 Ministerpräsident der kommunistischen Volksrepublik Korea. Erste Maßnahmen waren die Durchführung einer Bodenreform und der Aufbau einer schlagkräftigen Armee.

1950–53: Korea-Krieg Stalin, Verfechter der koreanischen Teilung, betrachtete Kim als Statthalter sowjetischer Interessen. Doch damit unterschätzte er dessen Machtgelüste. Am 25.6.1950 befahl Kim den Einmarsch in Süd-Korea. Nach anfänglichen Erfolgen wurden seine Truppen jedoch von UNO-Verbänden zurückgeschlagen. Erst chinesische Unterstützung half Kim, die Front entlang der bisherigen Grenze zu stabilisieren (Bestätigung der Grenze im Waffenstillstand von Panmunjon, 27.7.1953). In der Folge errichtete Kim die am besten befestigte Grenze der Welt und schottete sein Land von jeglichen äußeren Einflüssen ab.

Ab 1953: Aufstieg zum Übermenschen Nachdem er sein Ziel, Herrscher über ganz Korea zu werden, verfehlt hatte, leitete Kim rigorose «Säuberungen» ein. Der diktatorisch regierende Herrscher errichtete einen in der Welt einzigartigen Kult um seine Person. Hierbei nutzte er geschickt die jahrhundertalte Angst der Koreaner, die sich von mächtigen Feinden bedroht fühlen. Mit Methoden, die der Gehirnwäsche eines ganzen Volkes gleichkamen (z. B. Lautsprecher in Fabriken und auf Straßen), setzte er sich im Bewußtsein der Koreaner als ihr einziger Beschützer fest. Er manipulierte Geschichte und Wirklichkeit, um sich zu einem gottgleichen Geschöpf zu stilisieren. Gleichzeitig beschnitt er seinem Volk alle persönlichen Rechte.

Ab 1970: Annäherungsversuche an den Süden Außenpolitisch verfolgte Kim, ab 1972 auch Staatspräsident, einen eigenständigen Kurs zwischen den Blöcken. Dabei kam ihm der ideologische Streit zwischen China und der Sowjetunion ebenso zugute wie der Ost-West-Konflikt. Im wirtschaftlichen Wettstreit mit dem Süden unterlag Kim nach Anfangserfolgen klar. Zusätzliche Probleme bereiteten ihm die demokratischen

Kim Il Sung, 1976

Umwälzungen in den Ostblockstaaten, die den Handel mit Südkoreas wichtigsten Wirtschaftspartnern fast zum Erliegen brachten.

Ab 1980: Sicherung der Familienherrschaft Das Erbe des sog. Kimilsungismus sicherte der «Große Führer» durch die Einfamilienherrschaft der Kim ab. Alle wichtigen Positionen besetzte er mit Blutsverwandten. So übernahm seine Frau Kim Song Ae (Heirat Anfang der 50er Jahre) den Vorsitz des Demokratischen Frauenverbands. Im Oktober 1980 berief Kim seinen Sohn Kim Jong Il zu seinem alleinigen Nachfolger. An seinem 80. Geburtstag gab er bekannt, daß der neue «Geliebte Führer» die politischen Geschäfte führe, und ernannte ihn auch zum Armeechef. Mit 82 Jahren starb Kim Il Sung in Pjöngjang.

Martin Luther King

▸ «I have a dream...» ◂

(15. 1. 1929–4. 4. 1968)

Der Baptistenpfarrer führte von Mitte der 50er Jahre bis zu seinem Tod die erste Massenbewegung für Bürgerrechte in der Geschichte der USA. Zwar erreichte King mit gewaltlosen Mitteln die rechtliche Gleichstellung der Schwarzen, doch die komplexen sozialen Probleme, die aus dem Rassismus resultieren, konnte er nicht lösen.

King, geboren in Atlanta/Georgia, entstammte einer Familie von Baptistenpfarrern. Nach einem Collegestipendium wollte er Medizin und Jura studieren, schlug dann aber den Weg seines Vaters ein und besuchte das theologische Seminar in Chester/Pennsylvania. Hier lernte er Mahatma Gandhis Philosophie des gewaltlosen Widerstands kennen, die sein Wirken zeitlebens prägte. Nachdem King das Seminar als Klassenbester beendet hatte, wechselte er 1951 auf die theologische Fakultät in Boston (Abschluß 1955). In der Stadt lernte er die Musikstudentin Coretta Scott kennen, die er 1953 heiratete (vier Kinder).

1955: Montgomery-Bus-Boykott In Montgomery/Alabama trat King erstmals öffentlich als Kämpfer gegen den Rassismus hervor. Ein Gericht hatte eine Farbige verurteilt, weil sie im Bus einem Weißen nicht ihren Sitzplatz frei gemacht hatte. Daraufhin gründete sich unter Führung des Baptistenpfarrers die Montgomery Improvement Association. Die Bürgerrechtsvereinigung rief zum Boykott der öffentlichen Verkehrsmittel auf. Trotz Morddrohungen sowie einem Sprengstoffanschlag auf sein Haus organisierte King mit Erfolg die Aktionen der schwarzen Einwohner: Der Stadtrat schaffte die Rassentrennung in den Bussen von Montgomery ab.

Ab 1957: Landesweites Engagement Um den Erfolg von Montgomery durch eine Massenbewegung auf andere Städte und Bundesstaaten zu übertragen, rief King 1957 die Southern Christian Leadership Conference (SLCL) ins Leben. Diese nationale Plattform zur Interessenvertretung der Schwarzen wurde zur Basis des Civil Rights Movement. Fast ununterbrochen bereiste King das Land, um seine wachsende Anhängerschar ganz im Sinne seines Vorbilds Gandhi zum gewaltlosen Widerstand gegen die Unterdrückung aufzurufen. 1960 wurde er in Alabama erstmals verhaftet und kam erst auf Intervention des demokratischen Präsidentschaftskandidaten John F. Kennedy frei. Die Haft mehrte Kings Bekanntheitsgrad und verschaffte seiner Bewegung weiteren großen Zulauf.

1963: Marsch auf Washington Im August 1963 mobilisierte King mehr als eine Viertel Million Anhänger, die beim Marsch auf Washington für die Durchsetzung der Bürgerrechtsgesetze in den USA demonstrierten. Am 28.8.1963 hielt der glänzende Redner vor dem Lincoln Memorial seine berühmt gewordene Rede «I have a dream». In ihr entwarf er seine Vision von einer freien und gleichen Gesellschaft. Ein Jahr spä-

I have a dream (28.8.1963)

«Ich habe einen Traum, daß eines Tages auf den roten Hügeln von Georgia die Söhne früherer Sklaven und die Söhne früherer Sklavenhalter miteinander am Tisch der Brüderlichkeit sitzen können.
Ich habe einen Traum, daß sich eines Tages selbst der Staat Mississippi, ein Staat, der in der Hitze der Ungerechtigkeit und Unterdrückung verschmachtet, in eine Oase der Freiheit und Gerechtigkeit verwandelt.
Ich habe einen Traum, daß meine vier kleinen Kinder eines Tages in einer Nation leben werden, in der man sie nicht nach ihrer Hautfarbe, sondern allein nach ihrem Charakter beurteilen wird.»

ter hatte King sein Ziel formal erreicht: US-Präsident Lyndon B. Johnson unterzeichnete das Bürgerrechtsgesetz zur Aufhebung der Rassentrennung (Civil Rights Act, 2.7.1964). Im gleichen Jahr erhielt der 35jährige als erster Schwarzer den Friedensnobelpreis.

Ab 1965: Kampf gegen gesellschaftliche Probleme Bessere soziale Bedingungen blieben jedoch Utopie, weshalb insbesondere die schwarzen Jugendlichen in den Nordstaaten Kings gewaltlosen Kurs kritisierten

Martin Luther King

und zu militanten Aktionen aufriefen. Daraufhin sagte King nicht nur dem Rassismus, sondern auch Armut und Arbeitslosigkeit den Kampf an. Mit dieser Öffnung der Bürgerrechtsbewegung scheiterte er jedoch; auch eine deutliche Stellungnahme gegen das US-Engagement im Vietnamkrieg brachte ihm nicht den erhofften Zulauf aus allen Bevölkerungsgruppen.

1968: Tod bei Attentat Trotz der mangelnden Resonanz hielt King an seiner Strategie fest. Für den Sommer 1968 plante er einen Marsch der Armen auf Washington, um seinen Erfolg von vor fünf Jahren zu wiederholen. Doch am 4.4.1968 wurde er auf dem Balkon eines Motels in Tennessee von dem weißen Südstaatler James Earl Ray erschossen. Ein Jahr nach der Tat verurteilte ein Gericht den in London gefaßten Ray zu 99 Jahren Zuchthaus.

Helmut Kohl

(*3.4.1930)

▸ Kanzler der deutschen Einheit ◂

Der CDU-Parteichef (seit 1973) und Bundeskanzler (seit 1982) ergriff 1989/90 nach den Umwälzungen in Osteuropa die Chance zur deutschen Einheit, die er in ihren wirtschaftlichen Dimensionen jedoch unterschätzte. Außenpolitisch als Vorreiter der europäischen Einheit erfolgreich, blieb die innenpolitische Wende bis 1989 hinter den Erwartungen zurück.

Nach einer behüteten Kindheit im bürgerlich-katholischen Elternhaus in Ludwigshafen studierte der Sohn eines Finanzbeamten Geschichte, Rechts- und Staatswissenschaften in Frankfurt a. M. und Heidelberg. Nach der Promotion als Historiker (1958) war Kohl zehn Jahre als Referent der chemischen Industrie in seiner Heimatstadt tätig. 1960 heiratete er die Dolmetscherin Hannelore Renner (zwei Söhne), mit der er in Ludwigshafen-Oggersheim lebt.

Ab 1969: Rheinland-pfälzischer Ministerpräsident Der bodenständige Pfälzer gewann die Landtagswahlen 1971 und 1975 mit absoluter Mehrheit und verbuchte mit Verwaltungsreformen wichtige Erfolge in seinen Amtszeiten. Nach der CDU-Niederlage bei der Bundestagswahl 1972 übernahm er 1973 als Nachfolger Rainer Barzels den Bundesvorsitz der Partei. Beim Versuch, Bundeskanzler zu werden, mußte Kohl 1976 den ersten herben Rückschlag seiner Karriere einstecken. Zwar wurde die Union bei den Wahlen stärkste Fraktion, die sozialliberale Koalition regierte jedoch weiter. Als Oppositionsführer ging Kohl nach Bonn, ohne gegenüber SPD-Kanzler Helmut Schmidt an Profil zu gewinnen. Folge: Kanzlerkandidat für die Bundestagswahlen 1980 wurde Franz Josef Strauß, der ebenfalls an Schmidt scheiterte.

1982: Machtübernahme Als harter Kritiker der Schuldenpolitik der Regierung gewann Kohl in der eigenen Partei an Zustimmung. Mit FDP-Chef und Außenminister Hans-Dietrich Genscher hatte er mit einem konstruktiven Mißtrauensvotum gegen Kanzler Schmidt im Oktober 1982 Erfolg: Der 52jährige Kohl wurde Bundeskanzler und im März 1983 von den Wählern bestätigt. Angetreten mit dem Ziel, die «geistig-moralische Wende» zu realisieren, erlebte die Regierung Kohl zunächst nur Mißerfolge, die der Kanzler nicht per Machtwort beendete, sondern auszusitzen versuchte (sog. Kießling-Affäre, Parteispenden-Skandal). Der konjunkturelle Aufschwung verlief schleppend, die «Wende» blieb aus. Zwar wurde die Regierung bei den Bundestagswahlen 1987 unter Stimmeneinbußen bestätigt, die Diskussion um die Führungsqualitäten des deutschen Kanzlers ging jedoch weiter.

In der Außenpolitik lehnte sich Kohl

zunächst eng an die USA an, deren Rüstungs- und Sicherheitspolitik er konsequent unterstützte. Der selbsternannte «Enkel Adenauers» baute die deutsch-französischen Beziehungen dank seiner Freundschaft zu François Mitterrand aus. Beide Politiker wurden treibende Kräfte für ein vereintes Europa (Maastrichter Vertrag 1992 zur Gründung der Europäischen Union, Durchsetzung eines Binnenmarkts bis 1993, Währungsunion bis 1999).

Ab 1989: Kanzler der Einheit Als Michail Gorbatschow politische Reformen in der UdSSR und die Ost-West-Abrüstung durchsetzte, ergriff der Kanzler die Chance zur deutschen Einheit. Nachdem die friedliche Revolution den Sozialismus in der DDR beendet hatte, schuf Kohl mit seinem 10-Punkte-Programm (November 1989), der Währungsunion (Juli 1990) und zwei Staatsverträgen (Juli, August 1990) die Basis zur Einheit. Bedenken aus West und Ost über das neue starke Deutschland räumte er in den sog. 2+4-Gesprächen 1990 aus. Die ersten Wahlen (2.12.1990) bestätigten die schwarz-gelbe Koalition.

Helmut Kohl im Bundestag, 1991

Ab 1991: Wirtschaftliche Probleme Seine Wahlankündigung, die deutsche Einheit problemlos zu finanzieren, stellte sich bald als Irrtum heraus. Akzente setzte Kohl erneut in der Außenpolitik. Um das Ansehen Deutschlands zu erhöhen, setzte Kohl die Beteiligung der Bundeswehr an militärischen UNO-Einsätzen durch.

Wichtige politische Funktionen 1947–76:

1947	Eintritt in die Christlich-Demokratische Union (CDU)
1955	Mitglied des CDU-Landesvorstands von Rheinland-Pfalz
1959	Kreisverbands-Vorsitzender der CDU in Ludwigshafen
1959–76	Abgeordneter des rheinland-pfälzischen Landtags
1960–66	Stadtrat in Ludwigshafen
1961–63	Stellvertretender Vorsitzender der CDU-Fraktion
1963	Fraktionsvorsitzender im Mainzer Landtag
Ab 1964	Mitglied des CDU-Bundesvorstands in Bonn
1966–74	CDU-Landesvorsitzender in Rheinland-Pfalz
1969–73	Stellvertretender Bundesvorsitzender der CDU
1969–76	Ministerpräsident von Rheinland-Pfalz

Bruno Kreisky

(22.1.1911–29.7.1990)

▸ Rückkehr Österreichs in die Weltpolitik ◂

Der erste sozialdemokratische Bundeskanzler Österreichs (1970–83) erwarb durch sein Friedensengagement im Nahen Osten und im Ost-West-Konflikt internationales Ansehen und machte Wien zum UNO-Amtssitz.

Kreisky wuchs in Wien auf, wo er mit 19 Jahren ein Studium der Rechtswissenschaften und Nationalökonomie begann. Obwohl er aus dem bürgerlichen Milieu stammte – sein Vater war ein Industrieller jüdischen Glaubens –, schloß er sich bereits mit 16 Jahren der Sozialistischen Arbeiterjugend (SAJ), der Jugendorganisation der Sozialdemokratischen Arbeiterpartei (SDAP), an.

Ab 1935: Gefängnis Dem Verbot der SDAP und ihres Jugendverbands begegnete Kreisky 1934 mit der Gründung der illegalen Revolutionären Sozialistischen Jugend. Kreisky wurde verhaftet (Januar 1935) und saß wegen Hochverrats 22 Monate im Gefängnis. Erst 1937 konnte er sein Studium fortsetzen. Nach dem «Anschluß» Österreichs an das Deutsche Reich (13.3.1938) wurde der gerade promovierte Kreisky erneut inhaftiert und im August abgeschoben. Er ging nach Schweden, wo er bis 1945 als Wirtschaftsjurist und Journalist arbeitete. Dank seiner Ausstrahlung und untadeligen politischen Vergangenheit avancierte er zum Österreich-Experten des sozialdemokratischen Ministerpräsidenten Per Albin Hansson und erreichte nach Kriegsende umfangreiche schwedische Hilfeleistungen.

Ab 1945: Der politische Aufstieg Kreisky kam in den diplomatischen Dienst und kehrte 1949 in seine Heimat zurück, wo er in der 1945 gegründeten Sozialistischen Partei Österreichs (SPÖ) eine neue Heimat fand. Seine politischen Erfahrungen nutzte er als wirtschaftspolitischer Legationsrat des Außenamts (ab 1949), politischer Berater von Bundespräsident Theodor Körner (ab 1951) und als Staatssekretär für Auswärtige Angelegenheiten im Bundeskanzleramt (1953–59). Er nahm an den Verhandlungen über den österreichischen Staatsvertrag (1955) teil und gehörte ab 1956 dem Nationalrat an (bis 1983).

1959–66: Außenminister Der SPÖ-Vizechef (ab 1959) wurde im selben Jahr Außenminister der großen Koalition unter Bundeskanzler Julius Raab (Österreichische Volks-Partei, ÖVP). Während seiner Amtszeit zählte Österreich 1960 zu den Gründungsmitgliedern der Europäischen Freihandelszone (EFTA). 1966 erhielt die ÖVP die absolute Mehrheit; Kreisky schied aus der Regierung aus und führte ein Jahr später die SPÖ als Vorsitzender (bis 1983).

Ab 1970: Bundeskanzler Durch den Wahlsieg der SPÖ wurde der

59jährige Kreisky im März 1970 erster sozialdemokratischer Bundeskanzler seines Landes. Die Minderheitsregierung mit der Freiheitlichen Partei Österreichs (FPÖ) hielt nur ein Jahr; bei den Neuwahlen erreichte die SPÖ die absolute Mehrheit (1975 und 1979 bestätigt). Der wirtschaftliche Aufschwung und sein Verzicht auf linksdogmatische Ideologie machten den volksverbundenen Kreisky zum populären Regierungschef, der sich als Jurist vor allem um die Reform des Straf- und Familienrechts kümmerte und das Bildungswesen erneuerte. Seine Kenntnisse des schwedischen Wohlfahrtsmodells kamen ihm bei der Ausweitung des sozialen Netzes in Österreich zugute. Wirtschaftlich suchte die SPÖ-Regierung die Kooperation mit der EG (Handelsvertrag 1972, Freihandel ab 1977).

Ab 1975: Querdenker der Außenpolitik Die größten Erfolge feierte Kreisky jedoch als gewiefter Außenpolitiker, der die Neutralität seines Landes nutzte, um internationale Tabuthemen aufzugreifen. Seit Mitte der 70er Jahre intensivierte Kreisky die Kontakte zur DDR (1975: Konsularabkommen) und engagierte sich besonders für den Frieden im Nahen Osten: Als einer der ersten westlichen Regierungschefs kritisierte er die israelische Politik in den besetzten Gebieten und forderte die rechtliche Gleichstellung der Palästinenser. 1980 erkannte Österreich als erstes westeuropäisches Land die Palästinensische Befreiungsorganisation PLO an, ein Jahr zuvor hatte Kreisky den im Westen gemiedenen libyschen Staatschef

Bruno Kreisky, 1980

Khadafi nach Wien eingeladen. Durch Kreiskys internationales Renommee wurde Wien 1979 dritter offizieller Amtssitz der Vereinten Nationen und Zentrum von Ost-West-Verhandlungen (KSZE, Gipfeltreffen, Abrüstungsgespräche).

Ab 1983: Rückzug 1983 ließ sich der 72jährige zu einer weiteren Amtsperiode überreden, falls die SPÖ erneut allein regieren würde. Innenpolitische Fehlschläge und Affären sowie die steigende Staatsverschuldung kosteten jedoch die absolute Mehrheit. Der herzkranke Kreisky trat zurück und gab im gleichen Jahr auch das Abgeordnetenmandat und den Parteivorsitz auf. Er blieb in der Außenpolitik aktiv, vermittelte weiterhin im Nahost-Konflikt und übernahm den Vorsitz des UNO-Fonds für landwirtschaftliche Entwicklung. 1989 wurde Kreisky als verdienter Vizepräsident der Sozialistischen Internationale zum Ehrenvorsitzenden ernannt. Zwei Jahre nach dem Tod seiner Frau Vera Alice (zwei Kinder) starb der 79jährige 1990 in Wien an Herzversagen.

Wladimir Iljitsch Lenin

▸ Gründer der Sowjetunion ◂

(22.4.1870–21.1.1924)

Der Haupttheoretiker des Leninismus befürwortete eine strikte Trennung zwischen Partei und Arbeiterklasse und schuf damit die Voraussetzung für die diktatorische Herrschaft der Kommunisten. Zwar fand Lenins Gedankengut weite Verbreitung, doch die angestrebte Weltrevolution blieb aus.

Lenin, drittes von sechs Kindern eines Schulinspektors und einer Physiker-Tochter, kam unter dem Familiennamen Uljanow in Simbirsk zur Welt (Umbenennung 1901). Mit 17 Jahren hatte er das prägende politische Erlebnis: Sein ältester Bruder Aleksandr wurde wegen Beteiligung am Attentat auf Zar Alexander III. hingerichtet. Obwohl die Familie nun kriminalisiert war, erhielt Lenin durch Vermittlung seines Lehrers einen Studienplatz an der Juristischen Fakultät in Kazan (Herbst 1887). Wenige Monate später mußte er die Universität nach Teilnahme an einer Studentenkundgebung wieder verlassen. Ende 1891 konnte er in St. Petersburg das Examen ablegen.

1895: Verhaftung und Verbannung 1893 schloß sich Lenin einer marxistischen Gruppe an. Nach zweijährigem Aufenthalt in Westeuropa gründete er im Herbst 1895 den Petersburger Kampfbund zur Befreiung der Arbeiterklasse. Noch im Dezember wurde er verhaftet, ein Gericht verurteilte ihn zu 15 Monaten Haft und anschließender Verbannung nach Sibirien (ab 1897). Dort traf er Nadeschda Krupskaja, die er aus St. Petersburg kannte, und heiratete sie 1898.

Ab 1900: Entwicklung des Leninismus Nach der Haftentlassung (1900) verließ Lenin Rußland. Im Exil entwickelte er die theoretischen Grundlagen seines revolutionären Programms: In seiner Schrift «Was tun?» (1902) forderte er eine straff organisierte Kaderpartei als «Speerspitze des Proletariats» und vollzog somit eine scharfe Trennung zwischen Partei und Arbeiterklasse, was der ursprünglichen marxistischen Grundauffassung widersprach. Leo Trotzki warf ihm daraufhin vor, keine «Diktatur des Proletariats», sondern eine «Diktatur über das Proletariat» anzustreben. Dennoch erhielt Lenin auf dem 2. Parteitag der Sozialdemokratischen Arbeiterpartei Rußlands (SDPR) in Brüssel eine Mehrheit für seine Position (1903). Der Preis war die Spaltung der Partei in die Menschewiki (Minderheitler) und die von Lenin geführten Bolschewiki (Mehrheitler).

1917: Oktoberrevolution Während der 1. Russischen Revolution 1905 kam Lenin nach St. Petersburg und floh nach dem Scheitern des Aufstands nach Paris. Nach dem Sturz des Zaren kehrte Lenin am 16.4.1917 in seine Heimat zurück: In einem plombierten Eisenbahnwagen reiste

er über Deutschland und Schweden nach Rußland. Einen Tag später veröffentlichte er seine Aprilthesen, die neben der Zerschlagung des Staatsapparats eine Bodenreform und die Vergesellschaftung der Produktionsmittel vorsahen. Während des Bürgerkriegs mußte Lenin nach Finnland fliehen. Dort bereitete er den bewaffneten Aufstand vor, der in die Oktoberrevolution mündete.
Am 7.11.1917 gelangten die Bolschewiki endgültig an die Macht. Lenin führte ein Rätesystem ein und stand als Vorsitzender des Rats der Volkskommissare (ab 8.11.1917) selbst an der Spitze des Staates. Am 30.8.1918 wurde er bei einem Attentat der Sozialrevolutionärin Fanny Kaplan schwer verletzt.
Außenpolitisch wollte Lenin die «Weltrevolution» mit der 1919 gegründeten Kommunistischen Internationale (Komintern) vorantreiben. Seine Auffassung vom langfristigen dialektischen Prozeß der geschichtlichen Bewegung erlaubte es ihm, in eingeschränktem Maße kapitalistische Wirtschaftsweisen zuzulassen (Neue Ökonomische Politik, NEP).

Wladimir Iljitsch Lenin, 1920

Ab 1919: Machtkonzentration Die KP (Gründung 1918) übte die Alleinherrschaft im Lande aus. Lenin versuchte, die Macht in möglichst wenigen Händen zu vereinen und schuf 1919 mit dem Politbüro eine kleine Führungselite. Zwei Jahre später verbot er die Fraktionsbildung und zwang dadurch Abweichler unter das Banner der Partei. Zu spät erkannte er, welch verhängnisvolle Entwicklung er mit dieser autoritären Maßnahme eingeleitet hatte: Die Macht der Apparate wuchs in dem Maße, in dem sich die Freiheit der Masse verringerte. Die größte Gefahr sah Lenin in Josef Stalin, der nach Gründung der UdSSR (1922) als KP-Generalsekretär eine immer größere Machtfülle erhielt.

Ab 1922: Krankheit Von zwei Schlafanfällen geschwächt, versuchte Lenin im Januar 1923 in einem Nachtrag zu seinem Testament die Ablösung Stalins zu erreichen. Doch das Ansinnen des Todkranken blieb ohne Folgen. 53jährig starb Lenin nach seinem dritten Schlaganfall, laut offiziellem Bulletin an einer ausgeprägten Sklerose der Hirngefäße «infolge übermäßiger geistiger Tätigkeit». Hier deutete sich bereits die Heldenverehrung des Mannes an, der Personenkult stets gehaßt hatte und schließlich einbalsamiert zur Schau gestellt wurde.

Rosa Luxemburg

(5.3.1870–15.1.1919)

▸ Freiheit für Andersdenkende ◂

Als Mitbegründerin der Polnischen Sozialdemokratischen Partei und der Kommunistischen Partei Deutschlands gehörte die radikale Sozialistin zu den führenden Vertreterinnen der politischen Linken um die Jahrhundertwende. In ihren Schriften entwickelte sie einen unorthodoxen humanistischen Marxismus, der jahrzehntelang auch die Sozialdemokratie beeinflußte.

Die Tochter eines wohlhabenden jüdischen Holzhändlers kam als jüngstes von fünf Kindern in Zamość/Russisch-Polen zur Welt. Im Alter von vier Jahren erkrankte Rosa an einem Hüftleiden, das sie ein Jahr lang ans Bett fesselte und zu einer lebenslangen Gehbehinderung führte. In dieser Zeit lernte das hochbegabte Kind dreisprachig lesen und schreiben. Mitte der 70er Jahre zog die Familie nach Warschau, wo Rosa das Gymnasium besuchte. Wegen der dortigen antisemitischen Diskriminierung schloß sie sich bereits mit 15 Jahren der im Untergrund organisierten Arbeiterbewegung an.

1889–98: Schweizer Exil Um der drohenden Verhaftung zu entgehen, floh Rosa Luxemburg 1889 in die Schweiz, wo sie Nationalökonomie und Staatswissenschaft an der Universität Zürich studierte und 1898 promovierte. In Zürich kam sie in Kontakt mit führenden Marxisten (Pavel Axelrod, Georgi Plechanow), mit denen sie sich jedoch bald über die Frage der polnischen Unabhängigkeit entzweite. Für Luxemburg zählte nur die Sozialistische Internationale, deshalb lehnte sie Nationalismus ab. Zusammen mit ihrem Freund und zeitweiligen Geliebten Leo Jogiches gehörte sie 1893 zu den Mitbegründern der Sozialdemokratischen Partei des Königreichs Polen, der Keimzelle der späteren Kommunistischen Partei.

1898–1904: Revisionismusdebatte Durch ihre Scheinehe mit Gustav Lübeck erhielt sie 1898 die deutsche Staatsbürgerschaft und siedelte nach Berlin über, um sich dort in der damals weltweit mächtigsten Arbeiterbewegung zu engagieren (Eintritt in die SPD 1898). Im selben Jahr erreichte die Revisionismusdebatte um die Theorien des SPD-Vordenkers Eduard Bernstein einen Höhepunkt. Luxemburg stellte sich entschieden gegen eine Revision der revolutionären marxistischen Lehre und gegen den Versuch, den Kapitalismus zu reformieren («Sozialreform oder Revolution», 1889). Zusammen mit Karl Kautsky setzte sie ihren radikalen Kurs innerhalb der Partei durch.

1905: Russische Revolution Die Revolution in Rußland stellte ein zentrales Ereignis in ihrem Leben dar. Luxemburg nahm am Aufstand in

Warschau teil, wurde 1906 verhaftet und nach vier Monaten gegen Kaution entlassen. Unter dem Eindruck der Revolution entwickelte sie ihre Theorie des spontanen Massenstreiks als der wichtigsten Waffe des Proletariats («Massenstreik, Partei und Gewerkschaften», 1906) und setzte sich damit in Gegensatz zu Lenins Konzeption eines von der Parteispitze gelenkten Aufstands.

1907–14: Vor dem Weltkrieg Ab 1907 lehrte sie an der sozialdemokratischen Parteischule in Berlin (bis 1914) und engagierte sich in der Friedensbewegung. In «Die Akkumulation des Kapitals» beschrieb sie 1913 den Imperialismus als Schlußphase des Kapitalismus. Ihr kompromißloser Kampf für die Radikalisierung des Proletariats führte schließlich zum Bruch mit den Parteiführern August Bebel und Karl Kautsky.

1914–18: 1. Weltkrieg Wegen antimilitaristischer Tätigkeit wurde sie im Februar 1914 zu einem Jahr Haft verurteilt, die sie 1915/16 verbüßte. Zusammen mit Karl Liebknecht führte sie seit 1914 die linke Opposition gegen den Krieg an; beide riefen 1916 die Gruppe Internationale (1918 Spartakusbund) ins Leben. Die theoretischen Grundlagen der Organisation legte Luxemburg mit iher Schrift «Die Krise der Sozialdemokratie» (1916), in der sie insbesondere Grundsätze des revolutionären Antikriegskampfes entwickelte. Ihre Teilnahme an einer Friedensdemonstration in Berlin war Anlaß für ihre erneute Inhaftierung (1.5.1916–9.11.1918). Nach der Oktoberrevolution 1917 kritisierte sie die Praxis der

Rosa Luxemburg

Bolschewiki, mit Gewalt gegen Andersdenkende vorzugehen.

1918/19: Revolution und Tod Sofort nach ihrer Befreiung aus der Haft agitierte sie u.a. in der Zeitschrift «Rote Fahne» für die Revolution. Am 31.12.1918 war Luxemburg Gründungsmitglied der Kommunistischen Partei Deutschlands (KPD) und setzte sich für die Räterepublik ein. Den Einfluß der Bolschewiki versuchte sie einzudämmen: Als überzeugte Demokratin widersetzte sie sich Lenins diktatorischer Herrschaft («Die russische Revolution», postum 1922). Beim Berliner Spartakusaufstand im Januar 1919 wurde Luxemburg zusammen mit Karl Liebknecht verhaftet und von Angehörigen der Regierungstruppen erschossen. Ihre Leiche, die man erst im Mai aus dem Landwehrkanal barg, wurde im Juni beigesetzt.

Makarios III.

(13.8.1913–3.8.1977)

▸ Erzbischof kann Teilung nicht verhindern ◂

Der erste Staatspräsident Zyperns (1960–74 und 1974–77) und Führer der zypriotisch-orthodoxen Kirche brachte seinem Land die Unabhängigkeit von Großbritannien. Allerdings konnte der charismatische Landesvater die Teilung des Inselstaats in einen türkischen und einen griechischen Teil nach einem Militärputsch 1974 nicht verhindern.

Michail Christodoulos Mouskos, als Sohn armer Bauern in Pano Panajia auf Zypern geboren, bekam als Novize seine gymnasiale Ausbildung auf Kosten des Klosters. Mit 25 Jahren erhielt er die Weihe zum griechisch-orthodoxen Diakon, mit 30 beendete Mouskos sein Theologie- und Jurastudium in Athen und Nikosia. Drei Jahre später wurde er Priester. Durch ein Stipendium setzte er seine universitäre Ausbildung (Theologie und Soziologie) in Boston/USA fort, brach das Studium nach seiner Ernennung zum Bischof von Kition/Zypern aber 1948 ab.

Ab 1948: Bischof und Politiker Mouskos, der während des 2. Weltkriegs in griechischen Untergrundgruppen gegen die faschistischen Besatzer kämpfte, gründete die Enosis-Bewegung neu: Ziel war die Vereinigung der Insel mit Griechenland. Eine 1950 von der Enosis mitgetragene Volksbefragung signalisierte rd. 95 % Zustimmung. Im gleichen Jahr wurde Mouskos als Makarios III. Erzbischof der orthodoxen Kirche und Ethnarch (Volksgruppenführer) der griechischen Zyprioten (rd. 80 % der Bevölkerung).

Ab 1955: Konflikt mit Briten Der beliebte Erzbischof entwickelte sich für die britischen Kolonialherren zur Bedrohung, als er die Einheimischen 1955 gemeinsam mit der Untergrundbewegung EOKA um Oberst Georgios Grivas zum passiven Widerstand aufrief. Die Briten verbannten Makarios auf die Seychellen (1956), ein Jahr später kam er nach Athen, durfte jedoch nicht nach Zypern reisen. Die Unabhängigkeit der Insel war allerdings nicht mehr zu verhindern: Am 23.2.1959 wurde das Zypern-Abkommen unterzeichnet. Makarios, der das Vertragswerk als Verhandlungsführer der griechischen Volksgruppe entscheidend beeinflußt hatte, kehrte im Triumph auf die Insel zurück. Als erster Staatspräsident seines Landes rief er am 16.8.1960 die demokratische Republik aus.

Ab 1963: Konflikt mit Türken Steter Unruhefaktor auf Zypern blieb das Zusammenleben der griechischen und türkischen Volksgruppen, die beide versuchten, ihre Rechte in der Verfassung auszubauen. Ende 1963 kam es zum Konflikt, als die griechische Mehrheit die weitreichenden politischen Vetorechte der türkischen Minderheit gewaltsam beschneiden wollte. Die Türken flohen in den Norden, UNO-Einheiten versuchten vergeblich, die Ruhe wiederherzustellen. Die Türkei und Griechenland drohten einander mit militärischem Eingreifen und legten die Krise schließlich bei, ohne Makarios zu den Verhandlungen hinzuzuziehen. Bei den Präsidentschaftswahlen von 1968, bei den nur die griechischen Bürger stimmberechtigt waren, wurde Makarios III. mit rund 95 % Stimmenanteil im seinem Amt bestätigt.

Ab 1970: Entscheidung für Zypern Makarios' alter Kampfgefährte Grivas war der Enosis und der engen Anlehnung an Griechenland treu geblieben, während Makarios der inzwischen regierenden Militärregierung in Athen reserviert gegenüberstand. Vor den Wahlen von 1970 wurden die Männer zu Gegnern: Das Volk stimmte für Makarios und ein eigenständiges Zypern. Die Beziehungen zu Griechenland verschlechterten sich drastisch, die griechische Bevölkerung spaltete sich in zwei Lager. Makarios entging mehreren Attentaten nur knapp, im Mai 1972 scheiterte ein Putschversuch der Armee. Nach Grivas' Tod (1974) entschärfte sich die Lage zwischenzeitlich, die Armee blieb jedoch eine ständige Gefahr für den 1973 wiedergewählten Präsidenten.

1974: Putsch und Teilung Im Juli 1974 putschte die von Griechenland gelenkte Nationalgarde und setzte Makarios ab, der nach London entkommen konnte. Um die Interessen der türkischen Volksgruppe, angeführt von Rauf Denktasch, zu wahren, besetzte die Türkei den Nordosten der Insel. Die anschließende Friedenskonferenz der Vereinten Nationen endete erfolglos.

Makarios III., 1974

Im Dezember kehrte Makarios erneut im Triumph in seine Heimat zurück, doch konnte der alte und neue Staatspräsident die politische Teilung Zyperns nicht verhindern: 1976 wurde Denktasch Präsident eines türkisch-zypriotischen Föderationsstaates. Beide Politiker trafen im Januar und Februar 1977 zusammen, um über eine politische Annäherung zu sprechen – die Konferenzen blieben jedoch ohne Erfolg. Ein halbes Jahr später starb Makarios III. kurz vor seinem 64. Geburtstag in Nikosia an den Folgen eines Herzinfarkts. Das Amt des Staatschefs übernahm sein langjähriger enger Vertrauter, Spyros Kyprianou.

Nelson Rohlihlahia Mandela

(*18. 7. 1918)

▸ Der Mythos des schwarzen Afrika ◂

Der Führer des African National Congress ist Symbolfigur der schwarzen Südafrikaner im Kampf gegen die Apartheid. Auch in seiner 28jährigen Haft (1962–90) ließ er sich nicht von seinen Zielen abbringen. Nach seiner Freilassung erreichte er in Verhandlungen mit dem weißen Regime das Ende der Apartheid und wurde im Mai 1994 zum ersten schwarzen Staatspräsidenten Südafrikas gewählt.

Die Mutter von Nelson Mandela, geboren in Umtata/Transkei, war Nebenfrau eines Stammeshäuptlings der Xhosa.
Nelson wuchs mit drei Geschwistern auf und studierte ab 1938 Rechtswissenschaften in Fort Hare, einer Universität für Farbige. Wegen der Organisation eines Studentenstreiks wurde er bereits nach zwei Jahren von der Hochschule verwiesen. 1941 ging er nach Johannesburg, wo er u. a. als Polizist und Aufseher in den Goldminen arbeitete. Im Fernstudium erwarb er 1942 den Abschluß als Rechtsanwalt.

1942: ANC-Beitritt Unter dem Einfluß des Schwarzenführers Walter Sisulu trat Mandela 1942 dem African National Congress (ANC) bei. Unzufrieden mit der gemäßigten Politik des ANC, gründete er 1944 mit Sisulu und Oliver Tambo die sog. Jugendliga. Diese Gruppierung trat für die afrikanische Selbstbestimmung ein und wollte den ANC in eine militante afrikanische Organisation umformen. 1947 wurde Mandela, seit drei Jahren mit einer Nichte Sisulus verheiratet, Vorsitzender der Jugendliga.

Ab 1949: Organisation des Widerstands Wenige Monate nach dem Wahlsieg der Nationalisten (26. Mai 1948), die für eine Ausweitung der Apartheid eintraten, übernahm die Jugendliga die Kontrolle über den ANC. Unter dem neuen Vorsitzenden Albert Luthuli wurde Mandela Generalsekretär und machte den ANC zur entscheidenden politischen Kraft der Schwarzen. Nach der Organisation von Kampagnen zivilen Ungehorsams wurde Mandela 1952 verhaftet und erstmals mit einem Bann belegt: Für ein Jahr durfte er nicht an Versammlungen teilnehmen und Johannesburg nicht verlassen. Während des erzwungenen Rückzugs aus der Politik eröffnete er mit Tambo die erste afrikanische Anwaltskanzlei des Landes.

1955: Volkskongreß Im Untergrund bereitete Mandela den Volkskongreß vom 26. 6. 1955 vor. Verkleidet als Taxifahrer, verfolgte er aus einem Hotelfenster, das dem Versammlungsort in Kliptown gegenüberlag, wie Vertreter verschiedener Rassengruppen (Schwarze, Inder, Mischlinge, Weiße) die von ihm initiierte Freiheitscharta verabschiedeten.

1956 wurde Mandela mit mehr als 150 anderen Volkskongreß-Teilnehmern verhaftet und wegen Hochverrats angeklagt (Freispruch 1961). Gegen Kaution kam er auf freien Fuß und organisierte weiterhin Widerstandskampagnen. Sie fanden ihren blutigen Höhepunkt bei Protesten gegen die Paßgesetze am 21.3.1960 in Sharpeville. Die Regierung verhängte den Ausnahmezustand (30.3.) und verbot den ANC (8.4.). Für diesen Fall hatte Mandela einen Plan entwickelt, der dem ANC die Existenz sichern sollte. Überall im Land bildeten sich nun kleine politische Zellen, die sich der staatlichen Überwachung entzogen.

Ab 1961: Untergrundarbeit Im Untergrund baute Mandela 1961 die militante Organisation Speer der Nation auf, die mit Sabotageaktionen für politische Veränderungen kämpfte. Obwohl Schwarze das Land nicht verlassen durften, reiste Mandela Mitte 1962 nach Großbritannien und in einige afrikanische Länder, um für finanzielle Unterstützung und die Ausbildung von ANC-Kämpfern zu werben. Einen Monat nach seiner Rückkehr wurde er verhaftet (5.8.1962) und zu fünf Jahren Gefängnis wegen «Anstiftung zum Streik und Verlassen des Landes ohne Reisedokumente» verurteilt (7.11.1962). Wegen Vorbereitung und Durchführung von mehr als 150 Sabotageaktionen verhängten die Richter in einem weiteren Prozeß am 12.7.1964 eine lebenslange Haftstrafe gegen ihn.

1964–1990: Haft Obwohl er weder zitiert noch Fotos von ihm veröffentlicht werden durften, avancierte Mandela während seiner Haftzeit zum Mythos des schwarzen Südafrika. Trotz schwerer Krankheit blieb er unbeugsam und lehnte das Angebot der Regierung auf Haftentlassung bei öffentlichem Gewaltverzicht ab. Am 11.2.1990 ließ ihn Staatspräsident Frederik Willem de Klerk ohne Bedingungen frei. Die Schwarzen bereiteten Mandela einen triumphalen Empfang. Ein Jahr später trennte er sich von seiner zweiten Frau Winnie (Heirat 1958, zwei Kinder).

Nelson Mandela mit dem südafrikanischen Präsidenten Frederik de Klerk

Ab 1991: Abbau der Apartheid In Verhandlungen mit Präsident de Klerk erreichte Mandela – ab 1991 ANC-Präsident – das Ende der Apartheid und die ersten freien Wahlen unter gleichberechtigter Beteiligung der schwarzen Bevölkerungsmehrheit. 1993 erhielten beide Politiker den Friedensnobelpreis. Trotz Kritik von radikalen Schwarzenorganisationen an seiner aus Ausgleich bedachten Politik, gewann der ANC die Wahlen Ende April 1994 mit knapp zwei Dritteln der abgegebenen Stimmen.

Mao Zedong

(26.12.1893–9.9.1976)

▸ Der lange Marsch zur Macht ◂

Der chinesische Staatschef (1949–59) und Vorsitzende der Kommunistischen Partei (1943–76) begründete einen eigenen, von der UdSSR unabhängigen Weg Chinas zum Sozialismus und etablierte sein Land als dritte Weltmacht neben Sowjetunion und USA. Maos gesellschaftliche Lehre (Maoismus), seine Kritik an Bürokratismus und sozialem Stillstand beeinflußten die europäische Studentenbewegung der 60er Jahre sowie zahlreiche Unabhängigkeitsbewegungen der Dritten Welt.

Der Sohn eines wohlhabenden Bauern und Kornhändlers im Dorf Shaoshan/Provinz Hunan verbrachte einen Großteil seiner Kindheit mit Landarbeit. Als Jugendlicher verließ er die Familie, um seine vernachlässigte Schulbildung in Changsha, der Hauptstadt einer Nachbarprovinz, fortzusetzen. Dort erlebte Mao im Oktober 1911 mit 18 Jahren die Revolution gegen die Manchu-Dynastie. Er wurde Soldat der Revolutionstruppen, lernte die Anschauungen des Nationalistenführers Sun Yatsen, aber auch die liberalen politischen und philosophischen Ideen der westlichen Welt kennen.

1919: Mao wird Kommunist An der Pekinger Universität schloß sich Mao Zedong der Studentenbewegung «Vierter Mai» an, die den Marxismus-Leninismus propagierte und 1919 die Kommunistische Partei Chinas (KPCh) gründete. Von der Kraft der eigenen Argumente überzeugt, rief Mao 1920 – inzwischen Schuldirektor in seiner Heimat Hunan – eine regionale Parteigruppe ins Leben. Er heiratete seine erste Frau Yang Kaihui (ermordet 1930; zweite Ehefrau: He Zizhen; Scheidung 1939; dritte Frau: Jiang Qing; eigentlich: Lan Ping).

Ab 1923: Bündnis und Kampf gegen Nationalisten 1923 gab Mao seinen Beruf auf und verschrieb sich ganz der Politik. Er erkannte die Bedeutung der Landbevölkerung für die Revolution, gründete erste Bauernverbände und schulte deren Vorsitzende. Das Bündnis der KPCh mit der Kuomintang (Nationalistische Partei Sun Yatsens; Führer ab 1925 Chiang Kaishek) gegen die Militärherrscher in Peking zerbrach 1926 an der Rivalität beider Gruppen. Die Bauern hinter sich, begann Mao einen langjährigen Guerillakampf gegen die Kuomintang, zunächst als Politkommissar der Roten Armee (Ernennung 1928). Ab 1931 war er Vorsitzender der selbstgegründeten chinesischen Räterepublik in Kiangsi, die rasch Zulauf aus der Landbevölkerung bekam und erste bescheidene Erfolge gegen die Truppen Chiang Kaisheks feierte.

1934/35: Der Lange Marsch Um der drohenden Übermacht der Kuomintang-Eliteeinheiten zu entgehen, brach Mao im Oktober 1934 mit dem Gros der Roten Armee zum Langen Marsch auf. Von 90000 Soldaten überstand nur knapp jeder dreizehnte die 12000 km nach Schensi (Nordwestchina), wo der neue Hauptstützpunkt der Partei gegründet wurde. Den Gegensatz zur Kuomintang überdeckte ab 1937 die Antifaschistische Einheitsfront gegen den gemeinsamen Kriegsgegner Japan (bis 1945). Die kampferprobten Guerillaverbände Maos wuchsen auf eine Million Soldaten an, in zahlreichen Dörfern entstanden politische Kleinzellen der Kommunisten.

Ab 1938: Mao bestimmt Weg der KPCh Zu Beginn der 40er Jahre legte Mao sein Ziel eines chinesischen Wegs zum Marxismus fest. 1943 setzte er sich gegen den moskautreuen Flügel der Partei durch und wurde Vorsitzender des Zentralkomitees (bis 1976). Der Bürgerkrieg gegen die stalinorientierte Kuomintang trat in seine entscheidende Phase: Mao siegte und übernahm die Macht in der neugegründeten Volksrepublik China (1949).

Ab 1949: Aufbau des Maoismus Nach ersten Landreformen und Kollektivierung der Agrarwirtschaft strebte Mao tiefgreifende gesellschaftliche Umwandlungen an. Er initiierte die «Hundert-Blumen-Bewegung»: Durch größere Meinungsfreiheit sollten die Intellektuellen Anreize bekommen, sich verstärkt für die Wirtschaftsentwicklung zu engagieren. Zudem propagierte Mao den «Großen Sprung nach vorn» – kleine flexible Volkskommunen sollten überall im Land die bisherigen kapitalintensiven Großprogramme ablösen.

Mao Zedong, 1967

60er Jahre: Rückzug und Kulturrevolution Als beide Ansätze zu scheitern drohten, kam die Stunde seiner orthodoxen Kritiker. Mao trat 1959 als Staatschef zurück (Nachfolger: Liu Shaoji), blieb jedoch Parteivorsitzender. Den drohenden Revisionismus (die Aufgabe des chinesischen Sonderwegs) vereitelte er 1966 mit der Großen Proletarischen Kulturrevolution (bis 1969): Mit Hilfe einer Volksbefreiungsarmee setzte sich Mao mit Gewalt gegen die starke Parteibürokratie und die Opposition durch. Der Kult um seine Person steigerte sich, als sich die westliche Studentenbewegung Maos Ideen in ihrem Kampf gegen verkrustete Hierarchien zu eigen machte. Die «Worte des Vorsitzenden Mao» (die sog. Mao-Bibel) wurden seitdem weltweit in rund 800 Millionen Exemplaren verkauft. Nach Maos Tod 1976 begann die «Entmaoisierung» mit der Entmachtung der sog. Viererbande (u.a. Maos Witwe Jiang Qing) sowie die Rehabilitierung der Oppositionellen.

Ferdinand Edralin Marcos

(11. 9. 1917–28. 9. 1989)

▸ Selbstbedienung mit Weltmachtsegen ◂

Der philippinische Staatspräsident (1965–86) und dann Premierminister (1973–81) schwang sich mit Unterstützung der USA zum Diktator auf. Mit seiner Ehefrau Imelda beutete er sein Land systematisch aus.

Ferdinand Marcos trat in die Fußstapfen seines Vaters, eines Juristen und Politikers aus der Region Ilicos Norte: Mit 17 Jahren begann er ein Jurastudium, das die Eltern – seine Mutter war Tochter eines Großgrundbesitzers – finanzierten.

1938: Unter Mordanklage Mit 21 stand der leidenschaftliche Sportler (u. a. Kunstschütze) wegen Mordes an einem politischen Gegner seines Vaters vor Gericht: Ferdinand wurde verurteilt und beendete sein Studium 1939 hinter Gittern – mit Auszeichnung. Der junge Rechtsanwalt verlangte die Neuaufnahme seines Verfahrens, verteidigte sich selbst und wurde vom Obersten Gerichtshof freigesprochen.

40er Jahre: Die Mär vom Kriegshelden Nach dem Ende der japanischen Invasion im 2. Weltkrieg (1945) schuf sich Marcos eine Heldenlegende: Er erdachte eine Guerilla-Einheit, mit der er gegen die Japaner gekämpft habe, ließ sich als mehrfach verwundeter Kriegsheld feiern und erhielt dank gefälschter Papiere von den USA und in seinem Heimatland 27 Kriegsauszeichnungen – mehr als jeder andere philippinische Soldat. Die Wahrheit war weniger schmeichelhaft: Marcos hatte die japanischen Einheiten während des Krieges als Schwarzhändler beliefert.

1949–65: Aufstieg zur Macht Der vermeintliche Kriegsheld benutzte seine «Erfolge» für seine Karriere als Politiker: 1949 eroberte Marcos einen Sitz in der Abgeordnetenkammer für die Liberale Partei in seiner Heimatprovinz, zehn Jahre später schaffte er den Sprung in den Senat. Nach Differenzen mit Präsident Diosdado Macapagal trat er als Vorsitzender der Liberalen Partei 1964 zu den Nationalisten über, wo er ebenfalls den Parteivorsitz übernahm. Seine Kontakte zur ehemaligen Kolonialmacht USA verhalfen ihm 1965 zum Amt des Staatspräsidenten, als er dank finanzieller Unterstützung aus Washington die Wahlen gegen Macapagal gewann.

Ab 1965: Diktatur als Staatspräsident Entgegen seinen Wahlversprechen (Kampf gegen Ungerechtigkeit und Korruption) bereicherte sich Marcos selbst am Volksvermögen und baute eine Gruppe ihm ergebener Provinzherrscher überall im Land auf. Sinnbild der Verschwendungssucht wurde seine Ehefrau Imelda (Heirat 1954, zwei Kinder). Die ehemalige Schönheitskönigin, später Wohnungsbauministerin, för-

derte die Karriere ihres Mannes und erlangte aufgrund ihrer umfangreichen Garderobe (rd. 2700 Paar Schuhe), aber auch als Vertreterin ihres Landes auf internationalen Konferenzen sowie in China, weltweite Bekanntheit.
Trotz allen Machtmißbrauchs wurde Marcos 1969 als erster Präsident der Philippinen in seinem Amt bestätigt (rund 90 % Ja-Stimmen). Als immer mehr Bürger gegen die undemokratische Regierung und die katastrophalen sozialen Verhältnisse aufbegehrten, ging Marcos mit Gewalt gegen die Oppositionellen vor. Nach schweren Unruhen auf den südlichen Inseln verhängte er 1972 das Kriegsrecht, schränkte die Pressefreiheit ein, verbot alle Parteien und ließ sich 1973, 1977 und 1981 nach inszenierten Wahlen als Sieger feiern.
Außenpolitisch blieb Marcos Verbündeter der USA, die er ab 1967 im Vietnamkrieg mit Truppen unterstützte. Die US-Präsidenten Lyndon B. Johnson und Richard Nixon benötigten den Diktator, um ihre Militärbasen auf den Philippinen zu sichern, und sahen in dem Inselstaat ein Bollwerk gegen den Kommunismus in Fernost.

Ab 1980: Widerstand nimmt zu Als unumschränkter Herrscher kündigte Marcos 1980 für 1984 die Rückkehr zur Demokratie an und hob das Kriegsrecht auf. Die Unruhen nahmen dennoch zu. Grund war der Tod des Hoffnungsträgers der zerstrittenen Opposition, Benigno Aquino, der 1983 bei seiner Rückkehr aus amerikanischem Exil noch am Flughafen erschossen wurde. Obwohl Marcos' Verwicklung in den Mord

Ferdinand Marcos, 1974

nicht nachgewiesen wurde, büßte der Diktator ständig an Rückhalt ein. 1984 verlor er seine Zweidrittelmehrheit gegen die geeinte Opposition, die 1986 Aquinos Witwe Corazón zur Präsidentschafts-Gegenkandidatin kürte. Zwar wurde Marcos im Februar 1986 mit rund 1,5 Mio. Stimmen Vorsprung von der Nationalversammlung zum Wahlsieger erklärt, wegen Manipulationen setzte die Bevölkerung – gemeinsam mit Teilen des Militärs – die Vereidigung Aquinos zur neuen Präsidentin durch.

Ab 1986: Leben im Exil Marcos wurde zusammen mit seiner Frau Imelda sowie rund 7 Mio. Dollar im Handgepäck von den USA nach Hawaii ausgeflogen. Mit 72 Jahren erlag Marcos 1989 einem Nierenleiden. Der Leichnam wurde erst 1993 beerdigt, nachdem der neue Staatschef Fidel Ramos einer Bestattung auf den Philippinen zugestimmt hatte.

Tomáš Garrigue Masaryk

(7.3.1850–14.9.1937)

▸ Philosoph gründet Staat ◂

Der Philosophieprofessor kämpfte gegen rückwärtsgewandte nationalistische Tendenzen und verwirklichte 1918 seine Vision eines unabhängigen Staates der Tschechen und Slowaken. Masaryk war erster Präsident der 1. Tschechoslowakischen Republik.

Masaryk wurde in Göding (Hodonín) geboren. Sein slowakischer Vater war Kutscher, seine mährische Mutter, aufgewachsen in einem deutschen Umfeld, arbeitete als Dienstmagd. Nach einer Schlosserlehre besuchte Masaryk, gefördert von einem Industriellen, ein deutsches Gymnasium in Brünn; anschließend studierte er in Wien Philosophie (Promotion 1876, Habilitation 1892). Während eines Studienaufenthaltes in Leipzig lernte er die amerikanische Musikstudentin Charrlotte Garrigue kennen, die er 1878 heiratete.

1882–1900: Eintritt in das politische Leben 1882 kam Masaryk als Philosophieprofessor an die Karls-Universität in Prag. Vehement wandte sich der Akademiker gegen romantische und panslawistische Strömungen und warb für eine europäisch orientierte Politik der Tschechen. 1891 gelangte er als Abgeordneter der Jungtschechischen Partei ins Wiener Parlament. Zwei Jahre später gab Masaryk das Mandat aus Protest gegen tschechischen Nationalismus wieder auf.

1900–14: Arbeit in der eigenen Partei 1900 gründete Masaryk die Realistenpartei, die den Ausgleich mit den Deutschen auf der Basis der Gleichberechtigung suchte. Masaryk, dessen Arbeit stets von starken Moralvorstellungen geprägt war, genoß durch seinen Einsatz für die Rechte der Slawen in der Donaumonarchie sowie durch sein mutiges Eintreten gegen Antisemitismus große Sympathien in der Arbeiterschaft. Nach der Einführung des allgemeinen Wahlrechts, für das er gemeinsam mit den Arbeitern demonstriert hatte, zog er erneut als Abgeordneter in das Wiener Parlament, den Reichsrat, ein.

1914–18: Führer der Unabhängigkeitsbewegung Der Ausbruch des 1. Weltkriegs führte Masaryk ins Ausland, wo er versuchte, die Westmächte für einen unabhängigen Staat der Tschechen und Slowaken zu gewinnen. Im Februar 1916 rief er in Paris den tschechischen Nationalrat als Sprachrohr der Unabhängigkeitsbewegung ins Leben.
Nach der russischen Oktoberrevolution organisierte der 67jährige in Rußland eine Armee aus etwa 80 000 ehemaligen tschechischen Kriegsgefangenen, die das kriegsmüde Rußland im Kampf gegen die Mittelmächte unterstützten. Diese Aktion

verschaffte den Tschechen großen Zuspruch in den USA und bewog Präsident Woodrow Wilson zur Aufgabe seines Plans, Österreich-Ungarn zu erhalten.

1918: Unabhängigkeit Die alliierte Zustimmung für einen unabhängigen tschechoslowakischen Staat erhielt Masaryk im Mai 1918 in den USA. Das sog. Pittsburgher Abkommen (30.5.1918) regelte die Beziehungen zwischen Tschechen und Slowaken in dem neuen Staatsgebilde. Am 18.10.1918 erklärte Masaryk in Washington die Unabhängigkeit, zehn Tage später wurde in Prag die Tschechoslowakische Republik ausgerufen. Zum ersten Präsidenten wählten die Abgeordneten der Nationalversammlung Masaryk.

Tomáš Garrigue Masaryk

1918–35: Präsident der ČSR Der Nationalitätenkonflikt zwischen den Tschechen und Slowaken sowie die radikalen Forderungen nationaler Minderheiten bestimmten Masaryks Amtszeit. Am 14.9.1935 trat der dreimal Wiedergewählte (1920, 1927, 1934) nach einem Schlaganfall zurück; Nachfolger wurde sein Weggefährte Eduard Beneš. 87jährig starb Masaryk auf Schloß Lana bei Prag. Sein Tod ersparte es ihm, das Ende der von ihm erkämpften Republik erleben zu müssen (1939).

Masaryks Kampf gegen Nationalismus und Engstirnigkeit

Handschriftenstreit (1886–86)
Zwei Handschriften, die angeblich aus dem 9. bzw. 13. Jh. stammten, wurden als erste tschechische Sprachdenkmäler gedeutet. Der erwachende Nationalismus machte aus ihnen ein Heiligtum. Masaryk und Johann Gebauer bewiesen 1888, daß es sich bei den Handschriften um Fälschungen handelte.

Hilsner-Affäre (1899)
Eine Mordaffäre in Polna wurde von den Staatsorganen für eine antisemitische Hetzjagd benutzt; angeblich sollten einige Juden einen Ritualmord verübt haben. Masaryk bewies ihre Unschuld.

Zagreber Hochverratsprozeß (1909)
Hochverratsprozeß gegen 53 Kroaten, die durch Dokumente des österreichisch-ungarischen Außenministers Achenthal belastet wurden. Masaryk wies nach, daß es sich um Fälschungen handelte.

François Mitterrand

(*26.10.1916)

▸ «Schiedsrichter der Nation» – Vorreiter für Europa ◂

Der französische Staatspräsident (seit 1981) wandelte sich vom reformfreudigen Sozialisten zum pragmatischen Staatsmann der Mitte, der die militärische und kulturelle Rolle Frankreichs betont. Zusammen mit Deutschland eroberte er eine Führungsposition auf dem Weg zur europäischen Einheit.

Das fünfte von acht Kindern eines katholischen Essigfabrikanten aus Jarnac/Charente studierte ab 1934 Philologie in Paris (Abschluß in Soziologie und Französischer Literatur). Ehe Mitterrand 1939 in den 2. Weltkrieg zog, legte er zudem die Juristenprüfung ab und machte sein Diplom in Politik.

Ab 1939: Vom Gefangenen zum Politiker 1940 bei Verdun verwundet, wurde der Unteroffizier 1941 von deutschen Truppen gefangengenommen, konnte jedoch im selben Jahr entkommen. Nachdem er seine Erfahrungen zunächst als Mitarbeiter im Kommissariat für Kriegsgefangene der Vichy-Regierung zur Verfügung gestellt hatte, schloß er sich bis Kriegsende der Résistance an, wo er seine spätere Frau Danielle Gouze kennenlernte (Heirat 1944; zwei Söhne). Von General Charles de Gaulle zum Generalsekretär für Angelegenheiten der Kriegsgefangenen und Deportierten berufen, gehörte er 1944 dem ersten Kabinett im befreiten Frankreich an. Bis 1957 war Mitterrand als Minister in zahlreichen Regierungen der Vierten Republik tätig.

Politische Funktionen vor der Präsidentschaft

1944	Generalsekretär für Kriegsgefangene und Deportierte
1946–58	Abgeordneter der Union Démocratique et Socialiste de la Résistance
1947/48	Minister für Frontkämpfer und Kriegsopfer
1950/51	Minister für Übersee-Territorien (Regierungen Pleven und Queuille)
1952/53	Staatsminister (Regierungen Faure und Laniel)
1953	Delegierter im Europarat
Ab 1953	Vorsitzender der Union Démocratique et Socialiste de la Résistance
1954/55	Innenminister (Regierung Mendès-France)
1956/57	Justizminister (Regierung Mollet)
1959–62	Senator des Departements Nièvre
1959–81	Bürgermeister in Château-Chinon/Burgund
Ab 1962	Erneut Abgeordneter der Nationalversammlung
1964–81	Generalrats-Präsident des Departements Nièvre
1965–68	Vorsitzender der Demokratischen und Sozialistischen Linken (FGDS)
1971–80	Erster Sekretär der Sozialistischen Partei (PS)

Ab 1958: Konflikt mit de Gaulle Die häufigen Regierungskrisen führten 1958 zur Vorlage einer Verfassung, die dem Staatspräsidenten (ab 1959 de Gaulle) die Regierungsverantwortung übertrug. Mitterrand wurde zum erbitterten Gegner de Gaulles und dessen neuer Machtfülle. In der UDSR, die Mitterrand 1946 mitgegründet hatte, führte dieser Konfrontationskurs zur Spaltung. Nach den Wahlen von 1958 verlor er seinen Sitz in der Nationalversammlung (Rückkehr 1962).

Ab 1965: Neuanfang und Aufstieg Mit Sozialisten und Radikalsozialisten scheiterte Mitterrand 1965 als Präsidentschaftskandidat des Linksbündnisses (FGDS) erst in einer Stichwahl knapp an de Gaulle. Nach der Wahlschlappe von 1968 (Halbierung der Mandate) trat er als Bündnisvorsitzender zurück und gründete 1971 die Sozialistische Partei, die bei den Wahlen 1972 erfolgreich mit den Kommunisten paktierte. 1974 scheiterte Mitterrand beim zweiten Anlauf auf das höchste Staatsamt, diesmal gegen Giscard d'Estaing (49,2 % der Stimmen), den er sieben Jahre später bezwang.

Ab 1981: Präsident Mitterrand – auch als Schriftsteller erfolgreich – trat vehement sowohl für die kulturelle als auch für die militärische Unabhängigkeit der «Grande Nation» ein. Da er in der Nationalversammlung mit einer Linksregierung (mit Kommunisten) zusammenarbeiten konnte, setzte er seine Reformziele durch: Sozialleistungen für Benachteiligte wurden erhöht, Schlüsselindustrien und Banken verstaatlicht. Nach wirtschaftspolitischen Mißerfolgen (hohe Arbeitslosigkeit, steigende Inflation und Staatsverschuldung) mußten die Sozialleistungen wieder gekürzt, der Reformeifer gebremst werden. Die Sozialisten verloren die Wahlen von 1986; der Sozialist Mitterrand mußte mit dem gaullistischen Premierminister Jacques Chirac zusammenarbeiten (sog. Cohabitation). Der Präsident nutzte die Verfassung, um seine Machtbefugnisse besonders in der Außen- und Sicherheitspolitik zu erweitern. Als «Vater» aller Franzosen wurde er 1988 wiedergewählt (Amtszeit bis 1995).

François Mitterrand bei Bundespräsident Richard von Weizsäcker, 1987

Mitterrand, der während seiner Amtszeit gigantische Neubauprojekte in Paris (z. B. Grand Louvre, Grande Arche de La Défense) realisierte, engagierte sich für die Einheit Europas, die er in Kooperation mit Deutschland voranbrachte (Sozial-, Wirtschafts- und Währungsunion; militärische Zusammenarbeit). Im September 1992 stimmte das Volk den Maastrichter Verträgen zu. Seine Absicht, die europäische Einheit vor der deutschen Wiedervereinigung durchzusetzen, scheiterte jedoch.

Sese-Seko Mobutu

▸ Häuptling aller Ausbeuter ◂

(*14. 10. 1930)

Seit seiner Machtübernahme 1965 stieg der diktatorisch regierende Mobutu zu einem der reichsten Männer der Welt auf, während Zaire verelendete. Dennoch gilt «Le Guide», der sich durch Korruption an der Macht hält, als Integrationsfigur der über 200 Stämme des schwarzafrikanischen Landes.

Mobutu, nach seiner Geburt in Lisala/Äquatorialprovinz auf den Namen Joseph Désiré getauft, gehört zum Stamm der Ngbandi. Nach dem frühen Tod des Vaters, eines Hilfskochs, zog ihn die Mutter, die als Dienstmädchen arbeitete, groß.

Ab 1930: Mitglied der Armee Im Alter von 20 Jahren trat er in Coquilhatville (Belgisch-Kongo) der Kolonialarmee Force Publique bei und stieg schnell zum Feldwebel auf. Unter Pseudonym veröffentlichte er Artikel gegen die belgische Kolonialmacht. 1956 verließ er die Armee, da er als Schwarzer keinen Offiziersrang erreichen konnte, und arbeitete in Lulabourg als Redakteur bei verschiedenen Zeitungen.

1958–61: Weggefährte Lumumbas 1958 siedelte Mobutu mit seiner Frau, die gerade das zweite Kind (von insgesamt sieben) erwartete, nach Brüssel über. Dort kam er in Kontakt mit der kongolesischen Befreiungsbewegung Mouvement National Congolais (MNC) von Patrice Lumumba. Als Lumumba am 30.6.1960 die erste Regierung des unabhängigen Kongo bildete, ernannte er Mobutu zum Staatssekretär. Kurz darauf konnte Mobutu eine Truppenmeuterei friedlich beenden und wurde mit dem Posten des Heereschefs und Verteidigungsministers belohnt.

Das Talent Mobutus, Konkurrenten gegeneinander auszuspielen, bekam sein Gönner Lumumba am 14.9.1960 zu spüren: Mit Unterstützung des Militärs neutralisierte Mobutu die beiden mächtigsten Politiker des Landes – Ministerpräsident Lumumba und Präsident Joseph Kasavubu – und setzte eine Regierung junger Technokraten ein. Anfang 1961 entledigte er sich endgültig Lumumbas und ließ ihn in Katanga absichtlich seinem Todfeind Moïse Tschombé in die Hände fallen, der Lumumba vermutlich ermordete.

1965: Machtübernahme Nach der Reorganisation der Armee übernahm Mobutu am 25.10.1965 in einem unblutigen Putsch die Macht. Mit harter Hand beseitigte er seine Gegner. Er verbat sich jede weitere Hilfe der ehemaligen Kolonialmacht und verstaatlichte Anfang 1967 die von Belgien dominierte Kupferminengesellschaft Union Minière. Aufstände der mehr als 200 Stämme des Landes schlug er mit Hilfe von Söldnerheeren nieder. Seitdem zeigt er sich stets mit Leopardenmütze und einem Häuptlingsstab aus Ebenholz in der Öffenlichkeit.

Ab 1968: Einparteienherrschaft Seine Diktatur manifestierte Mobutu 1968 mit der Ablösung aller bisherigen Parteien durch die von ihm geführte Revolutionäre Volkspartei (MPP, gegründet im April 1967). 1970 wurde er erstmals zum Präsidenten gewählt; ein Jahr später erhielt der Kongo den offiziellen Staatsnamen Zaire. 1972 legte Mobutu seinen christlichen Vornamen ab und nannte sich «Sese Seku Kuku Ngbeandu Waza Banga». In der Lesart der Militärs bedeutete dies: «Der allmächtige Krieger, der durch seine Ausdauer und seinen Siegeswillen eine Eroberung auf die andere folgen läßt». Die offizielle Version für das Volk betonte hingegen die sexuelle Leistungsfähigkeit des Diktators: «Der starke Hahn, der keine Henne unbestiegen läßt».

Ab 1980: Aufstieg zum Superreichen Mobutu präsentierte sich dem Westen als «afrikanisches Bollwerk gegen den Kommunismus» – insbesondere vor dem Hintergrund des Bürgerkriegs im Nachbarland Angola. Trotz massiver US-Wirtschaftshilfe trat Mitte der 80er Jahre das wirtschaftspolitische Versagen Mobutus offen zutage. Zaire, einst mit einer blühenden Landwirtschaft gesegnet (Kaffee, Bananen, Baumwolle), mußte Lebensmittel teuer einführen. Innerhalb von 20 Jahren hatte Mobutu aus einem der reichsten Länder Afrikas (Bodenschätze wie Kupfer, Kobalt und Edelsteine) eines der Armenhäuser des Kontinents gemacht. Gleichzeitig stieg er

Sese-Seko Mobutu, 1991

mit einem geschätzten Vermögen von 5 Mrd. Dollar zu einem der reichsten Männer der Welt auf.

Ab 1990: Verstärkter Druck Anfang 1990 erlebte Mobutu, der sich seine absolute Machtposition durch Vetternwirtschaft und Ämterpatronage sicherte, erste Demonstrationen gegen sein Regime. Auf Druck der USA, denen er nach dem Zusammenbruch des Ostblocks nicht mehr mit einem «Frontwechsel» drohen konnte, kündigte «Le Guide», so die offizielle Anrede, im April 1991 seinen Verzicht auf alle Regierungsämter und die Zulassung von Parteien an. Ein Jahr später wurde als Gegengewicht zum weiterhin amtierenden Staatsoberhaupt Mobutu eine Übergangsregierung des Nationalen Exekutivrats gebildet.

Benito Mussolini

(29.7.1883–28.4.1945)

▸ (Alp-)Traum vom faschistischen Endsieg ◂

Der erste faschistische Diktator in Europa regierte Italien 20 Jahre lang. Der international zunächst geachtete Propagandist verwandelte sein Land in einen totalitären Staat. Seine imperialistischen Pläne verbanden ihn mit Hitler in einer verhängnisvollen Kriegskoalition.

Der Sohn eines Schmieds und einer Lehrerin aus Predappio/Norditalien war zeitlebens stolz auf seine einfache Herkunft. Sein Vater, ein überzeugter Sozialist, gab einen Großteil des Familieneinkommens in Kneipen aus. Der gewalttätige Junge wurde von drei Schulen verwiesen. Dank seiner Intelligenz bestand er die Prüfung zum Volksschullehrer 1901 jedoch mit Leichtigkeit.

1901–18: Journalist und Redner Mussolini erkannte bald, daß er für den Lehrberuf nicht geschaffen war. Er ging in die Schweiz, wo er sich schnell einen Ruf als politischer Journalist und Redner erwarb. Als radikaler Revolutionär (seit 1900 Mitglied der Sozialistischen Partei, PSI) kam er 1904 nach Italien zurück, wo er seinen Militärdienst ableistete. 1909–12 leitete er die Wochenzeitung «Lotta di Classe» so erfolgreich, daß er zum Herausgeber der offiziellen sozialistischen Parteizeitung «Avanti!» ernannt wurde. Sein Bekenntnis zum Kriegseintritt Italiens führte 1914 zum Bruch mit den Sozialisten. Ein Jahr später heiratete er Rachele Guidi (fünf Kinder). Im Krieg verwundet, kehrte er 1917 als überzeugter Antisozialist von der Front zurück.

1918–22: Griff nach der Macht In Mailand gründete Mussolini 1919 die Fasci di combattimento, 1921 wurde die Gruppierung in die faschistische Partei PNF umgewandelt. Mussolinis Führerschaft war unumstritten. Mit seinen Anhängern, den sog. Schwarzhemden, zog er durch Städte und Dörfer, hielt flammende Reden, terrorisierte seine Gegner und schürte so das revolutionäre Klima. Ein Generalstreik war schließlich der Anlaß für den Marsch von 40000 Faschisten auf Rom. König Viktor Emanuel III. ernannte Mussolini am 31.10.1922 zum Ministerpräsidenten.

1923–34: Konsolidierung der Macht Der Duce (Führer) erhielt diktatorische Vollmachten, die er nutzte, um die Umwandlung des politischen Systems einzuleiten. Noch im Dezember 1922 gründete er den Faschistischen Großrat. 1923 vereinigte er die Partei der Nationalisten mit seinen Faschisten, alle übrigen Parteien wurden in den folgenden Jahren verboten. Er schaffte individuelle Grundrechte und Gewaltenteilung ab, schaltete Justiz und Verwaltung gleich. Alle politischen und gesellschaftlichen Ebenen wurden auf ihn ausgerichtet («stato totalitario»).

Außenpolitisch arrangierte sich das faschistische Italien zunächst mit der kontinentalen Nachkriegsordnung. Freundschaftsverträge mit Spanien, Rumänien, Ungarn, der Türkei und Abessinien festigten das Ansehen. 1929 schloß Mussolini auf dem Höhepunkt seiner Macht den Lateranvertrag mit dem Vatikan und erkannte die Souveränität des Papstes über den Vatikanstaat an. Der Katholizismus wurde in einem Konkordat als Staatsreligion festgeschrieben.

1935–39: Der Traum vom Imperium
Besessen von der Idee der Wiedergeburt eines römischen Imperiums, ließ Mussolini seine Truppen 1935 in Abessinien einmarschieren. Der Völkerbund verurteilte den Angriff, Hitler-Deutschland schlug sich als einziges Land auf die Seite Italiens. Die neue «Achse Berlin–Rom» wurde 1939 zu einem offensiven Militärbündnis, dem Stahl-Pakt, erweitert. Bei Ausbruch des 2. Weltkriegs war Italien nur schlecht gerüstet. Neben dem Engagement in Abessinien und im Spanischen Bürgerkrieg (ab 1936) hatte die Besetzung Albaniens (April 1939) die militärischen Kräfte des Landes nahezu erschöpft.

1940–45: Krieg und Machtverlust
Ungeachtet aller Probleme erklärte Mussolini am 10.6.1940 den Kriegseintritt Italiens an der Seite Deutschlands. Doch die Koalition war von gegenseitigem Mißtrauen gekennzeichnet. Mussolini mußte erkennen, daß er nur ein untergeordneter Verbündeter Hitlers war – die Okkupation Rumäniens und der Angriff auf die Sowjetunion wurden ohne vorherige Konsultation Italiens durchgeführt. Im Gegenzug griff Mussolini Griechenland an, ohne Hitler in seine Pläne einzuweihen. Als die Alliierten im Juli 1943 in Sizilien landeten, hatte Mussolini ihnen wenig entgegenzusetzen.

Benito Mussolini

Aufgrund der drohenden Niederlage setzten ihn seine Parteigänger am 24.7.1943 ab. Mussolini wurde verhaftet und auf den Gran Sasso in den Abruzzen gebracht, deutschen Fallschirmjägern gelang jedoch seine Befreiung. Im norditalienischen Salò wurde Mussolini Führer eines Marionettenregimes der Deutschen. Als die Alliierten nach Norden marschierten, versuchte Mussolini, als deutscher Soldat verkleidet, über die Grenze zu fliehen, doch Partisanen erkannten und erschossen ihn und seine Geliebte, Claretta Petacci, in Giulino di Mezzegra nahe Como. Die Leichen wurden mit dem Kopf nach unten auf dem Mailänder Piazzale Loreto aufgehängt.

Imre Nagy

(7.6.1896–16.6.1958)

▸ Von der Unperson zum Volkshelden ◂

Der ungarische Ministerpräsident (1953–55, 1956) wollte zweimal eine liberalere Gesellschaft durchsetzen. Der erste Versuch endete mit seinem Parteiausschluß (1953), der zweite mit seiner Hinrichtung. Nagy spielte die entscheidende Rolle während des sog. Ungarn-Aufstands, der mit dem Einmarsch der Roten Armee endete.

Nagy, Sohn eines Bauern, stammte aus Kaposvár, einem Ort südlich des Plattensees. Ursprünglich sollte er Pfarrer werden, doch sein Lehrer gewann ihn für sozialistische Ideen. Nagy durchlief eine Schlosserlehre in einer Landmaschinenwerkstatt und trat um 1915 dem linken Metallarbeiterbund bei.

1917–44: Wanderer zwischen Ungarn und der UdSSR Während des 1. Weltkriegs geriet Nagy in russische Kriegsgefangenschaft. Beeinflußt vom bolschewistischen Gedankengut wurde er Staatsbürger Rußlands und nahm nach der Oktoberrevolution am Bürgerkrieg teil. Die kommunistische Machtübernahme in Ungarn (21.3.1919) veranlaßte ihn, in seine Heimat zurückzukehren, die er nach dem Ende der Räterepublik Béla Kuns (1.8.1919) wieder verließ.

Erneut in Ungarn, schloß sich Nagy 1921 der Sozialdemokratischen Partei an, wurde wegen radikaler Kritik jedoch wieder ausgeschlossen. Daraufhin trat er der illegalen Sozialistischen Arbeiterpartei bei, für die er im Untergrund tätig war. Nach einer Haftstrafe wegen verbotener Agitation ging Nagy 1930 in die Sowjetunion zurück. Als Mitarbeiter Nikolai Bucharins erwarb er sich den Ruf eines Agrarfachmanns und erarbeitete im Auftrag der Kommunistischen Internationale das Landwirtschaftsprogramm der KP. Zeitweilig leitete er eine Kolchose in Sibirien.

1944–53: Auf und Ab als Minister 1944 kehrte Nagy mit der Sowjetarmee endgültig in die Heimat zurück. Als Landwirtschaftsminister zeichnete er für die Bodenreform (Zerschlagung des Großgrundbesitzes; 15.3.1945) verantwortlich. 1949 kam es zu Meinungsverschiedenheiten zwischen Nagy und dem Vorsitzenden der (kommunistischen) Partei der Ungarischen Werktätigen (MDP), Mátyás Rákosi, über die Agrarpolitik. Rákosi verlangte mehr Planwirtschaft und eine zügige Kollektivierung der Landwirtschaft, um die Industrialisierung voranzutreiben. Nagy lehnte dies ab und verlor seinen Sitz im Politbüro. Erst zwei Jahre später erhielt er ihn nach öffentlicher Selbstkritik zurück. Ab 1952 mußte er als Minister die von ihm kritisierte Kollektivierung gegen den Widerstand weiter Teile der Landbevölkerung durchführen.

1953–55: Erstmals Ministerpräsident Die schlechte Stimmung in der Bevölkerung sowie der Arbeiteraufstand in der DDR führten auf Druck Moskaus zu einem «Neuen Kurs». Nagy ersetzte Rákosi als Regierungschef (4.7.1953) und baute den stalinistischen Terror weitgehend ab. Er gewährte den Bauern das Recht, die Landwirtschaftlichen Produktionsgenossenschaften (LPG) zu verlassen und auf ihrem früheren Besitz eigenverantwortlich zu wirtschaften. Als er für mehr Selbstbestimmung im sozialistischen Lager eintrat, wurde Nagy unter dem Vorwurf der «Rechtsabweichung» seiner Ämter enthoben (18.5.1955) und im November 1955 als «politische Unperson» aus der MDP ausgeschlossen.

1956: Volksaufstand Nachdem sich am 23.10.1956 eine Protestdemonstration in einen Volksaufstand verwandelt hatte, traute die KP allein dem unbelasteten Nagy zu, die gespannte Situation zu entschärfen. Nagy versuchte jedoch, die revolutionäre Stimmung für grundlegende Veränderungen zu nutzen. Er kündigte ein Mehrparteiensystem an und gab am 2.11.1956 den Austritt Ungarns aus dem Warschauer Pakt bekannt. Die Ereignisse überstürzten sich: Die Sowjetunion, die um ihren Machtbereich fürchtete, unterstützte MDP-Chef János Kádár, Mitglied des Kabinetts Nagy, bei der Bildung einer Gegenregierung und marschierte am 4.11.1956 in Ungarn ein. Mehrere tausend Aufständische starben. Nagy flüchtete in die jugoslawische Botschaft und wurde bei deren Verlassen trotz Zusage von Straffreiheit verhaftet (22.11.1956).

Imre Nagy, 1955

1958 verurteilte ihn ein Budapester Gericht wegen Hochverrats zum Tode, das Urteil wurde noch im gleichen Jahr vollstreckt.

Ab 1988: Rehabilitation Im Zuge der demokratischen Umwälzungen 1988/89 wurde Nagy rehabilitiert. Die Behörden erkannten das Todesurteil als Justizmord an. Am Jahrestag der Hinrichtung wurde Nagy 1989 unter großer Anteilnahme der Bevölkerung feierlich beigesetzt – an der Stelle, an der man seine sterblichen Überreste entdeckt hatte.

Béla Kun (1886–1937/39?)

Der ungarische Revolutionär erhielt sein «Ideologisches Rüstzeug» nach der Oktoberrevolution in Rußland. Nach dem Sturz der Regierung Károlyi rief er im März 1919 die Räterepublik aus. Sein Regime aus Kommunisten und Sozialdemokraten konnte sich jedoch nur 133 Tage an der Macht halten. Kun floh in die UdSSR.

Gamal Abd el-Nasser

(15. 1. 1918–28. 9. 1970)

▸ Hoffnungsträger der arabischen Einheit ◂

Der ägyptische Staatschef (1954–70) entwickelte sich zum unumstrittenen Führer der Panarabischen Bewegung. Durch sein diplomatisches Geschick während der Suezkrise (1956) wurde er zum Vorkämpfer des arabischen Nationalismus. Die ägyptische Niederlage im Sechstagekrieg gegen Israel (1967) konnte Nasser allerdings nicht verhindern.

Der in Bani Murr (Sudan) geborene Nasser war Sohn eines Postbeamten. Durch den frühen Tod der Mutter und die Wiederheirat des Vaters war er schon in jungen Jahren auf sich allein gestellt. Die Mitarbeit in verschiedenen politischen Gruppen nährte in ihm die Überzeugung, daß für die wirtschaftlichen und sozialen Probleme des Landes die Briten als ehemalige Protektoratsmacht sowie die mit ihnen kooperierende ägyptische Oberschicht verantwortlich seien.

1936–52: Politische Aktivitäten als Militär Obwohl ihn die Behörden umstürzlerischer Ideen verdächtigten, fand Nasser 1936 Aufnahme an der Ägyptischen Militärakademie in Kairo. Während der Ausbildung engagierte er sich sowohl in der gemäßigten Wafd-Partei, die er später wegen ihrer kompromißbereiten Haltung gegenüber den Engländern verachtete, als auch bei den terroristischen Muslim-Brüdern. 1943 gehörte Nasser zu den Gründern des Komitees der Freien Offiziere. Sein national-pathetisches Ziel, Ägypten die verlorene Würde wiederzugeben, stieß bei vielen jungen Offizieren auf starken Widerhall.

1952–54: Der Weg zur Macht Am 23.6.1952 setzten die Freien Offiziere in einem unblutigen Putsch König Faruk I. ab und beendeten die mit England kooperierende Monarchie. Neuer Staatschef wurde General Mohammed Nagib, den Nasser, zunächst Innenminister, dann Ministerpräsident, zwei Jahre später stürzte (14.11.1954).
Nasser errichtete eine Militärverwaltung und festigte seine Macht durch das Verbot aller Parteien, Auflösung der Muslimbruderschaften und Gleichschaltung der Presse. Streiks und Demonstrationen ließ er blutig unterdrücken.
Wirtschaftspolitisch führte Nasser eine Bodenreform durch (Enteignung der Großgrundbesitzer) und forcierte die Industrialisierung. Herausragendes Projekt war der Bau des Assuan-Staudamms, der mit sowjetischer Hilfe entstand, nachdem die USA und Großbritannien ihre Finanzzusagen zurückgezogen hatten. Grund war die von Nasser vertretene Politik der Blockfreiheit.

1956: Suezkrise Am 26.7.1956 verstaatlichte Nasser den Suezkanal und löste dadurch die sog. Suezkrise aus. Israelische Truppen besetzten die Halbinsel Sinai, französische und englische Verbände landeten am Kanal (29.–31.10.1956). Mit diplomatischem Geschick münzte Nasser die militärische Niederlage in einen politischen Sieg um: Der UNO-Sicherheitsrat zwang die fremden Truppen zum Rückzug. Nach diesem Erfolg galt Nasser als unumschränkter Führer der arabischen Welt.

Ab 1958: Panarabische Versuche Als Chef der von ihm gegründeten Einheitspartei Arabische Sozialistische Union proklamierte Nasser einen eigenständigen arabischen Sozialismus. Unerfüllter Traum blieb die große arabische Nation. Zwar erreichte Nasser 1958 den Zusammenschluß Ägyptens und Syriens zur Vereinigten Arabischen Republik (VAR), doch schon drei Jahre später scherte Syrien wieder aus.

1967: Machtverlust nach Sechstagekrieg Das Jahr 1967 leitete den Niedergang Nassers ein. Im Sechstagekrieg erlitten die Ägypter eine vernichtende Niederlage gegen Israel. Nasser verkündete seine Demission (9.6.1967), zog sie nach Massendemonstrationen für seinen Verbleib im Amt jedoch am Tag darauf wieder zurück. Dennoch war seine Position nun nachhaltig geschwächt,

Gamal Abd el-Nasser, 1955

denn Ägypten lag durch die hohen Kriegsfolgekosten wirtschaftlich am Boden und war auf Hilfe der Sowjetunion angewiesen.
Mit der Annahme des sog. Rogers-Plans, der eine politische Lösung der Palästina-Frage vorsah («peaceful settlement»), brachte Nasser 1970 die arabische Welt gegen sich auf. Im Alter von 52 Jahren erlag er in Kairo einem Herzinfarkt. Der Schock, den sein Tod auslöste, zeigte, daß mit Nasser ein arabischer Hoffnungsträger gestorben war.

Israelisch-ägyptische Kriege 1948–67

1948/49	Arabische Truppen wollen gemeinsam die Gründung des Staates Israel rückgängig machen; Teilung Jerusalems; Westjordanland an Jordanien, Gaza-Streifen an Ägypten
1956	Einmarsch israelischer Truppen nach Verstaatlichung des Suezkanals; UdSSR und USA erzwingen Rückzug
1967	Israelischer Präventivschlag nach Aufmarsch arabischer Truppen; Israel erobert Gaza-Streifen, Golan-Höhen, Sinai-Halbinsel, Westjordanland.

Jawaharlal (Pandit) Nehru

(14.11.1889–27.5.1964)

▸ Balanceakt zwischen den Blöcken ◂

Der Kämpfer für die indische Unabhängigkeit wurde 1947 erster Staatschef seines Landes. Er betrieb die Modernisierung Indiens und wurde mit seiner Politik der Blockfreiheit und der friedlichen Koexistenz zu einem der Wortführer der Dritten Welt.

Jawaharlal entstammte einer wohlhabenden Familie kaschmirischer Brahmanen in Allahabad. Sein Vater, ein Rechtsanwalt, sorgte für seine westlich beeinflußte Erziehung und Bildung: Bis er 16 Jahre alt war, wurde der Junge von englischen Tutoren zu Hause unterrichtet, 1905 ging er auf das britische Internat in Harrow und studierte anschließend Naturwissenschaften in Cambridge. In London absolvierte er eine Rechtsanwaltsausbildung und kehrte 1912 nach Indien zurück. 1916 heiratete er Kamala Kaul (gestorben 1936), mit der er eine Tochter – die spätere Ministerpräsidentin Indira Gandhi – hatte.

1916–29: Politische Lehrzeit Beeindruckt von Mahatma Gandhis gewaltlosem Kampf gegen die britische Kolonialherrschaft, kam Pandit (brahmanischer Gelehrtentitel) Nehru 1919 zur Kongreßpartei. Der indische Nationalismus gewann zunehmend an Boden, die Briten reagierten mit verstärkten Repressionen. Als einige Führer der Kongreßpartei 1921 verhaftet wurden, kam auch Nehru zum erstenmal ins Gefängnis (acht Gefängnisaufenthalte mit insgesamt über neun Jahren Haft). 1923 wurde er für zwei Jahre Generalsekretär der Partei (zweite Amtszeit 1927–29). Als indischer Delegierter nahm er an einem Kongreß für unterdrückte Völker 1927 in Brüssel teil, er besuchte Deutschland und die Sowjetunion. Nehru war beeindruckt vom Marxismus-Leninismus und dem raschen wirtschaftlichen Aufbau in der UdSSR, lehnte jedoch die den Wandel begleitende Gewalt ab. Sein Interesse an Marxismus und Sozialismus ging auf diese Reise zurück.

1929–47: Kampf um Unabhängigkeit Mit Gandhis Unterstützung wurde Nehru 1929 Präsident der Kongreßpartei (bis 1936). Obwohl er Gandhis religiös geprägten Rigorismus nicht teilte, stieg Nehru zum zweiten Mann der Bewegung auf, der besonders die Jugend und die Intellektuellen des Landes für sich gewann.

Nach der zweiten Londoner Round-Table-Konferenz von 1935 wurde ein System autonomer Regierungen in den indischen Provinzen eingerichtet. Bei den anschließenden Wahlen kam die hinduistisch dominierte Kongreßpartei in fast allen Provinzen an die Macht, während die Moslem-Liga unter Mohammed Ali Jinnah schlecht abschnitt. Jinnah for-

derte Regierungsbeteiligung, was die Kongreßpartei jedoch ablehnte. Die Entscheidung, an der Nehru maßgeblich beteiligt war, verstärkte die Verhärtung der Fronten zwischen Moslems und Hindus und führte am 15. 8. 1947 zur Teilung des Subkontinents in die unabhängigen Staaten Indien und Pakistan.
Nehru, der im 2. Weltkrieg vergeblich versucht hatte, als Preis für eine Beteiligung an der Verteidigung Südasiens gegen Japan, von Großbritannien die Unabhängigkeit zu ertrotzen, wurde 1945 erneut zum Präsidenten seiner Partei gewählt. 1946 von den Briten mit der Bildung einer Übergangsregierung betraut, übernahm er zunächst die Posten des stellvertretenden Premierministers und des Außenministers der provisorischen Regierung. Ein Jahr später avancierte Nehru zum ersten indischen Premierminister.

Ab 1947: Regierungschef Die größte Diskrepanz zu seinem politischen Ziehvater Mahatma Gandhi bestand in Nehrus Befürwortung der modernen Zivilisation. Seine Konzeption eines säkularen Staates mit parlamentarischer Demokratie prägte die 1949 verabschiedete Verfassung, ein Jahr später wurde Indien Republik. Nehru verbreitete seine Vorstellung von einem demokratischen Sozialismus. Der erste indische Fünfjahresplan (1951–56) diente der Entwicklung der Landwirtschaft, der zweite (1956–61) sah die Ausrichtung des Landes auf eine sozialistische Gesellschaftsordnung vor. Es gelang Nehru, die starken sozialen Unterschiede zu entschärfen, die Alphabetisierung des Landes voranzutreiben und die schlimmsten sozialen Mißstände – Kinderheirat, Mißhandlung von Witwen, Diskriminierung der Kastenlosen – weitgehend abzuschaffen.

Jawaharlal Nehru, 1951

50er Jahre: Achtung durch Neutralität Außenpolitisch genoß er bis 1956 höchstes Ansehen. Seine Politik der Bündnisfreiheit und der friedlichen Koexistenz wurde Vorbild für zahlreiche Staaten der Dritten Welt. Als Indien nach der blutigen Niederschlagung des Volksaufstands in Ungarn bei den Vereinten Nationen als einziges blockfreies Land mit der UdSSR stimmte, stieß er im Westen auf großen Protest. Die Niederlage Indiens im Grenzkonflikt mit China (1962) führte zu scharfer Kritik an seiner bislang chinafreundlichen Politik und zur Schwächung seiner zuvor unangefochtenen Stellung. In Delhi erlag er 74jährig seinem dritten Herzinfarkt.

Julius Kambarage Nyerere

(*1.3.1922)

▸ Für die Einheit des «Schwarzen Kontinents» ◂

Der tansanische Präsident (1964–85) erreichte die Unabhängigkeit Tanganjikas von Großbritannien (1961; ab 1964: Tansania) und erwarb sich durch politische Integrität großes Ansehen als Vertreter afrikanischer Interessen.

Nyerere kam als Sohn eines Häuptlings der Zanaki in Butiama/Tanganjika zur Welt. Sein Vater hatte 22 Ehefrauen und 25 Kinder. Julius Kambarage (= Regenzeit) studierte Geschichte und Wirtschaftswissenschaften und war 1946–49 Lehrer an einer Missionsschule. Nach einem Studienaufenthalt in Edinburgh (Schottland), erwarb er 1952 den britischen Hochschulabschluß.

1954–61: Weg zur Unabhägigkeit 1953 kehrte Nyerere an eine Schule in Daressalam zurück. Ein Jahr später gründete er mit jungen Nationalisten die Tanganisch-Afrikanische Nationalunion (TANU), die für die Unabhängigkeit des Landes von Großbritannien eintrat. Im Parteiprogramm klammerte er alle strittigen Fragen aus, um zunächst ein Nationalbewußtsein unter den mehr als 150 Stämmen des Landes zu schaffen. Noch im Jahr der Parteigründung heiratete er demonstrativ Maria Magige, die einem anderen Stamm angehörte als er.
Anfang 1955 gab Nyerere, seit 7.7.1954 TANU-Präsident, den Lehrberuf auf und widmete sich ganz der politischen Arbeit. 1960 feierte er überwältigende Wahlsiege und verhandelte als Chefminister mit den Briten über die zukünftige Verfassung Tanganjikas. Am 9.12.1961 konnte er die Unabhängigkeit des Landes verkünden. Nyerere wurde Ministerpräsident, trat jedoch nach sechs Wochen ohne Angabe von Gründen überraschend ab.

Ab 1962: Präsident Am Jahrestag der Unabhängigkeit kehrte Nyerere auf die politische Bühne zurück und kappte mit einer neuen Verfassung die engen Bande zu Großbritannien. Tanganjika wurde Republik (bis dahin Monarchie unter der britischen Krone) mit Nyerere als Präsident, der mit weitgehenden Vollmachten ausgestattet war. Aus dem bisherigen Mehrparteiensystem entstand de facto ein Einparteienstaat (1965 in der Verfassung festgeschrieben).
Im April 1964 erreichte Nyerere den Zusammenschluß mit Sansibar. Fünf Monate später bildeten beide Staaten die Vereinigte Republik von Tansania.

1967: Arisha-Deklaration Ziel des sog. Ujamaa-Sozialismus, dessen Grundzüge Nyerere in der Arisha-Deklaration (Februar 1967) vorlegte, war es, einen sozialistischen Staat auf der Grundlage afrikanischer Besonderheiten zu formen. Durch Vergesellschaftung der Produktionsmittel und die Umsiedlung

der weit verstreut lebenden Landbevölkerung in Großkommunen wollte Nyerere Ausbeutung und Abhängigkeit beenden. Grundprinzip der Gesellschaftsordnung war der Gemeinsinn, d. h. die Selbsthilfe und Erschließung eigener Fähigkeiten und Ressourcen.
Dem international vielbeachteten Experiment blieben die wirtschaftlichen Erfolge versagt. Während der weltweiten Rezession 1974 retteten westliche Kredite Nyereres Regime. Weit erfolgreicher war Nyereres Bildungsprogramm, mit dem er eine beispielhafte Alphabetisierungsquote (85 %) erreichte. Zudem baute er die Gesundheitsvorsorge aus.

Julius Nyerere

Ab 1965: Kampf gegen Apartheid und Kolonialismus Die Rückbesinnung auf afrikanische Interessen machte Nyerere zum herausragenden Vertreter der Dritte-Welt-Staaten. Immer wieder kritisierte er die bestehende Weltwirtschaftsordnung und unterstützte Befreiungsbewegungen im Kampf gegen die Kolonialmächte. Als Sprecher der sog. Frontstaaten, die sich aktiv am Kampf gegen das weiße Apartheid-Regime in Rhodesien beteiligten, hatte er entscheidenden Anteil an der Entkolonialisierung des Landes. Um dieses Ziel zu erreichen, nahm er schwere wirtschaftliche Nachteile in Kauf und brach 1965 die Beziehungen zu Großbritannien ab.

1978: Konflikt mit Uganda Nach Jahren politischer Feindschaft kam es 1978 zum bewaffneten Konflikt mit Uganda. Durch die militärische Intervention im Nachbarland trug Nyerere zum Sturz von Diktator Idi Amin bei und übte in den Folgejahren maßgeblichen Einfluß auf die Politik Ugandas aus.

1985: Rückzug Vor dem Hintergrund anhaltender wirtschaftlicher Probleme erklärte der vom Volk verehrte Nyerere, der sich auch als Shakespeare-Übersetzer einen Namen gemacht hatte, im Oktober 1985 seinen Rücktritt; Nachfolger wurde der bisherige Vizepräsident Ali Hassan Mwinyi. Als Chef der Partei der Revolution (CCM), 1977 durch den Zusammenschluß von TANU und der Einheitspartei Sansibars entstanden, zog Nyerere jedoch weiterhin die politischen Fäden. Erst 1990 gab er auch die Parteiführung an Mwinyi ab. In seinem letzten Appell mahnte Nyerere, der sich gern als «Mwalimu» (Lehrer) titulieren ließ, seinen Nachfolger, am «Weg des Sozialismus» festzuhalten.

Mohammad Resa Pahlawi

(26. 10. 1919 – 27. 7. 1980)

▸ Der Islam stürzt den König der Könige ◂

Der iranische Herrscher wollte sein Land mit übereilten Reformen in einen westlich geprägten Industriestaat umformen. Seine mangelnde Rücksicht auf islamische Traditionen rief den Widerstand von Geistlichkeit und Bevölkerung hervor. Der Sturz Pahlawis bedeutete zugleich das Ende des Schahtums im Iran und den Aufbruch des Landes in die sog. Islamische Revolution.

Der in Teheran geborene Sohn des iranischen Herrschers Resa Schah Pahlawi besuchte ein Schweizer Internat, Ausbildungstätte amerikanischer Millionärssöhne. Rasch verinnerlichte der mittelmäßige Schüler westliche Vorstellungen und entwickelte eine Vorliebe für teure Kleidung und schnelle Autos.

Ab 1941: Auf dem Pfauenthron 1941 zwangen die Allierten Resa Schah zur Abdankung. Grund war die versuchte Annäherung an Nazi-Deutschland. Nachfolger wurde sein 22jähriger Sohn. Der «Schah-in-Schah» (König der Könige) – so der offizielle Titel – verfügte über keinerlei politische Erfahrung und kümmerte sich wenig um die Probleme seines Landes, dessen Kultur ihm eher fremd war. Seine Hochzeit mit der iranischen Fürstentochter Soraya (1951) füllte die Klatschspalten der westlichen Boulevardblätter. Die Ehe wurde 1958 wegen Kinderlosigkeit geschieden.

1953: Putschversuch und Gegenputsch Zum «starken Mann» im Land wurde der kommunistisch orientierte Ministerpräsident Mohammed Mossadegh, der enttäuschte Nationalisten und Religiöse um sich scharte. 1951 verstaatlichte er die Erdölindustrie und brachte den Westen gegen sich auf. Im August 1953 schien Mossadegh die Ära Pahlawi zu beenden: Er deckte gegen ihn gerichtete Putschpläne schahtreuer Offiziere auf, mußte das Land verlassen. Schon wenige Tage später konnte er zurückkehren. Mit US-Unterstützung hatte die Armee Mossadegh gestürzt.

Ab 1954: Übernahme der Regierungsgewalt Pahlawi nahm die Regierungsgeschäfte nun selbst in die Hand und entmachtete das Parlament. Die amerikanische Hilfe bei der Rückkehr zur Macht beglich er mit der Unterzeichnung des Erdölförderabkommens 1954.
Ziel von Pahlawi war es, den Iran vom Agrarland in eine moderne Industrienation westlicher Prägung umzuformen. Dabei brachte er sowohl Studenten und Linksintellektuelle (durch sein diktatorisches Regime) als auch die Geistlichkeit (durch die Aufgabe islamischen Gedankenguts) gegen sich auf. Auf den Umsturzversuch der marxistischen Tudeh-Partei (1956) reagierte der Herrscher auf dem Pfauenthron 1957

mit der Schaffung der Geheimpolizei SAVAK. Die gefürchtete Organisation bekämpfte Regimegegner mit modernsten Überwachungsmethoden sowie mit Folter und Hinrichtungen.

1963: Die Weiße Revolution Die anhaltende Landflucht und Demonstrationen für eine gerechtere Sozialordnung veranlaßten Pahlawi, am 26. 1. 1963 die sog. Weiße Revolution zu verkünden. Mit dieser «Revolution von oben», wie er sie beschrieb, forderte er den Zorn der Geistlichkeit heraus, denn die Mullahs verloren durch die eingeleitete Bodenreform große Ländereien. Zudem betrachteten sie die Einführung des Wahlrechts für Frauen und Nichtmoslems als Herausforderung. Den Wortführer der Mullahs, Ajatollah Khomeini, ließ Pahlawi Ende 1964 vom Militär ins türkische Exil schaffen.

Die Landreform scheiterte ebenso wie die Industrialisierung. Dennoch hielt der Schah unverdrossen an seiner Politik fest und löste Hunderttausende Iraner aus ihrer bisherigen Lebensordnung. Damit spielte er den Mullahs in die Hände, die auf den Dörfern für die Sache des Islam warben und den Sturz des «gottlosen» Schahs propagierten.

Richtlinien der Weißen Revolution

- Aufhebung des Feudalsystems
- Einleitung einer Agrarreform
- Verstaatlichung der Wälder
- Entschädigung der Großgrundbesitzer durch Anteile an modernen Industrieunternehmen; im Gegenzug erhalten Arbeiter Gewinnanteile an Fabriken
- Allgemeines Wahlrecht für Frauen und nichtmoslemische Bevölkerungsteile
- Bekämpfung des Analphabetentums durch Einführung einer allgemeinen Schulpflicht

Resa Pahlawi

Ab 1976: Aufstand der Muslims Im März 1976 schaffte Pahlawi den islamischen Kalender (beginnend mit der Hedschra des Propheten Mohammed) ab. Damit verletzte er die religiösen Gefühle der iranischen Bevölkerung und gab den Agitationen der Mullahs neuen Auftrieb. Ab Anfang 1978 breiteten sich Unruhen und Proteste gegen den Schah über das ganze Land aus. Längst war der im Exil lebende Khomeini zum heimlichen Herrscher des Iran geworden. Im Januar 1979 verließ Pahlawi auf Drängen der USA, die ihn gestützt hatten, das Land (16. 1. 1979). Eineinhalb Jahre später starb er 60jährig im Exil in Kairo.

Olof Joachim Palme

▸ Anwalt der Schwachen ◂

(30. 1. 1927–28. 2. 1986)

Der schwedische Ministerpräsident (1969–76 und 1982–86) war als UNO-Vermittler und Abrüstungsexperte, Vizepräsident der Sozialistischen Internationale und Mitglied der Nord-Süd-Kommission erfolgreich. Innenpolitisch baute er den sozialen Wohlfahrtsstaat aus.

Palme wuchs in gutbürgerlichen Verhältnissen – sein Vater war Versicherungsdirektor, die Mutter eine deutsch-baltische Adelige – in Stockholm auf, wo er mit 17 das Gymnasium beendete. Trotz einer eher konservativen Erziehung entdeckte Palme während des Studiums in Ohio (USA; bis 1948) und Stockholm (Abschluß des Studiums der Rechtswissenschaften 1951) sein Herz für die Sozialdemokratie, für Benachteiligte und Unterdrückte der Gesellschaft. Er schlug den Weg seines Großvaters, eines ehemaligen liberalen Reichstagsabgeordneten, ein und ging in die Politik.

Ab 1953: Politische Aktivitäten In radikalen studentischen Organisationen machte sich Palme schnell einen Namen. 1951 übernahm er den Vorsitz über den Studentenverband des Landes. Bestimmend für seinen politischen Werdegang wurde sein Vorbild und Förderer, der sozialdemokratische schwedische Ministerpräsident Erlander, dessen persönlicher Referent Palme mit 26 Jahren wurde. Als Vorstandsmitglied der Jugend-Parteiorganisation (1955–61) engagierte er sich wie Erlander für den sozialen Wohlfahrtsstaat. Palme, jüngster Abgeordneter des Reichstags (ab 1957), wurde dank seiner sozialpolitischen Kompetenz bereits mit 33 Regierungsmitglied. Zunächst war er Minister für besondere Aufgaben in der Kanzlei seines Förderers Erlander. 1965 übernahm Palme das Ministerium für Verkehr und Post, 1967 für Bildung und Kultur. Längst war er für Erlander zum unverzichtbaren Ratgeber geworden, der ab Mitte der 60er Jahre maßgeblich an der Reform des Bildungssystems mitwirkte.

Ab 1967: Konfrontation mit den USA Weniger Befürwortung fanden Palmes außenpolitische Aktionen in der Bevölkerung. Das Vorstandsmitglied der Sozialdemokratischen Partei (seit 1964) verurteilte mehrfach den US-Kriegseinsatz in Vietnam und solidarisierte sich öffentlich mit den Nordvietnamesen, was den Protest der USA auslöste. 1967 spielte das Enfant terrible der schwedischen Politik sogar in einem Sexfilm mit. Seiner Karriere schadete das nicht: Nach dem Rücktritt Erlanders wurde er 1969 Partei- und Regierungschef.

1969–76: Ministerpräsident In einer Koalition mit den Kommunisten setzte Palme in den 70er Jahren das

Sozialreformprogramm seines Vorgängers konsequent fort. Sein Ziel einer klassenlosen Gesellschaft fand eine Mehrheit in seiner Partei, doch regte sich im Volk zunehmend Widerstand gegen wachsende Bürokratie in Schweden. Gutverdienende Bevölkerungsschichten kritisierten ihre hohe Steuerbelastung, das bislang wohlhabende Land geriet in eine Wirtschaftskrise; die Exporterlöse sanken, die Inflationsrate stieg.
In der Außenpolitik betonte Palme die Neutralität seines Landes. Im Gegensatz zu Erlander suchte er verstärkt politische und wirtschaftliche Kontakte zu den sozialistischen Staaten, während das Verhältnis zu den USA gespannt blieb.
Nachdem es für Palme bei den Reichstagswahlen 1973 gerade noch zu einem Patt gegen die Konservativen gereicht hatte (Minderheitsregierung mit Kommunisten), mußte die Sozialdemokratische Partei 1976 im sog. Kernkraftwahlkampf – der Ministerpräsident trat für, die bürgerlichen Parteien gegen Atomkraftwerke ein – erstmals seit 1932 wieder in die Opposition. Neuer Ministerpräsident wurde der Zentrumschef Thorbjörn Fälldin.

1977–82: Außenpolitiker und Oppositionsführer Nach dem Mißerfolg in der Innenpolitik widmete sich Palme nun verstärkt dem außenpolitischen Sektor: Der Vizepräsident der Sozialistischen Internationale (seit 1976) vermittelte im Auftrag der Vereinten Nationen engagiert, aber dennoch vergeblich zwischen den Kriegsparteien im iranisch-irakischen Krieg (ab 1980). Seine undogmatische Politik gegenüber Ost-

Olof Joachim Palme

und West zahlte sich nun aus: Palme wurde zum international geachteten Politiker, der sich als Mitglied der Nord-Süd-Kommission gegen Unterdrückung und Menschenrechtsverletzungen in aller Welt einsetzte. Als Vorsitzender der unabhängigen UNO-Kommission für Abrüstungs- und Sicherheitsfragen schlug er 1982 eine kernwaffenfreie Zone in Mitteleuropa vor.

1982–86: Erneut Ministerpräsident 1982 lösten die Sozialdemokraten die wirtschaftspolitisch erfolglosen Bürgerlichen ab (Koalition mit Kommunisten; 1985 wiedergewählt). Palme schuf ein bescheidenes Wirtschaftswachstum, stärkte das soziale Netz und senkte die Arbeitslosenquote auf unter 3%.
Nach einem Kinobesuch mit seiner Frau Lisbet (drei Söhne) erschoß ein Unbekannter den 59jährigen Palme auf offener Straße. Mehrere Fahndungspannen verhinderten die Aufklärung der Tat. Nachfolger wurde sein Parteifreund Ingvar Carlsson.

Juan Domingo Perón

(8. 10. 1895–1. 7. 1974)

▸ Suche nach dem dritten Weg ◂

Der zweimalige argentinische Präsident gehörte zu den einflußreichsten Politikern Lateinamerikas im 20. Jahrhundert. Seine populistische und soziale Bewegung wurde als «dritter Weg zwischen Kapitalismus und Kommunismus» (Peronismus) Vorbild für zahlreiche Entwicklungsländer.

Als Sohn eines Landarztes und einer Mestizin wuchs Juan Domingo in der Kleinstadt Lobos (Provinz Buenos Aires) auf. Mit 16 Jahren besuchte er die Militärschule, wo er sich als Fechtmeister, Boxer und Skifahrer hervortat. 1930 wurde er Dozent für Militärgeschichte, stieg nach dem Putsch von 1930 zum Privatsekretär des Kriegsministers auf und ging als Militärattaché nach Berlin (1936–38) und Rom (1938/39), wo er den Faschismus miterlebte.

1940–46: Griff nach der Macht Nach seiner Rückkehr gründete Perón – inzwischen zum Oberst befördert – die Geheimgesellschaft der Gruppe Vereinigter Offiziere, mit der er einen Umsturz vorbereitete. 1943 wurde die nach 1930 vom Militär eingesetzte Zivilregierung abgesetzt. Perón übernahm das Arbeits-, später auch das Kriegsministerium, ein Jahr später wurde er zusätzlich Vizepräsident. Geschickt brachte er die Arbeiterschaft auf seine Seite: Zwar verbot er oppositionelle Gewerkschaften, verbesserte aber die Situation der Arbeiter, indem er Tarifverträge, massive Lohnerhöhungen, das 13. Monatsgehalt, bezahlten Urlaub, Kündigungsschutz und Altersversicherung gegen den Willen der Arbeitgeber durchsetzte. Auf Intervention mächtiger Wirtschaftsbosse erhob sich daraufhin am 9. 10. 1945 ein Teil des Heeres und setzte Perón ab. Er floh und hielt sich versteckt, bis eine Woche später Hunderttausende seiner Anhänger, die «descamisados» (Hemdlosen), vor dem Regierungspalast erfolgreich für seine Wiedereinsetzung de-

Evita Perón (7. 5. 1919–26. 7. 1952)

Die energische und couragierte frühere Schauspielerin organisierte 1945 zusammen mit ihrem Mann den Generalstreik, der Juan Domingo Perón den Weg zur Präsidentschaft ebnete. Danach übernahm sie sozialpolitische Aufgaben, ohne ein offizielles Amt auszuüben. Als de facto Ministerin für Gesundheit und Arbeit war sie das Bindeglied zwischen Perón und den Gewerkschaften. Sie gründete zahlreiche Stiftungen, Krankenhäuser und andere Sozialeinrichtungen. 1947 setzte sie das Frauenwahlrecht durch. Bereits zu Lebzeiten wie eine Heilige verehrt, wurde ihre Trauerfeier 1952 zum größten Volksaufmarsch in der argentinischen Geschichte.

monstrierten. Wenige Tage später heiratete Perón Eva Duarte (Tod 1952), die die Arbeiter zum Marsch auf Buenos Aires mobilisiert hatte.
Nach einem mit massiven Repressionen gegen seine politischen Gegner geführten Wahlkampf gewann Perón 1946 die Präsidentschaftswahlen mit absoluter Mehrheit (56 %).

1946–55: Staatspräsident Nur kurze Zeit nach seinem Amtsantritt etablierte Perón sein autoritär-soziales Regime: Die zu seiner Unterstützung im Wahlkampf gegründete Arbeiterpartei Partido Laborista wurde in seine Peronistische Partei überführt. Die Gewerkschaften ließ er «säubern» und in einen Zentralverband eingegliedern. Eine Geheimpolizei verfolgte, inhaftierte und folterte politische Gegner, das staatliche Rundfunkmonopol kontrollierte die öffentliche Meinung.
Gleichzeitig nahm Perón den ersten Fünfjahresplan in Angriff: Alle ausländischen Dienstleistungssektoren (Zentralbank, Eisenbahn- und Telefongesellschaften, Gaswerke) wurden verstaatlicht. Ein staatliches Ein- und Verkaufsmonopol verschaffte Perón die Kontrolle über den Außenhandel. Die Industrialisierung des unterentwickelten Landes schritt voran, die Sozialgesetzgebung wurde weiter ausgebaut.
Außenpolitisch vertrat er einen antiamerikanischen und antibritischen Kurs. Er unterstützte nationalistische Diktaturen in Lateinamerika mit dem Fernziel, die Vereinigten Staaten von Südamerika unter argentinischer Führung zu schaffen.
1951 gelang ihm die Wiederwahl, doch wirtschaftliche Probleme und

Juan Perón

die wachsende Unzufriedenheit des Volkes mit seinem gewaltsamen Regime führten am 19. 9. 1955 zum Sturz Peróns durch das Militär.

1955–73: Exil Perón floh nach Spanien, wo er 1961 die Tänzerin María Estela (Isabel) Martinez heiratete. Auch aus dem Exil nahm er Einfluß auf die Politik seines Landes. Die Unfähigkeit der folgenden Regierungen, die Probleme des Landes in den Griff zu bekommen, stärkten die Perónisten. Das Militärregime von General Alejandro Lanusse ließ ab 1971 wieder demokratische Parteien zu, bei den Wahlen im März 1973 siegten die Peronisten.

1973–76: Zweite Amtszeit und Tod Perón kehrte zurück, übernahm das Präsidentenamt und machte seine Frau zur Vizepräsidentin. Seine zweite Amtszeit war allerdings nur von kurzer Dauer: Am 1. 7. 1974 starb Perón, seiner Nachfolgerin Isabel Perón gelang es nicht, ihre Macht zu festigen. Am 24. 3. 1976 wurde sie durch einen Militärputsch gestürzt.

Józef Klemens Pilsudski

(5.12.1867–12.5.1935)

▸ Vom Volkshelden zum Diktator ◂

Der polnische Unabhängigkeitskämpfer begründete nach dem 1. Weltkrieg die Republik Polen. 1926 kehrte der Volksheld an die Macht zurück und errichtete eine Militärdiktatur. Er hinterließ ein Land, das zwar seine nationale Identität zurückgewonnen hatte, wirtschaftlich jedoch unterentwickelt war.

Pilsudski, Sohn eines verarmten polnischen Adligen, wurde in Zulowo geboren und besuchte im nahegelegenen Wilna die Schule. Schon früh beeinflußten ihn die politischen Auffassungen der Mutter, die tiefen Haß gegen die über große Teile Polens herrschenden Russen hegte.

Ab 1885: Politische Aktivitäten In Charkow (Ukraine) nahm Pilsudski 1885 das Medizinstudium auf, mußte die Universität aber ein Jahr später wegen politischer Umtriebe wieder verlassen. Er ging zurück nach Wilna, wo er sich einem Zirkel junger Sozialisten anschloß. Im März 1887 wurde er wegen Beteiligung am Attentat auf Zar Alexander III. für fünf Jahre nach Sibirien verbannt.

Ab 1893: Partei- und Militärarbeit 1893 gehörte Pilsudski zu den Mitbegründern der Polnischen Sozialistischen Partei (PPS). Im Februar 1900 geriet Pilsudski, seit Juli 1899 mit Maria Juszkiewicz verheiratet, erneut in Haft. Er täuschte eine Krankheit vor und wurde in ein Krankenhaus in St. Petersburg verlegt. Von dort gelang ihm im Mai 1901 die Flucht. 1905 brach die PPS auseinander, weil Pilsudski die Unabhängigkeit Polens vor die Revolution stellte. Er organisierte die Befreiungsorganisation «Strzelec» (Schützen), aus der er die sog. Polnische Legion formierte (1908).

1914–18: Der Weg in die Unabhängigkeit Während des 1. Weltkriegs kämpfte Pilsudski mit seiner Polnischen Legion zunächst auf der Seite Österreich-Ungarns und führte ab 1916 das von den Mittelmächten proklamierte Königreich Polen. Als er sich weigerte, die polnischen Truppen den Mittelmächten zu unterstellen, wurde er verhaftet (22.7.1917) und bis unmittelbar vor Kriegsende in der Festung Magdeburg interniert. Seine unbeugsame Haltung machte ihn zum Nationalhelden. Im Triumphzug kehrte er nach Warschau zurück und rief einen Tag später im Einvernehmen mit der Entente die Republik aus. Einstimmig wurde er zum Präsidenten gewählt.

1920/21: Polnisch-Russischer Krieg Im Frühjahr 1920 startete Pilsudski eine militärische Offensive, um sich einen Jugendtraum zu erfüllen – die Schaffung einer osteuropäischen Föderation unter polnischer Führung. Der Vorstoß gen Rußland brach jedoch zusammen, russische Truppen drangen in Polen ein. Doch mit stra-

tegischem Geschick schaffte Pilsudski, der nie eine militärische Ausbildung absolviert hatte, das «Wunder von der Weichsel»: Eine überraschende Gegenoffensive trieb die Russen weit zurück. Im Frieden von Riga erreichte Pilsudski, seit März 1920 Marschall von Polen, eine Ausdehnung des polnischen Staatsgebiets nach Osten.
Nach Einführung einer demokratischen Verfassung und freien Wahlen gab Pilsudski 1923 das Präsidentenamt ab; ein halbes Jahr später auch seinen Posten als Generalstabschef.

Józef Pilsudski

1926–35: Rückkehr als Diktator Erst 1926 betrat Pilsudski wieder die politische Bühne. Regierungswechsel und soziale Spannungen hatten Polen an den Rand des Staatsnotstands getrieben. Am 12.5.1926 übernahm Pilsudski, der weiterhin über großen Rückhalt in der Armee verfügte, handstreichartig die Macht. Die Wahl zum Staatsoberhaupt lehnte er ab, war als Verteidigungsminister und Armeechef jedoch der «starke Mann» im Staat. Alle Schlüsselpositionen besetzte er mit Vertrauten, entmachtete schrittweise das Parlament und errichtete eine Militärdiktatur. Politische Gegner ließ er brutal verfolgen. Mit dem Ermächtigungsgesetz (23.3.1933) übertrug er die gesetzgebende Gewalt auf einen Präsidenten von seinen Gnaden. Knapp drei Wochen, nachdem er mit der sog. April-Verfassung (23.4.1935) die totalitäre Staatsform endgültig manifestiert hatte, starb der einstige Volksheld in Warschau an Leberkrebs. An der Seite der polnischen Könige wurde er in der Krypta des Krakauer Doms beigesetzt.

Pilsudskis Kampf um eine polnisch-litauische Union (1921)

26.4.1920	Polnische Armee beginnt Kiewer Feldzug
14.5.1920	Beginn der russischen Gegenoffensive
10.6.1920	Polen muß Kiew räumen, Verlust aller Gebietsgewinne
14.6.1920	Rote Armee dringt in Polen ein
10.7.1920	Konferenz von Split; die polnische Führung verpflichtet sich, Truppen auf die spätere Curzon-Linie zurückzuziehen
16.8.1920	Gegenangriff Pilsudskis verwandelt Sieg der Roten Armee in Niederlage (Schlacht von Warschau, sog. Wunder von der Weichsel)
18.3.1921	Frieden von Riga; polnische Grenze liegt 200 bis 300 km östlich der Curzon-Linie

Pol Pot

(*19. 5. 1928)

▸ Ein Klosterschüler wird zum Massenmörder ◂

Der kambodschanische Machthaber etablierte zwischen 1976 und 1979 eine Schreckensdiktatur in seinem Land, der mehr als eine Million Menschen zum Opfer fielen. Sein sog. Steinzeitkommunismus sah die Abschaffung von Städten, Geld und Handel und den Aufbau eines reinen Agrarstaats vor.

Saloth Sar, in einem kleinen Dorf 120 km von der kambodschanischen Hauptstadt Phnom Penh entfernt geboren, war ein ruhiges Kind. Früh zog es ihn in die Metropole, wo er eine buddhistische Klosterschule und später die Technische Universität (ab 1948) absolvierte. Dank eines Stipendiums ging er für vier Studiensemester nach Paris.

Ab 1949: Wendung zum Kommunismus In der französischen Hauptstadt lernte er seine spätere Frau Khieu Ponnary (Heirat 1953), ihre Schwester sowie deren Freund Ieng Sary, den späteren Außenminister im Regime Pol Pot, kennen. Gemeinsam besuchten sie marxistische Veranstaltungen, die Saloth Sar, der sich nun Pol Pot nannte, nachhaltig formten: Aus dem schüchternen Jungen wurde ein begeisterungsfähiger, politisch engagierter Mann, der in Mao Zedong sein großes Idol erblickte. Der überzeugte Nationalist Pol Pot träumte von einer Umgestaltung seines Landes zu einem kommunistischen Musterstaat.

50er und 60er Jahre: Zeit im Untergrund Nach erfolglosem Ende seines Studiums kehrte Pol Pot 1952 nach Kambodscha zurück, wo er sich am Aufbau der illegalen kommunistischen Partei (Gründung 1960) beteiligte. Die KP fand wenig Zuspruch, das Volk stand hinter seinem Herrscher, Prinz Sihanouk. Für die Umsetzung seiner Ziele ging Pol Pot in die unwirtlichen Grenzregionen, um mit gesellschaftlichen Randgruppen die ersten Guerillaeinheiten aufzubauen. Im Sinne der maoistischen Lehre versuchte er mit zunächst mäßigem Erfolg, verarmte, rechtlose Bauern für seine Sache zu gewinnen. Nachdem er seinen Vorgänger hatte ermorden lassen, übernahm Pol Pot 1963 den Vorsitz in der KP und versicherte sich in China der Freundschaft Mao Zedongs.

Ab 1965: Zunahme der Macht Mehrere Entwicklungen kamen Pol Pot bei seinem Machtstreben zu Hilfe: Die Korruption der Regierung um Prinz Sihanouk wurde Mitte der 60er Jahre immer offensichtlicher, der Lebensstandard der kambodschanischen Landbevölkerung verschlechterte sich. Als Sihanouk während des Vietnamkriegs Waffentransporte der Vietcong-Einheiten gestattete, bombardierten die USA das Land. Pol Pot verstand es, die verängstigte Bevölkerung für seine Ziele zu gewinnen, besonders nachdem die USA Prinz Sihanouk durch General Lon Nol ersetzt hatten. Sihanouk floh nach China und schloß mit Pol Pot ein Zweckbündnis gegen die USA.

Ab 1975: Pol Pot am «Ziel» Nach langem Kampf setzten sich Pol Pots Einheiten gegen die Regierungstruppen durch. Im April 1975 nahmen seine Roten Khmer Phnom Penh ein. Das Volk kam jedoch nicht zur Ruhe, da der neue starke Mann der «Volksrepublik Kampuchea» sofort mit der Umsetzung seiner Version des Kommunismus (sog. Steinzeitkommunismus) begann: Pol Pot verbot das Leben in den Städten, schaffte Handel und Geld ab, ließ die alten Machthaber umbringen und alle Intellektuellen zur bäuerlichen Umerziehung bei der Landarbeit einsetzen. Auf Befehl des neuen Ministerpräsidenten (ab 1976) wurden Oppositionelle gefoltert, verschleppt oder ermordet.

1979: Ende des Massenmords 1979 bereiteten Truppen aus dem Nachbarland Vietnam der Schreckensherrschaft (rd. 1,5 Mio. Tote) ein Ende. Pol Pot floh zurück in die Wälder des kambodschanisch- thailändischen Grenzgebiets. Während das Volk dankbar auf die Befreier reagierte, unterstützte China die Roten Khmer weiterhin finanziell und materiell. Die UNO-Vollversammlung verurteilte den vietnamesischen Einsatz und erkannte die Regierung Pol Pot 1980 sogar als rechtmäßige Vertretung des Landes an.
Über den Verbleib Pol Pots ist seitdem wenig bekanntgeworden. Nach einer Malaria-Erkrankung und der

Pol Pot

anschließenden Behandlung in Thailand (1980) kursierten Mitte der 80er Jahre Gerüchte über eine angebliche Krebserkrankung. Nach dem Tod seiner ersten Frau soll er ein zweites Mal geheiratet und zwei Kinder haben.
Obwohl der 1979 in Abwesenheit zum Tode verurteilte Massenmörder alle Ämter aufgegeben hat, gilt der 65jährige weiterhin als graue Eminenz der Roten Khmer. Sein offizieller Nachfolger, Khieu Sampan, wurde 1993 Mitglied der Übergangsregierung des Landes (Nationalrat) als Vertreter der Roten Khmer, die sich trotzdem auch weiterhin einem UNO-Friedensplan für ihr Land mit Waffengewalt verweigern.
Die ersten freien Wahlen nach über 23 Jahren wurden 1993 von den Roten Khmer, die etwa 20 % des kambodschanischen Gebiets militärisch kontrollieren, boykottiert.

Yitzhak Rabin

(*1. 3. 1922)

▸ Vom Falken zur Friedenstaube ◂

Als erster Ministerpräsident Israels verhandelte Rabin, 27 Jahre Armeeoffizier und für den israelischen Erfolg im Sechstagekrieg (1967) verantwortlich, direkt mit der palästinensischen Befreiungsorganisation PLO. Resultat war die Unterzeichnung eines Autonomieabkommens für einen Teil der von Israel besetzten Gebiete (1993).

Rabin wurde in Jerusalem geboren. Sein Vater war im 1. Weltkrieg als jüdischer Freiwilliger aus den USA eingewandert, seine Mutter stammte aus Rußland. Nach dem Besuch des landwirtschaftlichen Kadouri-Seminars trat Rabin als 18jähriger der Palmach, einer Elitetruppe der jüdischen Selbstschutzorganisation, bei.

Ab 1941: Profilierung beim Militär 1941 war Rabin am britischen Einmarsch in Syrien beteiligt, drei Jahre später bekämpfte er in der Palmach die britischen Mandatstruppen. 1946 verhafteten ihn die Briten und internierten ihn für sechs Monate. Wieder in Freiheit, stieg Rabin rasch in der Palmach-Hierarchie auf. Nach der Proklamation des Staates Israel machte er in der neu formierten Armee des Landes Karriere. Im 1. Israelisch-Arabischen Krieg 1948/49 sicherte er die Nachschubwege für das belagerte Jerusalem und leitete den Angriff zur Befreiung der eingeschlossenen Stadt. Noch während der Kämpfe heiratete er die aus Königsberg stammende Lea Schloßberg (zwei Kinder).

1967: Erfolgreicher Sechstagekrieg 1964 wurde Rabin zum Generalstabschef ernannt. Er plante den israelischen Angriff auf die arabischen Nachbarn im Sechstagekrieg (Beginn: 5. 6. 1967) und galt als Vater des Erfolges: Der von ihm forcierte Ausbau der Luft- und Panzerverbände erwies sich als kriegsentscheidend. Noch im gleichen Jahr schied Rabin nach 27jähriger Militärzugehörigkeit aus der Armee aus und ging in die Politik. Zunächst arbeitete er sechs Jahre im diplomatischen Dienst (Botschafter in den USA 1968–73), ehe er sich ab 1973 in der Arbeitspartei engagierte.

1974: Erstmals Regierungschef Im Dezember 1973 ernannte Ministerpräsidentin Golda Meir Rabin zum Arbeitsminister. Nach ihrem Rücktritt sechs Monate später wurde er ihr Nachfolger. Um die fortschreitende außenpolitische Isolation seines Landes zu stoppen, erklärte er sich grundsätzlich zu territorialen Zugeständnissen bereit (Teilabzug aus den besetzten Gebieten), konnte sich damit jedoch innerhalb seiner Regierung nicht durchsetzen. Unruhen in den besetzten Gebieten, die Wirtschaftsmisere sowie Korruptionsaffären innerhalb der Arbeitspartei untergruben Rabins Stellung.

Zudem erwuchs ihm in Shimon Peres ein ernstzunehmender parteiinterner Konkurrent. Zwar konnte ihn Rabin bei der Nominierung des Spitzenkandidaten für die Wahl im Februar 1977 noch niederhalten, doch mußte er ihm schon zwei Monate später die Amtsgeschäfte übergeben. Grund: Rabins Ehefrau war in ein Devisenvergehen verwickelt.

1989: Wandlung des Hardliners Im Juli 1984 kehrte Rabin als Verteidigungsminister der Großen Koalition aus rechtsgerichtetem Likud und Arbeitspartei auf die Regierungsbank zurück. Obwohl er den israelischen Rückzug aus dem Libanon durchsetzte, gab er sich innenpolitisch als Hardliner: Rabin befahl das international heftig kritisierte harte Vorgehen der Armee gegen den Palästinenseraufstand (Intifada) in den besetzten Gebieten Westjordanland und Gaza-Streifen.

Anfang 1989 vollzog er eine Kehrtwendung und trat für Friedensgespräche zwischen Israel und seinen arabischen Nachbarn ein. Die politische Entwicklung half ihm, sich mit seiner Position zu profilieren: Likud-Ministerpräsident Yitzhak Shamir, der eine Koalition aus ultrarechten und religiösen Parteien bildete, lehnte jegliche Zugeständnisse Israels an die Araber ab. Im Gegenzug nahm der internationale Druck auf Israel zu, seine kompromißlose Haltung aufzugeben.

Yitzhak Rabin mit US-Präsident Bill Clinton in Washington, 1993

1993: Abkommen mit PLO Rabin entschied die am 23.6.1992 durchgeführten Parlamentswahlen für sich. Trotz heftigen innenpolitischen Widerstands nahm er die angekündigten Verhandlungen mit der PLO auf und unterzeichnete gemeinsam mit PLO-Chef Yassir Arafat am 13.9. 1993 ein Autonomie-Abkommen für den Gaza-Streifen und Jericho im Westjordanland. Gleichzeitig erkannte er die PLO als Vertreterin aller Palästinenser an. Im Gegenzug erreichte er die Anerkennung des Staates Israel durch die PLO sowie eine Gewaltverzichtserklärung.

Eckpunkte des Abkommens zwischen Israel und PLO

- Selbstverwaltung für Palästinenser im Gaza-Streifen und in Jericho
- Israelischer Rückzug aus den besetzten Gebieten bis Mitte April 1994
- Bis Juni 1994 wählen die Palästinenser einen Stadtrat
- Eigene Polizei der Palästinenser
- Einrichtung eines israelisch-palästinensischen Ausschusses zur wirtschaftlichen Zusammenarbeit

Ronald Wilson Reagan

(*6.2.1911)

▸ Ein Schauspieler bestimmt die Weltpolitik ◂

Der 40. US-Präsident (1981–89) wandelte sich unter dem Einfluß der sowjetischen Reformpolitik Michail Gorbatschows vom Militaristen zum Abrüstungsbefürworter. Der frühere Hollywood-Schauspieler stärkte die Bedeutung moralisch-konservativer Werte in den USA.

Bei kleinen Theateraufführungen in der Schule entdeckte der in Tampico/Illinois geborene Sohn irischer Einwanderer seine große Leidenschaft – die Schauspielerei. Der begeisterte Sportler studierte Theaterwissenschaften, Soziologie und Wirtschaft (Examen 1932) und begann als Radio-Sportkommentator in Davenport/Iowa zu arbeiten.

Ab 1937: Filmkarriere Die Filmgesellschaft Warner Brothers wurde 1937 auf das Schauspieltalent aufmerksam und gab ihm einen Vertrag über sieben Jahre. Reagan debütierte als Sportreporter in «Love is on the Air». Im 2. Weltkrieg wurden die Kenntnisse des Hauptmanns der US-Armee für Propagandafilme genutzt.

In Hollywood lernte er die Schauspielerin Jane Wyman kennen, mit der er 1940–48 verheiratet war (zwei Kinder). Obwohl Reagan als Nebendarsteller u.a. mit Humphrey Bogart, Errol Flynn und Lee Marvin vor der Kamera stand, schaffte er den Durchbruch nie: Über Hauptrollen in mittelmäßigen Streifen kam er nicht hinaus. Nach seinem 53. (und letzten) Film – «Hellcats of the Navy» (1957) – trat Reagan bis Mitte der 60er Jahre als Showmaster und Firmenrepräsentant (u.a. für General Electric) im Fernsehen auf.

Ab 1941: Politisches Engagement Als Gewerkschafter (ab 1941), Vorstandsmitglied (ab 1946) und Präsident der Schauspielergewerkschaft (1947–52) suchte Reagan seine politische Heimat zunächst bei den Demokraten, orientierte sich jedoch seit den 50er Jahren immer weiter nach rechts: 1962 trat er zu den Republikanern über. Zwei Jahre später begann Reagan seine erfolgreiche Kampagne zur Wahl als Gouverneur von Kalifornien (1966), die von Hollywoodstars wie John Wayne und Walt Disney unterstützt wurde (Amtszeit 1967–75).

Bei dem Versuch, sich als republikanischer Kandidat für die Präsidentschaftswahl 1976 nominieren zu lassen, scheiterte Reagan an Gerald Ford. Während der nächsten Jahre machte er sich als konservativer Hardliner einen Namen: Der Befürworter weiterer Aufrüstung, von Moral und Ordnung verkörperte die Hoffnung der Bürger auf einen starken Staatschef. Nach einem Erdrutschsieg gegen den Demokraten Jimmy Carter (im November 1980) übernahm Reagan am 20.1.1981 das Präsidentenamt. Zwei Monate nach

Amtsantritt wurde er bei einem Attentat (Lungenschuß) verletzt.

Ab 1981: Chef im Weißen Haus Politische Gegner befürchteten durch den neuen Präsidenten, der die UdSSR als das «Reich des Bösen» bezeichnete, einen Rückfall in den kalten Krieg. Reagan startete sofort ein großangelegtes Aufrüstungsprogramm, das mit dem sog. SDI-Plan (Strategic Defense Initiative) für ein Raketenabwehrsystem im Weltraum ab 1983 seinen Höhepunkt fand. Um die Rüstungsausgaben zu finanzieren, nahmen die USA hohe Kredite auf und avancierten zum größten Schuldnerland der Erde. Innenpolitisch verfügte Reagan einen drastischen Sparkurs zu Lasten der Sozialleistungen. Sein Wirtschaftsprogramm («Reaganomics») sah außerdem umfangreiche Steuersenkungen für Unternehmen vor, erreichte die erhoffte Sanierung der US-Ökonomie jedoch nur teilweise: Die Hochzinspolitik der Regierung steigerte das Haushaltsdefizit.

1981–86: Hardliner der Außenpolitik Seine Konfrontationspolitik, die anfangs nur gegen die UdSSR gerichtet war (Wirtschaftssanktionen), weitete er auf alle mißliebigen Staaten aus: Er unterstützte die sog. Contras gegen die sandinistische Regierung in Nicaragua, strich Entwicklungshilfen, besetzte die Insel Grenada, um die linksgerichtete Regierung zu stürzen (Oktober 1983) und ordnete 1986 die Bombardierung der libyschen Hauptstadt Tripolis an. Trotz militärischer Präsenz erlangten die USA keine Kontrolle über den Nahen Osten.

Nancy und Ronald Reagan in Hollywood, 1957

Ab 1986: Wende zum Friedenspolitiker Dank der Reformpolitik des KPdSU-Generalsekretärs Michail Gorbatschow in der UdSSR gelang in der zweiten Amtszeit des 73jährigen Reagan ab 1985 der Durchbruch zur Abrüstung und Entspannungspolitik. Der innenpolitisch wegen der Iran-Contra-Affäre – Geld aus illegalen Waffengeschäften mit dem Iran wurde geheim an die Contras in Nicaragua überwiesen – angeschlagene Reagan erreichte mit Unterzeichnung des INF-Vertrags 1987 (Vernichtung aller atomaren Mittelstreckenwaffen der USA und der UdSSR) seinen größten Erfolg. Auf die Nominierung zur Präsidentschaftswahl verzichtete der 77jährige 1988 zugunsten seines Nachfolgers George Bush. Der passionierte Reiter lebt mit seiner zweiten Frau Nancy (Heirat 1952; zwei Kinder) auf seiner Ranch in Kalifornien.

Franklin Delano Roosevelt

(30.1.1882–12.4.1945)

▸ Der New Deal war nicht sein einziger Erfolg ◂

Der 32. Präsident der Vereinigten Staaten hatte durch den von ihm veranlaßten Kriegseintritt der USA (Dezember 1941) entscheidenden Anteil am Sieg über Hitler-Deutschland. Seine auf Kooperation gerichtete Außenpolitik bildete die Grundlage für den Aufbau der Vereinten Nationen (1945).

Das Einzelkind einer New Yorker Unternehmerfamilie genoß eine privilegierte schulische Ausbildung: Nach dem Besuch des Eliteinternats in Groton (Neuengland; ab 1896) wechselte Roosevelt für vier Jahre auf die Harvard University in Cambridge, ehe er sein Studium der Rechtswissenschaften an der Columbia University in New York abschloß. 1905 heiratete Franklin eine Verwandte, Eleanor Roosevelt, deren Onkel Theodore von 1901 bis 1909 US-Präsident war. Aus der Ehe stammten sechs Kinder.

Ab 1910: Erste politische Schritte
Roosevelts politische Karriere begann 1910, als er für die Demokratische Partei einen Sitz im New Yorker Senat erhielt. Nachdem er sich 1912 für den neuen US-Präsidenten Woodrow Wilson im Wahlkampf engagiert hatte, holte ihn dieser ein Jahr später als Stellvertretenden Marineminister nach Washington. Während Roosevelt sich vor dem 1. Weltkrieg für den Kriegseintritt der USA einsetzte, wandelte er sich nach 1918 zum Kämpfer für Frieden und Völkerverständigung. Seine Nominierung für die US-Vizepräsidentschaft 1920 endete mit einer Niederlage: Präsidentschaftskandidat James M. Cox verlor die Wahl gegen den Republikaner Warren G. Harding.
Eine Kinderlähmung (1921) unterbrach Roosevelts Karriere für sieben Jahre. Sein eiserner Wille, mit Krücken und Rollstuhl seinen politischen Weg fortzusetzen, prägten den Mythos des «Glücklichen Kriegers», wie er sich während seines Comebacks nannte. Der Gouverneur von New York (seit 1929) wurde 1932 Präsidentschaftskandidat und siegte bei der Wahl gegen den Republikaner Herbert C. Hoover.

New Deal

Erste Phase (1932–35)
- Arbeitsbeschaffungsprogramme
- Abbau der Überproduktion durch
- Arbeitszeitverkürzung, Anhebung der Mindestlöhne, Abbau der Konkurrenzsituation, Reduzierung landwirtschaftlicher Anbauflächen
- inflationäre Wirtschaftspolitik
- Ausweitung des Exporthandels

Zweite Phase (1935–38)
- Stärkung der Gewerkschaften
- Alters-, Arbeitslosen- und Unfallversicherung
- Anhebung der Steuerprogression
- Abbau monopolistischer Wirtschaftsbereiche
- Reform von Banken und Börsen
- Zuwendungen für Landarbeiter

Franklin Delano Roosevelt (Mitte), einer der «Großen Drei» auf der Konferenz in Jalta 1945, bei der die Nachkriegsordnung festgelegt wurde. Rechts Josef Stalin, links Winston Churchill

1932: Erste Amtszeit als Präsident Auf dem Gipfel der Weltwirtschaftskrise (rd. 13 Mio. Arbeitslose in den USA) sorgte Roosevelt mit seiner Politik des «New Deal» für den entscheidenden Aufschwung.
Innenpolitisch führte die Politik des New Deal zur Polarisierung, die den Wahlkampf 1936 bestimmte. Führende Wirtschaftsvertreter wollten sich nicht mit staatlicher Lenkung abfinden, linksgerichteten Arbeitern gingen die eingeleiteten Reformen zu langsam.

1936/40: Wahlsiege Im Konflikt um den New Deal bezog Roosevelt mit einem «Ruck nach links» Position. Diese Wendung gegen die Wirtschaftsbosse und das Engagement für den Weltfrieden (Versprechen: USA bleiben allen fremden Kriegen fern) sorgten für den höchsten Wahlsieg seit über 100 Jahren (60,8 %).
1940 brach Roosevelt durch seine Wiederwahl ein ungeschriebenes Gesetz: Seit den Tagen George Washingtons hatte kein Präsident länger als acht Jahre amtiert. Der US-Präsident gab seine Nichteinmischung in Europa auf und unterstützte England und Frankreich mit der sog. Lend-Lease-Politik gegen Hitler. Nach dem Überfall der Japaner auf Pearl Harbour (1941) traten die USA in den 2. Weltkrieg ein. Ausschlaggebend für diesen Schritt war auch Roosevelts Antipathie gegen Deutschland: Er kannte das Deutsche Reich von Reisen in der Kindheit und hatte sich vor dem 1. Weltkrieg gegen die Monarchie eingesetzt.

1944: Vierte Amtszeit Als sich die Niederlage Deutschlands 1944 abzeichnete und Roosevelt – als einziger US-Präsident – die vierte Amtszeit antrat, begann er mit der Umsetzung seines großen Traums: dem Weltfrieden. Mit Atlantikcharta, UNO und der panamerikanischen Bewegung (freundschaftliche Beziehungen zu den Staaten in Mittel- und Südamerika) wollte er die Nachkriegsordnung zu einer dauerhaften Weltordnung machen, an der auch Stalins UdSSR gleichberechtigt teilhaben sollte. Nach seinem Tod in Warm Springs/Georgia setzte Ehefrau Eleanor seine Arbeit als UNO-Delegierte fort.

Mohammad Anwar as Sadat

(25.12.1918–6.10.1981)

▸ Araber reicht Juden Hand zum Frieden ◂

Als Präsident leitete Sadat in den 70er Jahren eine Neorientierung der ägyptischen Politik ein. Nachdem er im Jom-Kippur-Krieg (1973) den Mythos von der Unbesiegbarkeit Israels zerstört hatte, setzte er auf eine friedliche Lösung des Nahost-Konflikts und unterzeichnete 1979 einen Friedensvertrag mit dem Nachbarstaat Israel.

Der Fellachensohn, Kind einer Sudanesin und eines Ägypters, wuchs in dem kleinen Dorf Mit Abu Al Kaum im Nildelta auf. Als Anwar sechs Jahre alt war, zog die Familie nach Kairo, wo der Vater in einem Krankenhaus arbeitete. Anwar besuchte zunächst eine Privatschule, später die öffentliche Oberschule. Nach dem Abitur schlug er eine militärische Laufbahn ein und wurde in die Ägyptische Militärakademie in Kairo aufgenommen. Während der Ausbildung lernte er den späteren ägyptischen Präsidenten Gamal Abd el-Nasser kennen. Mit ihm gehörte Sadat zu den elf Offizieren, die 1938 das Komitee der Freien Offiziere gründeten, um Ägypten vom Einfluß der britischen Mandatsmacht zu befreien.

1942–49: Zeit außerhalb der Armee Wie die meisten ägyptischen Offiziere sympathisierte Sadat während des 2. Weltkriegs mit den Deutschen, den Gegnern Großbritanniens 1942 wurde er wegen antibritischer Äußerungen verhaftet und aus der Armee ausgeschlossen. Ende der 40er Jahre arbeitete er als Zeitungsreporter, ehe er 1949 wieder in die Armee eintreten durfte. Im gleichen Jahr heiratete er Jihan, die Tochter einer Engländerin und eines Ägypters (vier Kinder).

1952–70: Mitglied im Revolutionsrat Am 23.6.1952 beteiligte sich Sadat am Putsch der Freien Offiziere gegen König Faruk I. Im obersten Machtorgan, dem regierenden Revolutionsrat, war der inzwischen zum Oberst beförderte Sadat für das Pressewesen zuständig. Er leitete u.a. die Staatszeitung «Al Gumhuria». Mit seinen Artikeln und Kommentaren erwarb er sich rasch den Ruf als «Stimme Nassers».

Das enge Vertrauensverhältnis zum Staatspräsidenten zeigte sich auch 1957, als Sadat in seinem Auftrag die Gründung der Einheitspartei Nationale Union vorbereitete, deren Generalsekretär er war (1957–61). Nach dem plötzlichen Tod Nassers (28.9.1970) führte Sadat die Staatsgeschäfte.

1970–72: Festigung der Macht Mit Hilfe ergebener Polizei- und Armeeverbände verhaftete der vermeintliche Übergangskandidat seine innenpolitischen Gegner, darunter den Innenminister, den Verteidigungsminister sowie den Geheimdienstchef. Sadats Bruch mit der Sowjetunion (Juli 1972), die sich ägyptischen Waffenwünschen verschlossen hatte, führte zu weiteren Konflikten, in deren Verlauf Sadat das Amt des Ministerpräsidenten übernahm.

1973: Jom-Kippur-Krieg Mit dem überraschenden Angriff auf Israel (6.10.1973) am Jom-Kippur, dem höchsten jüdischen Feiertag, versuchte Sadat, seine Ausgangsposition für spätere Nahost-Verhandlungen zu verbessern. Zwar endete der Krieg mit einem militärischen Patt, doch war es Sadat gelungen, den Mythos von der israelischen Unbesiegbarkeit zu zerstören.
Außenpolitisch wendete sich Ägyptens Präsident nun stärker dem Westen zu, im Inneren leitete er eine vorsichtige Liberalisierung ein. 1976 verkündete Sadat die Bildung politischer Parteien. Obwohl zwei Jahre später der Übergang vom Ein- zum Mehrparteiensystem abgeschlossen wurde, blieb die dominierende Stellung von Sadats Nationaldemokratischer Partei (gegründet 1978) unangetastet.

1977–79: Weg zum Frieden mit Israel Sadats Besuch in Jerusalem (19./20.11.1977) bedeutete die faktische Anerkennung des Staates Israel und leitete Friedensverhandlungen zwischen beiden Staaten ein. Zehn Monate später unterzeichneten Israels Ministerpräsident Menachem Begin und Sadat in Camp David (USA) zwei Rahmenabkommen, die die Grundlage des späteren Friedensvertrags zwischen beiden Ländern (26.3.1979) bildeten. Ende 1978 erhielten beide Politiker den Frie-

Anwar as Sadat, 1981

densnobelpreis. Während Sadat die Friedenssehnsucht seines Volkes richtig eingeschätzt hatte, isolierte ihn das Abkommen in der arabischen Welt, die den Separatfrieden mit Israel als Verrat betrachtete.

Ab 1979: Wachsende Opposition Die Weigerung Israels, den Friedensvertrag in allen Punkten zu erfüllen, schwächte Sadats Position. Die innenpolitische Opposition, insbesondere die islamischen Fundamentalisten, machten den Präsidenten für die Isolation Ägyptens und die daraus resultierenden wirtschaftlichen Probleme verantwortlich. Sadat, der mit einer Verhaftungswelle reagierte, unterschätzte den Haß, der ihm von seiten radikaler Gruppierungen entgegenschlug. Im Oktober 1981 wurde er während einer Militärparade in Kairo von religiösen Fanatikern erschossen.

António de Oliveira Salazar

(28.4.1889–27.7.1970)

▸ Letzter Kolonialist Europas ◂

Der portugiesische Ministerpräsident (1932–68) errichtete einen autoritären Ständestaat, in dem er diktatorisch regierte. Nach dem 2. Weltkrieg kämpfte er gegen die Auflösung des portugiesischen Kolonialreichs in Afrika.

Von Kindheit an wurde Salazar, geboren in Santa Comba-Dão in der Provinz Beira Alta, Sparsamkeit gepredigt. Seine Eltern hatten sich aus kleinsten bäuerlichen Verhältnissen zu Herbergsbesitzern hochgearbeitet. Der dörflichen Enge und dem weitverbreiteten Analphabetismus entkam Salazar durch den Besuch des Priesterseminars.

1914–16: Vom Priester zum Professor 1914 wurde Salazar in Vislu zum Priester geweiht. Zwei Jahre später gab er das Priesteramt wieder auf, nachdem der Staat einen gegen die Kirche gerichteten Erlaß verkündet hatte. Statt dessen studierte Salazar Rechts- und Finanzwissenschaften. Mit 27 Jahren erhielt er als ordentlicher Professor einen Lehrstuhl für Volkswirtschaft und Finanzwissenschaften in Coimbra.

1926: Vier Tage Minister Salazar, Mitglied der Volkspartei, geißelte im rechtskonservativen Parteiorgan «As Novidades» die korrupte Finanzpolitik der Regierung. Als er seine Vorschläge zur Wirtschaftssanierung veröffentlichte, berief ihn 1926 der neue Militärmachthaber Marschall Gomes da Costa zum Finanzminister. Salazar verbrachte genau vier Tage auf seinem ersten Ministerposten, dann trat er ab, weil er seine strikte Sparpolitik nicht hatte durchsetzen können.

1928: Rückkehr in die Regierung Als Portugal 1928 vor dem wirtschaftlichen Zusammenbruch stand, schlug die Stunde Salazars. Sein vor zwei Jahren abgelehntes Wirtschaftskonzept wurde nun akzeptiert; der Professor übernahm erneut das Amt des Finanzministers. Unter dem Schutz der Militärjunta sanierte Salazar die Wirtschaft und beendete Mißwirtschaft und Korruption. Obwohl die harten Einschnitte jeden einzelnen trafen, stärkte der Minister mit seiner Politik das Nationalbewußtsein: Das Land konnte auf die vom Völkerbund in Aussicht gestellte Finanzhilfe verzichten.

1933: Geburt des «Neuen Staates» Wegen seiner Erfolge wurde Salazar 1932 zum Ministerpräsidenten ernannt. Ein Jahr später verankerte er in einer neuen Verfassung den ständisch-autoritären «Estado novo» (neuer Staat). Das Parlament schaltete er weitgehend aus und bündelte die Macht in seinen Händen. Zwar ließ er Wahlen zu, doch durfte nur die von ihm 1930 gegründete Einheitspartei União Nacional antreten.

Oppositionelle Regungen erstickte Salazar mit Hilfe der Geheimpolizei PIDE und der portugiesischen Legion, der Parteimiliz. Er organisierte alle Arbeitgeber und Arbeitnehmer in berufsständischen Körperschaften; Streiks waren untersagt. Indem Salazar die Familie als Kern aller Körperschaften betrachtete und das Sittengesetz über alles stellte, sicherte er sich die Unterstützung der katholischen Kirche.

Antonio Salazar

Nach 1945: Westliche Einbindung und Erhalt der Kolonien Nach dem 2. Weltkrieg, in dem Portugal neutral blieb, suchte Salazar die Annäherung an den Westen (Gründungsmitglied der NATO 1949). Auf Drängen der neuen Verbündeten erklärte er sich scheinbar zu vorsichtiger Demokratisierung bereit: Jeweils zwei Monate vor den Wahlen erkannte er die Opposition offiziell an und gestattete ihr einen Wahlkampf. Nach den Wahlen, die die União Nacional dank des Wahlsystems stets mit überwältigender Mehrheit gewann, verbot er die Opposition wieder.

Salazar machte aus Portugal ein wirtschaftlich rückständiges Land. Er vernachlässigte die dringend erforderliche Industrialisierung; mit der Hälfte des Staatshaushalts förderte er die Kolonialtruppen. Unter allen Umständen wollte er die überseeischen Besitzungen des Landes erhalten. Nach dem Aufstand in Angola (1961) übernahm er das Amt des Verteidigungsministers und ließ die Rebellion niederschlagen.

Ab 1968: Auf dem Krankenlager Zwei Schlaganfälle im Herbst 1968 machten Salazar amtsunfähig. Die Ärzte hielten ihn künstlich am Leben, bis mit Marcelo de Caetano ein Nachfolger gefunden war. Der Mitarbeiter Salazars leitete eine vorsichtige Liberalisierung ein. Salazar, der geistige Schäden zurückbehalten hatte, starb zwei Jahre später 81jährig in Lissabon.

Grundlagen des Estado Novo

- Sicherung der Nation in ihrem Recht auf Unabhängigkeit und Kolonialbesitz
- Neufassung des Staates, «stark in seiner Macht durch das Sittengesetz»
- Festigung der Exekutivgewalt gegenüber der Legislative
- Staatsbürger als «abstrakte Fiktion des Individualismus» wird durch Familie als Kern der Körperschaften abgelöst
- Körperschaften bilden autoritären Rahmen der Gesellschaftsordnung

Robert Schuman

(29. 6. 1886–4. 9. 1963)

▸ Kopf der europäischen Einheit ◂

Der französische Ministerpräsident (1947/48) und Außenminister (1948–53) legte nach dem 2. Weltkrieg den Grundstein für friedliche Kooperation in Westeuropa auf politischer, wirtschaftlicher und militärischer Ebene und setzte sich für die Aussöhnung von Deutschen und Franzosen ein.

Der in Luxemburg geborene und im damals deutschen Elsaß-Lothringen aufgewachsene Sohn eines Zollbeamten studierte ab 1904 Rechtswissenschaften in Berlin, Bonn, München und Straßburg. Zwei Jahre nach seiner Promotion (1910) eröffnete Schuman eine bald sehr erfolgreiche Anwaltskanzlei in Metz. Nachdem Elsaß-Lothringen nach der deutschen Niederlage im 1. Weltkrieg an Frankreich zurückgefallen war, erhielt er offiziell die französische Staatsbürgerschaft.

Ab 1919: Engagement in der Politik Der überzeugte Katholik, der beide – noch verfeindeten – Völker bestens kannte, entdeckte die Politik als seine große Leidenschaft, deretwegen er zeitlebens selbst auf eine Heirat verzichtete. 1919 wurde er Abgeordneter der Demokratischen Volkspartei in Paris, ohne sich der herrschenden Meinung – einem harten, unnachgiebigen Kurs gegenüber Deutschland – anzuschließen. Schuman setzte auf Verständigung mit dem einstigen Kriegsgegner, fand jedoch keine Mehrheiten für seine Ideen. In der neugegründeten Parlamentarischen Kommission für Elsaß-Lothringen übernahm Schuman 1928 die Präsidentschaft (bis 1936).

Ab 1940: Zeit der Bewährung Die Geschichte schien sich gegen Schumans Pläne zu wenden: Im 2. Weltkrieg besetzten die Deutschen Paris (Juni 1940); Schuman kam in Gefangenschaft, konnte jedoch 1942 entkommen. Im Kampf gegen die Besatzer engagierte er sich in der Résistance, der französischen Widerstandsbewegung. Gemeinsam mit einigen Kampfgefährten gründete er 1944 die christdemokratische Republikanische Volksbewegung (MRP), die ein Jahr später bei den ersten Nachkriegswahlen zur stärksten Partei des Landes wurde. Der zum Führungszirkel der Partei zählende Schuman war bis 1946 Abgeordneter in beiden Kammern, von 1946–62 Mitglied der französischen Nationalversammlung.

Ab 1946: Minister der Vierten Republik In der Koalitionsregierung von Sozialisten, Kommunisten und MRP leitete der Jurist 1946/47 das von ihm eher ungeliebte Finanzressort, ehe er 1947 mit Beginn des kalten Kriegs und nach Ausschluß der Kommunisten selbst Ministerpräsident wurde. Seine größten Leistungen vollbrachte er jedoch als Außenminister – ein Ressort, das er 1948 übernahm.

1948: Einsatz für Europa Nach Ende des 2. Weltkriegs und Beginn des ideologischen Konflikts mit dem Osten sah auch Frankreich die Notwendigkeit einer engen Zusammenarbeit in Westeuropa zur Sicherung des Friedens ein. Schuman nutzte die allmähliche Lösung vom Nationalstaatsdenken, um sein Ziel eines gemeinsamen Europas umzusetzen. Unter seiner maßgeblichen Mitarbeit entstanden bis Ende der 50er Jahre wesentliche Organisationen zur europäischen Einigung.
Kernstück seiner Bemühungen war der nach ihm benannte Plan zur Montanunion, den er gemeinsam mit seinem Freund Jean Monnet erarbeitet hatte. Die multilaterale Zusammenarbeit bei Kohle und Stahl sollte nationale Rüstungsanstrengungen künftig verhindern helfen. 1949 hatte Schuman als Außenminister außerdem großen Anteil am französischen «Ja» zum NATO-Beitritt.

Robert Schuman, 1948

1953–63: Die letzten Jahre Nach einer Regierungskrise mußte der französiche Außenminister 1953 sein Amt räumen und trat zwei Jahre später als Justizminister erneut ins Rampenlicht. 1958 wurde Robert Schuman mit 72 Jahren erster Präsident des neu gegründeten Europaparlaments in Straßburg (bis 1960). 1963 starb er in seinem Wohnort Scy-Chazelles nahe Metz.

Schritte zur europäischen Einheit 1948–57:

16.4.1948	16 Länder gründen die Organisation für europäische wirtschaftliche Zusammenarbeit in Paris (OEEC; ab 1960 OECD)
Herbst 1948	Zusammenschluß mehrerer Organisationen und Staaten zur Europäischen Bewegung; Schuman erster Präsident (Neuwahl 1955)
5.5. 1949	Bildung des Europarats in Straßburg nach Paneuropa-Kongreß in Den Haag (7.5.1948); zunächst zehn Mitgliedsstaaten
19.9.1950	Zusammenschluß zur Europäischen Zahlungsunion (EZU) innerhalb der OEEC (inkl. Bundesrepublik Deutschland)
18.4.1951	Gründung der Montanunion nach Schuman-Plan (Europäische Gemeinschaft für Kohle und Stahl); anfangs sechs Mitgliedsländer
27.5.1952	Vertragsabschluß zur Europäischen Verteidigungs-Gemeinschaft (EVG); die Ratifizierung scheiterte 1954 am französischen Veto
25.3.1957	Europäische Atomgemeinschaft (EURATOM); Mitglieder: Montanunion-Staaten (Benelux, BRD, Frankreich, Italien)
25.3.1957	Unterzeichnung des EWG-Vertrags in Rom; ab 1967 EG; Mitglieder zunächst die sechs Montanunion-Staaten

Léopold Sédar Senghor

(*9. 10. 1906)

▸ Mit der Négritude zur afrikanischen Einheit ◂

Mit seinem Konzept der Négritude avancierte Senghor nach dem 2. Weltkrieg zum Vorkämpfer der afrikanischen Einheit. Der senegalesische Präsident (ab 1960) erwarb als Vermittler zwischen Europa und Afrika internationale Anerkennung. Als erster afrikanischer Staatschef trat er 1980 freiwillig zurück.

Der in Joal (Senegal) geborene Sohn eines wohlhabenden Erdnußexporteurs hatte etwa 20 Geschwister. Nach dem Besuch der französischen Missionsschule kam er auf das katholische Seminar in Dakar, das er 1926 mit Auszeichnung abschloß. Ein Jahr später erhielt er ein Stipendium in Paris und bestand 1935 an der Eliteschule École Nationale Supérieure als erster afrikanischer Staatsbürger das Staatsexamen für das höhere Lehramt.

Ab 1943: Politisches Engagement 1940 wurde Senghor, der als Lehrer arbeitete, zu einem Infanteriebataillon der Kolonialtruppen eingezogen und geriet in deutsche Kriegsgefangenschaft (1943). Nach seiner Rückkehr engagierte er sich in Paris im Widerstand. 1946 gründete er mit Mamadou Diaf den Demokratischen Senegalesischen Block (BDS), mit dem ihm erstmals die politische Mobilisierung der Landbevölkerung gelang. Noch im selben Jahr zog er als Abgeordneter des Senegal in die Verfassunggebende Versammlung in Paris ein.

Ab 1946: Propagierung der Négritude 1949 trat Senghor der Gruppe der Unabhängigen der Überseeischen Gebiete (IOM) bei und wurde zwei Jahre später zu deren Sprecher gewählt. Als Vorkämpfer der Unabhängigkeit des schwarzen Erdteils avancierte er zur Leitfigur vieler schwarzafrikanischer Staaten. In seinem Konzept der Négritude (bereits in den 30er Jahren entstanden) forderte er eine Rückbesinnung der Afrikaner auf ihre traditionellen Werte und ihre Geschichte. Nur aus dem Selbstbewußtsein als Afrikaner könne die Bevölkerung für bessere Lebensbedingungen kämpfen. Die Négritude umschrieb nicht nur die politische Position Senghors, sondern prägte auch sein reichhaltiges literarisches Werk. Erste Veröffentlichung war der Gedichtband «Chants d'ombre» (1945).

Ab 1958: Erstmals Präsident Bis Mitte der 50er Jahre war Senghor ein Wanderer zwischen den Welten, geprägt von westlichen und afrikanischen Einflüssen. 1956 kehrte er endgültig in seine Heimat zurück. Im selben Jahr gelang es ihm, die radikalen Kräfte der sog. afrikanischen Sammlungsbewegung in der Partei der Afrikanischen Umgruppierung (PRA) zusammenzufassen. 1958 stand Senghor an der Spitze der sog. Mali-Föderation, die aus dem

Senegal und Französisch-Sudan gebildet worden war. Als die Föderation zwei Jahre später zerfiel, wurde er einstimmig zum Präsidenten des unabhängigen Senegal gewählt. Seine Westorientierung brachte ihn in Konflikt mit seinem ehemaligen Kampfgefährten, Ministerpräsident Dia, dessen Putschversuch im Dezember 1962 scheiterte. Daraufhin übernahm Senghor selbst das Amt des Regierungschefs (bis 1970) und verbot alle Parteien. Zugelassen blieb einzig die aus dem BDS hervorgegangene Progressive Union (UPS).

Léopold Senghor

Ab 1962: Vermittler zwischen zwei Kontinenten Als Präsident setzte Senghor seine Bemühungen um die afrikanische Einheit fort und war 1963 maßgeblich an der Gründung der afrikanischen Staatenorganisation OAU beteiligt. Er trat für eine enge Partnerschaft zwischen Westeuropa und Afrika ein, Auswirkung seines Lebens zwischen zwei Kulturen, das zahlreiche Widersprüchlichkeiten zeitigte: So predigte er die Rückbesinnung auf afrikanische Werte, stattete seine Residenz in Dakar aber mit französischen Stilmöbeln aus. Dieses «Grenzgängertum» brachte ihm die Kritik radikaler Nationalisten ein, die ihn als «Puppe der Weißen» verhöhnten und ihm insbesondere seine zweite Ehe mit einer weißen Französin (ab 1957, drei Kinder) übelnahmen.

1965: Fragwürdiges Mehrparteiensystem Die internationale Vermittlerrolle Senghors stand im Gegensatz zur Politik im eigenen Land. Seine kulturellen Maßnahmen kamen in erster Linie der schmalen Oberschicht zugute. Auch seine demokratischen Ideale verwirklichte er im Inneren nur unzureichend. Obwohl er 1965 ein Mehrparteiensystem einführte, blieb die alleinige Macht bei der UPS (ab 1976 Sozialistische Partei, PS). Oppositionsparteien wurden nur zugelassen, wenn sie eine der «wesentlichen politischen Grundströmungen des Landes» widerspiegelten. Die Linksopposition verfolgte Senghor ebenso wie die radikalen Muslims.

1980: Freiwilliger Rücktritt Wie angekündigt trat Senghor 1980 freiwillig von seinem Amt zurück – ein bis dahin einmaliger Vorgang in Afrika. Nachfolger als Staats- und Parteichef wurde sein Vertrauter, der bisherige Ministerpräsident Abdou Diouf. Einfluß auf die Politik behielt Senghor auch weiterhin – als sog. Maudo (Ratgeber) steht er Partei und Regierung zur Verfügung.

Prinz Samdech Preah Norodom Sihanouk

(*31. 10. 1922)

Der kambodschanische König (1941–55 und ab 1993) galt nach dem 2. Weltkrieg als Symbolfigur der Unabhängigkeitsbewegung seines Landes. In den 80er und 90er Jahren war er treibende Kraft der Demokratisierung und Befriedung seiner vom Bürgerkrieg gezeichneten Heimat.

Der Sohn des kambodschanischen Prinzen Norodom Suramarit besuchte die französischen Schulen in Saigon und Paris, ehe er 1941 mit 18 Jahren König wurde. Sein Großvater, König Sisowath Monirong, hatte auf Druck der japanischen Invasionstruppen den Thron verlassen müssen. Nach dem Abzug der Japaner (1945) und der Rückkehr der französischen Kolonialtruppen erweiterte sich die Handlungsfreiheit des jungen Monarchen. In Paris wurde er in einer Militärschule zum Hauptmann ausgebildet.

1949–55: In Frieden zur Freiheit Der diplomatisch versierte Sihanouk hatte in Frankreich einflußreiche Freunde gewonnen. Mit seiner Drohung, sich notfalls mit den Kommunisten zu arrangieren, erreichte er den Abzug aller französischen Truppen. Das Ende der Kolonialherrschaft war zudem auf der Indochinakonferenz 1954 unter Teilnahme Sihanouks festgelegt worden. So erhielt das Land – seit 1949 bereits eigenständig innerhalb der Französischen Union – am 2.3.1955 seine Unabhängigkeit.

Ab 1955: Starker Mann trotz Abdankung Nach dem Erfolg bei der Genfer Indochina-Konferenz sah Sihanouk seine Zukunft in der Politik. Er dankte ab (1955) und überließ seinem kranken Vater den Thron, um sich als Ministerpräsident (Wahlerfolg seiner Volkssozialistischen Einheitspartei mit über 80% der Stimmen) außenpolitisch zu etablieren. Er vertiefte die Beziehungen zum Westen, vor allem zu den USA, schloß aber auch mit dem kommunistischen China einen Freundschaftsvertrag. Als sein Vater 1960 starb, verzichtete Sihanouk auf den Königstitel, ließ sich jedoch zum Staatschef ernennen. Auch die ständig wachsenden Korruptionsvorwürfe gegen die Regierung des überzeugten Buddhisten konnten seine Popularität im Volk kaum schmälern.

Ab 1970: Leben im Exil Nachdem Sihanouk den nordvietnamesischen Kriegsgegnern der USA im Vietnamkrieg gestattet hatte, Nachschubverbindungen für die Vietcong-Einheiten durch Kambodscha anzulegen, bombardierten US-Truppen 1969/70 das Land. Während einer Reise nach China wurde Sihanouk im März 1970 durch einen Putsch des US-unterstützten Generals Lon Nol entmachtet und in Abwesenheit zum Tode verurteilt.

Währenddessen bildete der Prinz gemeinsam mit seinen früheren Gegnern, den kommunistischen Roten Khmer unter Pol Pot, eine Exilregierung in China und rief zum Widerstand gegen Lon Nol auf. Obwohl faktisch Staatschef, erhielt Sihanouk auch nach dem miltärischen Sieg der Roten Khmer 1975 keine Machtposition in Kambodscha. Der Prinz blieb unter ständiger Aufsicht der Roten Khmer – fürstlich bewirtet – in Peking bzw. Pjöngjang (Nordkorea) und verzichtete 1976 auf alle Ansprüche als Staatschef, während Pol Pot seine Schreckensherrschaft in Kambodscha etablierte. 1979 setzte der Einmarsch von vietnamesischen Truppen dem Regime ein Ende.

Norodom Sihanouk, 1984

Ab 1980: Suche nach Weg aus dem Bürgerkrieg Obwohl Sihanouk von den Roten Khmer wie ein Gefangener behandelt worden war und von den zahlreichen Verbrechen Pol Pots wußte, verurteilte er den vietnamesischen Einmarsch in Kambodscha. Auf Druck Chinas, das die Roten Khmer seit den 60er Jahren militärisch und wirtschaftlich unterstützte, kam es 1982 in Kuala Lumpur (Malaysia) gemeinsam mit den Roten Khmer zur Gründung einer Exilregierung. Sihanouk wurde zur Integrationsperson des militärischen, antivietnamesischen Widerstands seiner Nationalen Einheitsfront für ein unabhängiges, neutrales, friedliches Kambodscha (Moulinaka). Nachdem die provietnamesische Regierung unter Heng Samrin mehrere Vorschläge Sihanouks für die friedliche Beendigung des Bürgerkriegs abgelehnt hatte, kam es 1987 zu einem ersten Treffen zwischen Vertretern Vietnams und Sihanouk. Zwei Jahre später zogen sich die vietnamesischen Truppenverbände aus Kambodscha zurück.

1991: Rückkehr an die Macht 1991 einigten sich die Bürgerkriegsparteien dank der Bemühungen Sihanouks auf einen Friedensschluß unter Aufsicht der UNO. Der an Krebs erkrankte 68jährige kehrte als Präsident einer Übergangsregierung (Nationalrat) mit seiner Frau, Prinzessin Monique, nach 21 Jahren Exil in sein Land, und im September 1993 nach 38 Jahren Unterbrechung auf den Thron zurück.

Bei den ersten freien Wahlen seit Beginn des Bürgerkriegs in Kambodscha (1993) wurde die royalistische Partei FUNCINPEC um Sihanouks Sohn Norodom Ranaridh mit 58 von 120 Sitzen stärkste Partei der verfassunggebenden Versammlung.

Mário Alberto Nobre Lopes Soáres

(*7. 12. 1924)

▸ Begründer der Demokratie in Portugal ◂

Nach der sog. Nelkenrevolution in Portugal (1974) war der Sozialist, der schon als Jugendlicher gegen die Diktatur gekämpft hatte, die prägende politische Figur. Soáres leitete die rechtsstaatliche Entwicklung Portugals ein und erreichte als Ministerpräsident den Beitritt zur EG (1985/86).

Soáres' Vater war Direktor einer angesehenen liberalen Schule in Lissabon. Seinen Kampf gegen die Diktatoren Pimento de Castro und Sidonio Pães bezahlte er mit Gefängnis und Verbannung. Mário wollte zunächst Lehrer werden, doch wegen der «Vergangenheit» seines Vaters verweigerte ihm die politische Polizei PIDE das notwendige Leumundszeugnis. Mario Soáres studierte Rechtswissenschaften in seiner Geburtsstadt Lissabon sowie an der Pariser Sorbonne und promovierte.

Ab 1940: Kampf gegen die Diktatur Anfang der 40er Jahre engagierte sich Soáres politisch gegen das Regime von Diktator António de Oliveira Salazar. Mehrmals zeichnete er für den staatlich stark reglementierten Wahlkampf der oppositionellen Präsidentschaftskandidaten verantwortlich. In der Folge wurde er von der PIDE bespitzelt und verbrachte 1949 sechs Monate in Haft. Im gleichen Jahr folgte sein Ausschluß aus der von Kommunisten beherrschten Oppositionsfront MND (Nationaldemokratische Bewegung). Grund: Obwohl politisch links, lehnte Soáres den Kommunismus als totalitäre Staatsform strikt ab. Ebenfalls 1949 heiratete der Bücherliebhaber die Schriftstellerin und Schauspielerin Maria Barroso (zwei Kinder).

1950–1973: Verfolgung und Exil Ab 1950 arbeitete Soáres im leitenden Gremium der Sozialdemokratischen Aktion. Seine Versuche, die Hintergründe des Mordes am ehemaligen oppositionellen Präsidentenkandidaten General Delgado aufzuklären, machten ihn zu einem der gefürchtetsten Anwälte des Landes. Diesen Ruf bezahlte Soáres schwer mit persönlichen Opfern: Bis 1968 kam er insgesamt zwölfmal in Haft; im März 1963 wurde er für mehr als fünf Jahre (bis November 1968) auf die zu Portugal gehörende afrikanische Atlantikinsel São Tomé verbannt.
Die staatliche Repression schmälerte sein Engagement jedoch nicht. 1970 kritisierte er im Ausland öffentlich die konservative portugiesische Kolonialpolitik (Erhaltung des Kolonialreichs). Daraufhin schickte ihn Salazars Nachfolger Marcelo Caetano ins Exil.
Von Paris aus hielt Soáres Kontakt zu vielen Sozialisten und Sozialdemokraten in Europa. Am 19.4.1973 rief er, maßgeblich von den deutschen Sozialdemokraten unterstützt, in Bad Münstereifel die Sozialisti-

sche Partei Portugals (Partido Socialista, PSP) ins Leben.

1973: Rückkehr nach Portugal Nach dem Ende der Diktatur durch die sog. Nelkenrevolution (25.4.1974) kehrte Soáres in seine Heimat zurück. Er machte die PSP zur mitentscheidenden politischen Kraft. Als Außenminister war er ab Mai 1974 für die schnelle Entkolonialisierung verantwortlich, aber auch für die daraus resultierenden Bürgerkriege (z. B. in Angola).
Im Juli 1975 trat Soáres aus Protest gegen den wachsenden Einfluß der Kommunisten, die eine Einheit von Volk und Armee herstellen wollten und Kommunalwahlen ablehnten, zurück. Moralisch integer, organisierte er den Widerstand gegen diese Politik und fand im Volk breite Unterstützung. Eine weitere Stärkung seiner Position brachte der Putschversuch linker Militärs im November 1975. In den folgenden Verfassungsverhandlungen konnte Soáres seine Vorstellungen von einem rechtsstaatlichen System weitgehend durchsetzen.

1976: Erstmals Ministerpräsident Als Chef einer Minderheitsregierung (ab 23.7.1976) etablierte Soáres endgültig den Rechtsstaat. Mit seiner berechenbaren Politik brachte er viele ausländische Investoren ins Land, die der darniederliegenden Wirtschaft zum Aufschwung verhalfen. Bereits zwei Jahre später stürzte er über ein von ihm vertretenes Agrarreformgesetz (Rückgabe besetzter Landgüter an die rechtmäßigen Eigentümer). Von Juli 1983 bis Oktober 1985 war er erneut Ministerpräsident und erreichte die Aufnahme Portugals in die EG (offizieller Beitritt: 1986).

Mário Soáres, 1975

Ab 1986: Staatspräsident Ein halbes Jahr nach einer schweren Wahlniederlage (6.10.1985), die sein politisches Ende zu besiegeln schien, konnte Soáres seine nie verheimlichten Ambitionen auf das höchste Staatsamt umsetzen. Trotz des schlechten Abschneidens im ersten Wahlgang (nur 25% der Stimmen), wurde er am 16.2.1986 im zweiten Durchgang mit Unterstützung der Kommunisten zum Staatspräsidenten gewählt.
Nach der Wahl gab Soares demonstrativ das Parteibuch für die Dauer seiner Amtszeit zurück, denn er sieht sich als Präsident aller Portugiesen. Folglich hält er sich aus allen Parteienstreitigkeiten heraus und tritt als Vermittler in politischen Streitfragen hervor.

Anastasio Somoza Debayle

(5.12.1925–17.9.1980)

▸ US-Marionette unterliegt Sandinisten ◂

Der nicaraguanische Staatspräsident war der letzte Diktator des Somoza-Clans. Er beutete sein Volk systematisch aus und brachte rund eine halbe Mrd. Dollar außer Landes. Nach blutiger Unterdrückung der Opposition wurde er 1979 von der sandinistischen Befreiungsbewegung vertrieben.

Anastasio, nahe der nicaraguanischen Hauptstadt als Sohn des späteren Staatspräsidenten Anastasio Somoza sen. geboren, wurde nach Abschluß seiner Schulzeit in Managua an der US-Militärakademie West Point ausgebildet (bis 1946). Zurück in seinem Heimatland, begann er die angestrebte Karriere als Offizier: Zunächst war er als Generalinspekteur für die Ausbildung des Nachwuchses zuständig, 1947 kommandierte er bereits die Leibgarde seines Vaters, des Staatspräsidenten. Ein Jahr später übernahm er die Leitung der nicaraguanischen Militärakademie. Mit 24 Jahren hatte es der Sohn des Diktators zum Generalstabschef gebracht. 1956, im Todesjahr seines Vaters, bekam er den Oberbefehl über die Nationalgarde. Drei Jahre vor seiner Machtübernahme erhielt er 1964 den höchsten militärischen Rang eines Divisionsgenerals.

Ab 1967: Staatspräsident Nach dem Tod des Übergangspräsidenten René Schick (1966), der eine «Marionette» der Familie Somoza war, setzte Anastasio die jahrzehntelange Somoza-Tradition fort: Er ließ sich von der familieneigenen Liberalen Partei zum Präsidentschaftskandidaten aufstellen; der Wahlsieg am 5.2.1967 war nur noch eine Formsache. An der Ausbeutung seines Landes und der Unterdrückung des Volkes änderte der neue Staatschef nichts. Mit wirtschaftlicher Unterstützung der USA führte er ein Leben im Überfluß, während vor allem die Landbevölkerung weitgehend mittellos war. Nach einem schweren Erdbeben in Managua (1972) ließ er die Hauptstadt mit hohen Gewinnen

Chronik der Somoza-Herrschaft

1926	Der Plantagenbesitzer Anastasio Somoza sen. wird, unterstützt von den USA, Chef der Nationalgarde
1937–56	Diktatur Somozas; Ausbeutung des Volkes; rd. 50 % des Privatbesitzes in Familienhand
1956	Ermordung von Anastasio Somoza sen.; sein Sohn Luis leitet vorsichtige Reformen ein
1963	Ende der Amtszeit von Luis Somoza
1967	Anastasio Somoza jun. übernimmt die Macht in Nicaragua

auf seinen Ländereien neu aufbauen. Die neu entstehenden Fernsehanstalten brachte er weitgehend unter seine Kontrolle. Die wichtigsten Industriebereiche waren ebenso in der Hand der Somoza-Familie wie die großen Handelsketten des mittelamerikanischen Landes.

1972/74: Neuwahl nach Verfassungsbruch Da Anastasio Somozas Amtszeit 1972 ablief, setzte er die Verfassung außer Kraft, um seine Macht zu sichern: Eine neuzuwählende Verfassunggebende Versammlung sollte seine zweite Amtszeit beschließen. Die Wahl wurde für 1974 angesetzt; in der Zwischenzeit leitete Somoza inoffiziell durch eine ihm ergebene Militärjunta die Staatsgeschäfte weiter. Offiziell kehrte er 1974 nach Annahme der neuen Verfassung in sein Amt zurück.

Bis 1979: Kampf gegen Sandinisten Der Verfassungsbruch des Präsidenten und die ausweglose wirtschaftliche Lage der Bevölkerung brachten der Opposition großen Zulauf. Die bereits 1962 gegründete linksorientierte Sandinistische Befreiungsfront (FSLN), die gezielte Guerillaaktionen gegen die Regierung durchführte, bündelte den Widerstand aller Gegner Somozas. Der Präsident verhängte den Ausnahmezustand (Dezember 1974); die Verfolgung von Oppositionellen forderte vor allem unter der Landbevölkerung viele Opfer. Als der populäre Oppositionspolitiker Pedro J. Chamorro 1978 von Nationalgardisten ermordet wurde, stürmten Anhänger der FSLN den Nationalpalast in Managua. Die Unruhen wurden

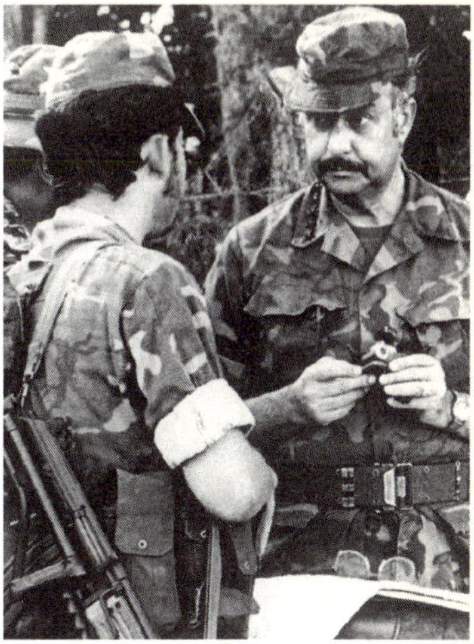
Anastasio Somoza, 1979

zwar kurzzeitig von Regierungstruppen unterdrückt, doch ließ sich der Volksaufstand nicht mehr aufhalten. Die USA erkannten die ausweglose Lage ihres Günstlings und stellten die Militär- und Wirtschaftshilfe 1978 ein. Im Mai 1979 riefen die Sandinisten einen landesweiten Generalstreik aus und gewannen die Oberhand im Bürgerkrieg, der nach weltweit verurteilten Massenmorden der Nationalgarde etwa 50 000 Opfer gefordert hatte. Somoza floh mit Hilfe der USA ins Exil nach Miami/Florida.

1979/80: Exil und Tod Die neue sandinistische Regierung verstaatlichte den Besitz Somozas, der jedoch rund eine halbe Mrd. Dollar außer Landes geschafft hatte. Von Miami zog der 53jährige im August 1979 mit seiner Frau nach Asunción/Paraguay, wo er ein Jahr später einem Mordanschlag zum Opfer fiel.

Josef Wissarionowitsch Stalin

(21.12.1879–5.3.1953)

▸ Durch Terror zur totalen Herrschaft ◂

Der sowjetische KP-Chef (1924–53), der sein Land mit rücksichtslosem Terror regierte, ging als die Schreckensgestalt des Sozialismus in die Geschichte ein. Nach dem 2. Weltkrieg wurde er zum Begründer und Herrscher des Ostblocks. Stalin machte die UdSSR zur Atommacht und legte damit den Grundstein für das Wettrüsten, das bis in die späten 80er Jahre anhielt.

Ärmliche Verhältnisse bestimmten die Kindheit des Schustersohns, der als Josef Dschugaschwili in Gori (Georgien) zur Welt kam. 1894 trat er in das orthodoxe Priesterseminar in Tiflis ein; fünf Jahre später wurde er wegen «revolutionärer Umtriebe» ausgeschlossen. Dschugaschwili ging in den Untergrund und organisierte von dort aus unter dem Decknamen «Koba» Streiks und Demonstrationen der Arbeiter. 1901 heiratete er Jekaterina Swanidse, die drei Jahre später starb. Seine zweite Frau Nadeschda Allilujewa (Heirat 1919; zwei Kinder) brachte sich 1932 um.

Ab 1912: Im höchsten Parteizirkel Auf Wunsch Lenins wurde Dschugaschwili im Januar 1912 in das ZK der bolschewistischen Partei aufgenommen. 1913 reorganisierte er die Parteizeitung «Prawda», in der er seine Artikel unter dem Pseudonym «Stalin» veröffentlichte. Diesen Namen behielt er von nun an bei. Noch im selben Jahr erfolgte die Verhaftung Stalins, der wegen verbotener politischer Aktivitäten für vier Jahre nach Sibirien verbannt wurde. Im März 1917 kehrte er zurück und schwenkte auf Lenins Kurs der bewaffneten Machtergreifung ein.

1917–24: Aufstieg zur Macht Nach der Revolution 1917 wurde Stalin Mitglied des Politbüros und erhielt das Amt des Volkskommissars für Nationalitätenwesen. In dieser Position gliederte er die von der Sowjetunion abgefallenen Republiken Armenien, Aserbeidschan und Georgien gewaltsam wieder ein. Bereits ab 1919 bestimmte Stalin maßgeblich die personelle Zusammensetzung des Staatsapparats und baute seine Machtposition als Generalsekretär des ZK (ab 3.4.1922) zielstrebig aus. Nach dem Tod Lenins (21.1.1924) schaltete er alle Gegner aus und stieg zum Diktator auf. Die Hauptauseinandersetzung führte er mit Leo Trotzki, dessen Auffassung der permanenten Revolution er verwarf. Stalin strebte statt dessen den Sozialismus in einem Land an.
1927 ließ er Trotzki ebenso wie seine beiden anderen Hauptwidersacher Grigorij Sinowjew und Lew Kamenew aus der Partei ausschließen. Trotzki wurde nach Alma-Ata verbannt und 1940 auf Stalins Geheiß im mexikanischen Exil umgebracht.

Ab 1928: Innenpolitischer Terror Im Oktober 1928 trat der erste Fünfjahresplan in Kraft, mit dem Stalin die

UdSSR unabhängig von allen anderen Ländern machen wollte. Mit brutalster Gewalt forcierte er die Zwangskollektivierung der Landwirtschaft und betrieb die Industrialisierung ohne Rücksicht auf die wirtschaftlichen Folgen (z. B. Hungersnöte). Mehr als 25 Mio. bäuerliche Haushalte zwang er in Kollektive, Millionen unwilliger Bauern, als «Kulaken» beschimpft, ließ Stalin verfolgen und umbringen.
Auch Stalins innerparteiliche Macht war ausschließlich auf Terror begründet. Die Ermordung seines Weggefährten Sergej Kirow diente ihm als Anlaß für eine beispiellose Jagd auf mißliebige Parteimitglieder. Mehr als 10 Mio. sog. Volksfeinde wurden in Lager (Gulags) verbannt. In Schauprozessen rechnete Stalin, der jede Kritik an seiner absoluten Führung im Keim ersticken wollte, mit den Chefs der Roten Armee sowie mit politischen Gegnern ab.

1939: Pakt mit Hitler Stalin glaubte, die UdSSR aus dem 2. Weltkrieg heraushalten zu können, indem er mit Deutschlands «Führer» Adolf Hitler übereinkam. Am 22.8.1939 vereinbarten beide einen Nichtangriffspakt (Hitler-Stalin-Pakt) nebst einem geheimen Zusatzprotokoll, das Osteuropa faktisch zwischen Deutschem Reich und Sowjetunion aufteilte. Wie sehr Stalin Hitlers Expansionsdrang unterschätzt hatte, zeigte sich am 22.6.1941: Die deutsche Wehrmacht überfiel die Sowjetunion. Stalin brauchte mehrere Wochen, um sich auf die neue Lage einzustellen. Ende Juli bildete er ein Staatskomitee für Verteidigung, an dessen Spitze er selbst stand. Die militärischen Erfolge von Stalingrad und Kursk (beide 1943) sowie die Kapitulation des Deutschen Reichs dienten ihm schließlich zur weiteren Steigerung des Personenkults.

Josef Stalin

Ab 1945: Macht über Osteuropa In den Nachkriegsverhandlungen der Alliierten weitete Stalin die Einflußsphäre der UdSSR aus. Er erzwang in vielen Ländern Osteuropas den Machtantritt kommunistischer, ihm ergebener Regime. Nach dem Bruch mit Jugoslawiens Staatschef Josip Tito, der für sein Land einen eigenen Weg zum Sozialismus vorsah, ging Stalin auch gegen mißliebige Funktionäre anderer Länder vor.
In seinen letzten Regierungsjahren litt er zunehmend unter Verfolgungswahn. Noch im Januar 1953 bereitete er eine weitere «Säuberungswelle» vor. Dem neuerlichen Massenterror kam jedoch sein plötzlicher Tod in Moskau zuvor.

Gustav Stresemann

(10.5.1878–3.10.1929)

▸ Monarchist wird Anwalt der Republik ◂

Der deutsche Reichskanzler (1923) und Außenminister (1923–29) wandelte sich vom monarchistischen Kriegsbefürworter zum europäischen Staatsmann, der Deutschland aus der Isolation nach dem 1. Weltkrieg befreite.

Die nationalliberale Tradition bestimmte das Berliner Elternhaus Gustav Stresemanns, dessen Vater Bierhändler und Gastwirt war. Als einziges von fünf Kindern erhielt der begabte Junge eine höhere Schulbildung. Nach seinem Abitur studierte er in Berlin und Leipzig (1897–1900) Literatur und Geschichte, später zusätzlich Wirtschaftswissenschaften. Als Thema seiner Promotion wählte er den Berliner Flaschenbierhandel. Stresemann begann in der Vereinigung Deutscher Schokoladefabrikanten seine Funktionärskarriere (1901). Ein Jahr später schloß er sich dem Verband Sächsischer Industrieller an, dessen Syndikus er bis 1918 blieb. Gleichzeitig war Stresemann bis zum Ende des 1. Weltkriegs als Sprecher des Bundes Deutscher Industrieller tätig.

Ab 1903: Politischer Einstieg Zu Beginn seiner politischen Laufbahn war der Preuße Stresemann ein überzeugter Imperialist. Mit 25 Jahren trat er in die rechte Nationalliberale Partei – Sammelbecken der Schwerindustriellen – ein. Im gleichen Jahr heiratete er Käthe Kleefeld, Tochter eines jüdischen Fabrikanten (zwei Söhne). Stresemann wurde Stadtverordneter in Dresden (1906–12) und jüngster Reichstagsabgeordneter (1907–12). Seine Kenntnisse und Kontakte begründeten Stresemanns Ruf als Wirtschaftsfachmann, der zudem in Dresden die Zeitschrift «Sächsische Industrie» herausgab. Nach seinem Ausscheiden aus dem Reichstag ging der 34jährige auf eine Studienreise durch die USA und gründete 1914 den Deutsch-Amerikanischen Wirtschaftsverband, dessen Vorsitz er übernahm. Der begeisterte Monarchist brauchte wegen schwacher Konstitution im 1. Weltkrieg nicht zu kämpfen. 1914 kehrte er in den Reichstag zurück, übernahm die Führung seiner Partei (1917) und machte sich als unerbittlicher Verfechter deutschen Großmachtstrebens einen Namen. Er wurde zum Sprachrohr der Armeeführung unter Feldmarschall Hindenburg und General Erich Ludendorff und lehnte alle Friedensbemühungen als Verrat ab.

1918–23: Politische Wandlung Im November 1918 überholte die politische Entwicklung Stresemann, der alle Demokratiebemühungen vehement bekämpft hatte. Da er mit seiner Partei keine Chance sah, in der neuen Republik Einfluß nehmen zu können, gründete er 1918 gemeinsam mit früheren Nationalliberalen die Deutsche Volkspartei (DVP) und ernannte sich zum Vorsitzenden der rechtsliberalen Organisation. Der Antidemokrat, ab 1919 Mitglied der Weimarer Nationalversammlung, arrangierte sich mit der neuen republikanischen Ordnung. 1920 zog er in den Reichstag ein.

1923: Reichskanzler Mit 45 Jahren übernahm der Gegner der Weimarer Verfassung von 1919 und des Versailler Friedensvertrags die Ämter des Reichskanzlers und des Außenministers. Er beendete die Ruhrbesetzung der Alliierten vom Januar 1923, indem er die Bevölkerung veranlaßte, den passiven Widerstand aufzugeben. Die Inflation überwand er durch Einführung der sog. Rentenmark. Nach 102 Tagen wurde der Reichskanzler mit einem Mißtrauensvotum gestürzt.

1923–29: Außenminister Hauptziel seiner Amtszeit als Außenminister blieb die Revision des Versailler Vertrags. Da Stresemann eingesehen hatte, daß nur Verhandlungserfolge die Situation Deutschlands verbessern konnten, versuchte er mit großem Einsatz erfolgreich, die deutsche Isolation zu beseitigen. Für ihre Verständigungspolitik erhielten Stresemann und sein französischer Amtskollege Aristide Briand 1926 den Friedensnobelpreis. Kurz nachdem Stresemann die Annahme des Young-Plans gegen erhebliche Widerstände im Berliner Reichstag gesichert hatte, starb der 51jährige Politiker an einem Schlaganfall.

Gustav Stresemann

Wichtige Verträge und Abkommen unter Außenminister Stresemann

1924	Dawes-Plan	Festlegung deutscher Reparationszahlungen erstmals nach realer wirtschaftlicher Situation
1925	Locarno-Pakt	Europäische Staaten erkennen Grenzen an; deutscher Verzicht auf Elsaß-Lothringen
1926	Völkerbund-Beitritt	Nach Ratifizierung des Locarno-Sicherheitspakts wird Deutsches Reich Völkerbund-Mitglied
1926	Berliner Vertrag	Neutralitätsvertrag mit UdSSR bei Angriff durch Dritte, auf Basis des Rapallo-Vertrags von 1922
1928	Briand-Kellogg-Pakt	Kriegsächtungspakt; Deutschland verpflichtet sich, Konflikte fortan friedlich auszutragen
1929	Young-Plan/ 1. Haager Konferenz	Endgültige Reparationsregelung festgelegt; Frankreich sagt Rheinland-Räumung für 1930 zu

Achmed Sukarno

(6.6.1901–20.6.1970)

▸ Ein Frauenheld im Kampf um Freiheit ◂

Aufgrund seiner Rolle als Freiheitskämpfer war der erste Staatschef Indonesiens (1945/49–67) bis Ende der 50er Jahre ein gefeierter Volksheld. Sein absolutistischer Machtanspruch sowie sein ausschweifender Lebenswandel beschädigten diesen Ruf und führten ab 1965 zu seiner Entmachtung.

Achmed Sukarno, geboren unter dem Namen Kusnasosro in Surabaja/Ostjava, war ein kränkliches Kind. Sein Vater, ein armer Dorfschullehrer, gab ihm seinen neuen Namen, weil er den alten bald nur noch mit den zahlreichen Krankheiten des Jungen verband. Achmed übernahm von seinem Großvater die Gelassenheit und Ruhe der Landbevölkerung und entdeckte seine Liebe zum traditionellen ostasiatischen Puppenschattentheater. Mit 15 Jahren traf er seinen geistigen Ziehvater Omar Said Tjokroaminoto, der fortan für seine Ausbildung sorgte.
Der hochbegabte Sukarno lernte an der Universität insgesamt zehn Sprachen und ließ sich zum Bauingenieur ausbilden. Trotz aller Qualifikationen zog es ihn jedoch in die Politik, wo er sich als begabter Redner gegen die niederländische Kolonialmacht engagierte.

Ab 1929: Haft und Triumph Die Kolonialverwaltung erstickte die Opposition im Keim: Sukarno wurde inhaftiert (1929–31). Als er nach seiner Freilassung den Vorsitz der Indonesischen (National-)Partei übernahm, wurde er nach Sumatra verbannt (1933–42). Im Gefolge der japanischen Truppen, die das Land 1942 während des 2. Weltkriegs besetzten und die er als Dolmetscher drei Jahre lang unterstützte, kehrte er nach Java zurück.
Nach dem Abzug der Japaner rief er am 17.8.1945 die Unabhängigkeit aus und formulierte als neuer Staatspräsident seine fünf Prinzipien, die bis heute Grundlage der nationalen Politik sind: Nationalismus, Internationalismus, Demokratie, sozialer Wohlstand und Gottgläubigkeit. Versuche der niederländischen Kolonialverbände, die Macht zurückzuerlangen, scheiterten nach blutigen Kämpfen: Am 27.12.1949 wurde die Eigenständigkeit besiegelt, Sukarno in seinem Amt bestätigt und als «Großer Führer der Revolution» überall im Land begeistert gefeiert.

Ab 1949: Die Absolute Machtfülle Hauptprogramm seiner Politik wurde die Stabilisierung der eigenen Herrschaft: Sukarno errichtete einen Einheitsstaat unter seiner Führung, löste 1959 die Verfassunggebende Versammlung (Parlament) auf, verbot alle oppositionellen Parteien und übernahm zudem das Amt des Ministerpräsidenten. Diese «gelenkte Demokratie», wie Sukarno seine Politik nannte, führte Indonesien auch ökonomisch in die Pleite.

Während sich die korrupten 100 Staatsminister bereicherten, ließ der Staatschef große Teile der Bevölkerung enteignen. Zahlreiche – vergebliche – Attentate auf den selbsternannten «Präsidenten auf Lebenszeit», der in seinem Regierungssitz in großem Pomp residierte, waren die Folge.
Als Außenpolitiker unterstrich Sukarno nach der von ihm mitgeprägten Bandung-Konferenz 1955 (Zusammenkunft der vom Kolonialismus betroffenen Staaten) zunächst die Neutralität des Landes, suchte jedoch zunehmend die Konfrontation mit dem Westen und den Schulterschluß mit China. Ende der 50er Jahre ließ er alle im Land verbliebenen Niederländer ausweisen. 1965 verließ Indonesien die Vereinten Nationen, als das von Sukarno befehdete, prowestliche Malaysia Mitglied der UNO wurde.

Achmed Sukarno

Ab 1965: Schrittweise Entmachtung
Einziger ernstzunehmender Gegner der Kommunisten, die den Präsidenten politisch unterstützten, war die starke, eher konservative Armee. Als die Kommunisten im September 1965 führende Generäle ermordeten und die Hauptstadt unter ihre Kontrolle bringen wollten, vereitelte General Suharto mit seinen Truppen den Putschversuch. Als offen zutage trat, daß auch Sukarno in den Putsch verwickelt war, verlor er den letzten Rückhalt im Volk: 1966 wurde er als Ministerpräsident, ein Jahr später als Staatspräsident von Suharto abgelöst.
Nach Entmachtung der Kommunisten orientierte sich die neue Außenpolitik fortan am Westen und leitete die Aussöhnung mit Malaysia ein. 1970 starb Sukarno 69jährig in Jakarta an einem langjährigen Nierenleiden. Der einstige Volksheld erwarb sich im Laufe seines Lebens einen beinahe legendären Ruf als Frauenheld. Seine erste Frau Siti Utari, die Tochter seines Ziehvaters, heiratete er 1921 im Alter von 20 Jahren (Scheidung 1923; zweite Frau Inggit Garnisih ab 1923, Trennung 1943). Als Muslim verzichtete er fortan auf Scheidungen. Mit seiner dritten Frau, Fatmawati, hatte er fünf Kinder, seine vierte Frau, Hartini (ab 1954) bekam zwei Kinder. Ratna Sari Dewi (fünfte Frau) brachte eine Tochter zur Welt. Kurz vor seinem Tod nahm er zwei weitere junge Frauen zur Gemahlin. Trotz aller Ehefrauen fand Sukarno immer wieder Zeit für seine zahllosen außerehelichen Affären mit Schönheiten aus aller Herren Ländern.

Sun Yatsen

(12. 11. 1866–12. 3. 1925)

▸ Der Vater des modernen China ◂

Der erste Präsident und Gründer der chinesischen Republik (1911/12) strebte die Einheit und Demokratisierung Chinas durch eine nationale Revolution an, forderte Sozialreformen und die ökonomische und gesellschaftliche Modernisierung seines Landes. Auf seine Weltanschauung («Sunyatsenismus») und seine Pionierarbeit als Revolutionär berufen sich sowohl die Volksrepublik China als auch Taiwan.

Der Sohn eines armen Bauern aus einem Dorf nahe dem portugiesischen Macao ging als 12jähriger zu seinem Bruder nach Hawaii, wo er eine anglikanische Missionsschule besuchte und die westliche Kultur kennenlernte. 1886 begann der drei Jahre zuvor zum Christentum übergetretene Sun Yatsen ein Medizinstudium. Nach bestandenem Abschluß (1892) arbeitete er kurzzeitig als Chirurg.

1894: Eintritt in die Politik Vor dem Hintergrund der Niederlage seines Landes im Krieg gegen Japan (1894/95) forderte Sun Yatsen in einem Schreiben an die Regierung die Einführung westlicher Erziehung, Industrie und Kultur sowie die Bekämpfung der Korruption in der herrschenden Mandschu-Dynastie, um den ökonomischen Rückstand gegenüber dem Westen aufzuholen. In Honululu/Hawaii gründete er im gleichen Jahr die «Gesellschaft zur Erneuerung Chinas», die sich die Modernisierung und Einheit seines Vaterlandes zum Ziel setzte. Ein Putschversuch gegen die Dynastie, die allen Reformen ablehnend gegenüberstand, schlug 1895 in Kanton fehl. Sun Yatsen mußte ins Ausland fliehen, wo er bis auf wenige Geheimbesuche in China bis 1911 blieb. Als er in London versuchte, in Großbritannien lebende Landsleute für die Idee der Revolution und Demokratisierung in China zu begeistern, wurde er von der kaiserlich chinesischen Gesandtschaft verhaftet und entging nur durch Fürsprache der britischen Regierung seiner Verurteilung und Hinrichtung.

Ab 1901: Vorbereitung der Revolution Weiteren Zulauf erhielt die Erneuerungsbewegung 1901 nach der Niederwerfung des Boxeraufstands – dem gewaltsamen Versuch patriotischer Geheimbünde, den Einfluß westlicher Staaten zurückzudrängen und traditionelle chinesische Werte neu zu beleben. 1905 wurde Sun Yatsen im nun westlich orientierten Tokio Präsident des chinesischen Revolutionsbundes, der aus der Gesellschaft zur Erneuerung Chinas hervorging. Neben umfangreichen gesellschaftlichen, sozialen und wirtschaftlichen Reformen war die Etablierung einer demokratischen Regierung in einer neuen chinesischen Republik das wichtigste Ziel.

1911: Scheinbarer Sieg der Revolution Die im Oktober 1911 ausgebrochene Revolution wollte die Herrschaft der unpopulären kaiserlichen Mandschu-Dynastie beenden. Sun Yatsen kehrte in sein Land zurück und proklamierte als Vorsitzender einer Provisorischen Regierung am 1.1.1912 die Republik. Da er einen weiteren Bürgerkrieg zu verhindern suchte, bot er dem auch unter Oppositionellen geachteten Chef der kaiserlichen Regierung, General Yuan Shikai, das oberste Präsidentenamt an, falls dieser den Kaiser zur Abdankung veranlasse. Als der Monarch im Februar auf den Thron verzichtete, verlor Sun Yatsen somit sein Amt. Kurz nach seiner Vereidigung auf die demokratische Verfassung baute Shikai eine Militärdiktatur auf. Sun Yatsen rief die kriegsmüden Massen vergeblich zu einer «Zweiten Revolution» auf und mußte erneut ins japanische Exil fliehen.

Sun Yatsen

1916–25: Neuaufbau der Bewegung Nach dem Tod Yuans blieb das Militär an der Macht, während Sun Yatsen in der südchinesischen Stadt Kanton eine Gegenregierung etablierte. Da ihm eine schlagkräftige Armee im Bürgerkrieg fehlte, ging er ein Zweckbündnis mit dem örtlichen Militärmachthaber ein, der ihn 1922 durch einen Putsch entmachtete: Der General fürchtete um seine regionale Machtposition, da Sun erneut ein geeintes China anstrebte. Gemeinsam mit dem jungen Offizier Chiang Kaishek kam der 56jährige 1922 nach Shanghai und fand in der UdSSR einen neuen Verbündeten: Die 1922 abgeschlossene Sun-Joffe-Erklärung, der erste gemeinsame Bündnisvertrag, sah militärische und finanzielle Unterstützung gegen die chinesischen Militärherrscher, aber auch gegen westliche Kolonialmächte vor. Den Aufbau des Kommunismus nach sowjetischem Vorbild lehnte Sun Yatsen hingegen ab: Er befürwortete den chinesischen Nationalismus, Demokratie und Sozialgesetzgebung statt Klassenkampf sowie Privateigentum der Bauern nach einer Bodenreform (Prinzipien des Sunyatsenismus). Auf sowjetischen Druck akzeptierte er den Eintritt von Mitgliedern der neugegründeten Kommunistischen Partei in seine 1919 in Kuomintang umbenannte Nationale Volkspartei.

Sun Yatsen baute seine Machtbasis erneut in Kanton auf – diesmal mit eigener Militärschule, deren Vorsitz der in Moskau geschulte Chiang Kaishek übernahm. Die Durchsetzung seiner Ziele und die Einheit des Landes erlebte Sun Yatsen nicht mehr: Er starb 1925 in Peking.

Margaret Hilda Thatcher

(*13. 10. 1925)

▸ «Eiserne Lady» auf hartem Kurs ◂

Die Premierministerin mit der längsten Amtszeit (1979–90) aller britischen Regierungschefs im 20. Jahrhundert prägte einen radikal-konservativen Wirtschaftskurs («Thatcherismus»). Ihre antieuropäische Haltung und ihr nahezu diktatorischer Führungsstil entzweiten die Konservative Partei.

Schon früh lernte die Tochter des Bürgermeisters von Grantham Disziplin und Pflichtbewußtsein. Die glänzende Schülerin erhielt ein Stipendium für das Chemiestudium in Oxford, wo sie 1946 Präsidentin der Konservativen Vereinigung der Studenten wurde. Nach ihrem Examen (1947) arbeitete die Chemikerin vier Jahre in der Industrie, bevor sie zu Beginn der 50er Jahre ein Jurastudium aufnahm. 1951 heiratete sie den Farbenfabrikanten Denis Thatcher (zwei Kinder) und wurde als Rechtsanwältin zugelassen.

Ab 1959: Steile politische Karriere Nach zwei vergeblichen Kandidaturen bei den Unterhauswahlen (1950 und 1951) gewann Thatcher 1959 den Londoner Wahlkreis Finchley für die Konservativen. Nur zwei Jahre später berief Premierminister Harold Macmillan die 36jährige als Parlamentarische Sekretärin in das Ministerium für Renten und Versicherungen. Nach dem Wahlsieg der Labour Party 1964 wurde sie Sprecherin ihrer Partei im Unterhaus (bis 1970). Im Schattenkabinett von Parteiführer Edward Heath war sie zunächst zuständig für Transportfragen, ab 1969 für Erziehung. 1970 gewann ihre Partei die Wahlen, und Premier Heath machte Thatcher – die einzige Frau des Kabinetts – zur Ministerin für Erziehung und Wissenschaft.

1975–79: Oppositionsführerin 1975 gelang es Thatcher, die Wahlniederlage ihrer Partei für sich zu nutzen, um Heath zu stürzen und die Führung ihrer Partei zu übernehmen. Mit flammenden Reden zugunsten der Leistungsgesellschaft und für die Rückbesinnung auf traditionelle Werte erwarb sie sich bald den Ruf einer «Eisernen Lady».

Ab 1979: Premierministerin Eine Streikwelle legte Anfang 1979 Großbritannien lahm, die Konservativen nutzten die Gunst der Stunde, um die Labour-Regierung unter James Callaghan per Mißtrauensvotum zum Rücktritt zu zwingen. Bei den Neuwahlen im Mai gewannen die Tories die absolute Mehrheit, Margaret Thatcher wurde als erste Frau ihres Landes Premierministerin und zugleich erste Regierungschefin in Europa. Rigoros verordnete sie den Briten eine wirtschaftspolitische Roßkur: Freie Marktwirtschaft statt staatlicher Eingriffe, Inflationsbekämpfung statt Vollbeschäftigung. Thatcher strich die Subventionen für marode Staatsbetriebe, kürzte

Staatsausgaben, senkte Steuern und erhöhte die Zinsen. Ihr rigoroser Sanierungskurs («Thatcherismus») war trotz enormen Anstiegs der Arbeitslosenzahlen (1982 über 3 Mio.) bei den Briten über Jahre populär.

1982: Falklandkrieg Ihre entschlossene Haltung im argentinisch-britischen Konflikt um die Falklandinseln verschaffte Thatcher hohes Ansehen im eigenen Land und international den Ruf eines unnachgiebigen Hardliners: Das Eingreifen der britischen Flotte nach der Besetzung der Inseln durch Argentinien forderte fast 1000 Todesopfer und endete nach sechs Wochen mit einem Sieg für das Königreich. Die Mobilisierung der nationalen Gefühle verhalf Thatcher im folgenden Jahr trotz wachsender wirtschaftlicher Probleme zur Wiederwahl.

1983/84 Kampf gegen die Gewerkschaften Nach einer rigorosen Kabinettsumbildung – Thatcher entließ Kritiker und scharte ausschließlich Männer ihres Vertrauens um sich – nahm sie den Kampf gegen die mächtigen Gewerkschaften auf. Mit kompromißloser Härte reagierte sie auf die großen Streiks 1983 (Drukker) und 1984 (Bergarbeiter), die schließlich ergebnislos abgebrochen werden mußten. Einem Bombenanschlag der IRA entging sie 1984 in Brighton unverletzt.

1986–90: Wachsender Widerstand Nach ihrem überzeugenden dritten Wahlsieg (43 % der Stimmen) setzte 1987 eine neue Welle konservativer Reformen ein: Weitere Kürzungen von Sozialleistungen, Privatisierungen, eine Steuerreform und die umstrittene Kommunalsteuer (poll tax; im Volksjargon: Kopfsteuer) stießen auf Kritik auch innerhalb der eigenen Partei. Ihren unnachgiebigen Kurs setzte sie auch außenpolitisch fort: 1986 unterstützte sie den amerikanischen Angriff auf Libyen. In der Europäischen Gemeinschaft kämpfte sie gegen eine weitreichende Integration der Mitgliedsstaaten. Trotz wachsenden internationalen Drucks blieb sie bei ihrem Nein zu Sanktionen gegen Südafrika.

Margaret Thatcher, 1959

1990: Sturz Nachdem die Konservativen bereits bei der Europawahl 1989 herbe Verluste hatten hinnehmen müssen, verlor Thatcher 1990 den Parteivorsitz an Michael Heseltine. Auf Druck ihrer Partei erklärte sie am 22.11.1990 den Rücktritt. Zwei Jahre später wurde sie in den Adelsstand erhoben.

Josip Broz Tito

(25.5.1892–4.5.1980)

▸ Eigener Weg eint Serben und Kroaten ◂

Der Untergrundkämpfer organisierte den Widerstand der Jugoslawen gegen die faschistischen Besatzungstruppen und rief 1945 die Republik aus. Nach dem Bruch mit der Sowjetunion (1948) entwickelte er eine jugoslawische Variante des Sozialismus und wurde zu einem der Wortführer der Bewegung der Blockfreien Staaten.

Tito kam als siebtes Kind (insgesamt hatte er 14 Geschwister) der Landarbeiterfamilie Broz im Dorf Kumrovec/Kroatien zur Welt. Da die Kinder schon früh in der Landwirtschaft mithelfen mußten, beendete Josip erst mit 13 Jahren die vierte Schulklasse. 1907 begann er eine Schlosserlehre.

Ab 1921: KP-Arbeit im Untergrund Beeinflußt vom Gedankengut der Oktoberrevolution, kehrte Broz 1920 aus russischer Kriegsgefangenschaft in seine Heimat zurück und trat der Kommunistischen Partei Jugoslawiens (KPJ) bei. Nach deren Verbot (Herbst 1921) organisierte er aus dem Untergrund Streiks der Metallarbeiter und geriet mehrmals in Haft. 1928 wurde er im sog. Bombenprozeß (die Polizei hatte den sechs Angeklagten Waffen untergeschoben) zu fünf Jahren Gefängnis verurteilt.

1934–41: Arbeit in der Komintern Nach seiner Entlassung ging Broz nach Wien (Mai 1934), wohin die Parteiführung der KPJ emigriert war. Hier benutzte er erstmals den Decknamen «Tito», den er als Nachnamen beibehielt. Den Kontakt zur Heimat ließ er nie abbrechen, was ihm später den Rückhalt in der Bevölkerung sicherte.

Nach gut zweijähriger Tätigkeit im Balkan-Sekretariat der Komintern (Kommunistische Internationale) in Moskau kam Tito, der als zuverlässiger Funktionär galt, nach Jugoslawien zurück (1936/37). Er sollte den Wiederaufbau der KPJ organisieren. Ohne vorherige Absprache mit der Komintern machte sich Tito im Oktober 1940 zum Chef einer provisorischen Parteiführung.

1941–44: Im Befreiungskampf Nach dem deutschen Überfall auf Jugoslawien (6.4.1941) und der Flucht der Regierung Simovic organisierte die KPJ den bewaffneten Widerstand durch Partisanen in den besetzten Gebieten. Auf Veranlassung Titos entstanden im ganzen Land sog. Volksbefreiungsausschüsse, die er 1942 zu provisorischen Machtorganen erklärte. Damit waren die ersten Ansätze für den späteren Verwaltungsapparat geschaffen.

Obwohl Titos Partisanen weder von der Sowjetunion noch von den Westalliierten militärische Unterstützung erhielten, kontrollierten sie Ende 1943 bereits mehr als die Hälfte des

Landes. Der Antifaschistische Rat der Volksbefreiung (AVNOI), seit Ende 1942 provisorische Regierung, konstituierte sich als oberstes gesetzgebendes Organ. Die Exekutivgewalt erhielt das Nationalkomitee zur Befreiung Jugoslawiens mit Tito an der Spitze. Gleichzeitig wurde der Exilregierung unter Peter II. untersagt, für das Land zu sprechen. Damit machte Tito am Vorabend der Konferenz von Teheran (28.11.–1.12.1943) deutlich, daß er nicht bereit war, das Schicksal Jugoslawiens von den Westalliierten und der Sowjetunion bestimmen zu lassen.

Josip Tito als Partisanenführer im 2. Weltkrieg

Ab 1945: Allmähliche Abnabelung von der UdSSR Die Wahlen zur Verfassunggebenden Versammlung besiegelten das Ende der Monarchie; Jugoslawien wurde föderative Volksrepublik (29.11.1945). Innerhalb von 15 Monaten verstaatlichte Tito die Industrie, zwang die Bauern, sich zu Produktionsgenossenschaften zusammenzuschließen, und führte die Planwirtschaft ein.

Die Alleingänge Titos gingen dem sowjetischen Staatschef Josef Stalin zu weit, zumal das jugoslawische Beispiel in anderen kommunistischen Ländern auf Sympathie stieß. 1948 kam es zum Bruch zwischen beiden Ländern, als Stalin Tito mit einem Wirtschaftsboykott gefügig machen wollte. Trotz großer Versorgungsmängel stand die Bevölkerung hinter Tito. Zudem hatte sie die fehlende sowjetische Unterstützung im Befreiungskampf nicht vergessen.

In den folgenden Jahren schlug Tito, 1953 zum ersten Staatspräsidenten Jugoslawiens gewählt, einen eigenständigen Weg zum Sozialismus ein. Dabei baute er auf dem Prinzip der Arbeiterselbstverwaltung auf. Außenpolitisch wahrte er durch geschickte Diplomatie zwischen den Blöcken die Unabhängigkeit des Landes. Als Wortführer der sog. Blockfreien Staaten, die für friedliche Koexistenz aller Nationen eintreten, erwarb er großes internationales Ansehen.

Ab 1970: Zunehmende Nationalitätenkonflikte Energisch wandte sich Tito gegen die Anfang der 70er Jahre auftretenden nationalistischen Tendenzen. Dabei übersah er, daß deren Ursache in der unterschiedlichen Wirtschaftskraft der Republiken und damit in den entstandenen sozialen Ungleichheiten lag. Nach dem Tod des 88jährigen Politikers in Ljubljana zeigte sich, daß allein seine unbestrittene Autorität den Vielvölkerstaat Jugoslawien zusammengehalten hatte.

Harry Spencer Truman

(8.5.1884–26.12.1972)

▸ Kalter Krieger des Westens ◂

Der 33. US-Präsident realisierte seine außenpolitischen Vorstellungen nach dem 2. Weltkrieg kompromißlos: Als bislang einziger Staatschef setzte er Atombomben ein. Den Einfluß des Kommunismus versuchte er überall in der Welt zurückzudrängen.

Der Sohn eines Landwirts aus Lamar/Missouri konnte wegen Geldmangels nach Abschluß der Oberschule (1901) nicht das College besuchen. Da eine Sehschwäche die erhoffte Aufnahme an der Militärakademie West Point verhinderte, versuchte sich Truman in zahlreichen Jobs: Als Bankangestellter, Farm-Manager, Postamtsleiter, Straßenaufseher, Wachmann, Bleiminen- und Ölunternehmer hatte er jedoch wenig Erfolg, was seinen Tatendrang und Optimismus allerdings nicht bremste.

Ab 1920: Politischer Start Nach Eintritt der USA in den 1. Weltkrieg (6.4.1917) bewährte sich Truman als tapfere Führungspersönlichkeit (Hauptmann) in Frankreich. Im Anschluß an einen weiteren beruflichen Fehlschlag mit der Eröffnung eines Herrenmodengeschäfts holte ihn sein Freund Thomas Pendergast, politischer Provinzchef in Jackson County, 1920 in die Demokratische Partei. Mit Hilfe des einflußreichen Pendergast-Clans wurde Truman, der 1919 seine Jugendliebe Elizabeth Wallace geheiratet hatte (eine Tochter), 1922 zum Bezirksrichter gewählt (ab 1926: Vorsitzender Richter des Bezirksgerichtshofs).

Ab 1935: Senator Als Pendergast einen Kandidaten für den Senatorenposten des Bundesstaats Missouri suchte, sagte Truman, dessen Amtszeit als Richter 1934 endete, spontan zu. Den neuen Senator störte es wenig, daß er als Marionette des in Missouri allmächtigen und zwielichtigen Pendergast betrachtet wurde: Mit Fleiß, Ausdauer und Fachkompetenz machte er sich ab 1935 schnell einen Namen in Washington. 1940 schaffte er seine Wiederwahl auch ohne die Unterstützung seines Förderers, der wegen dubioser Geschäfte eine Haftstrafe verbüßte.

1941–45: Aufstieg zum Präsidenten Während des 2. Weltkriegs war der Militärexperte Truman in seinem Element: Als Vorsitzender eines Komitees zur Kontrolle der Rüstungsproduktion deckte er Korruption und Verschwendung auf und entwarf Empfehlungen für die effizientere Nutzung des amerikanischen Verteidigungsetats. Anstelle von Henry A. Wallace wurde der in allen Parteien geschätzte 60jährige Truman 1944 zum Vizepräsidenten gewählt (Amtsantritt 1945). Als US-Präsident Roosevelt am 12.4.1945 starb, übernahm Truman die Führungsposition des Staates.

Ab 1945: Aufbau der Nachkriegsordnung Trumans Hauptaufgaben lagen in der Außenpolitik: Nachdem er die Bedingungen für die deutsche Kapitulation (8.5.) festgelegt und die Gründungsversammlung der Vereinten Nationen am 26.6.1945 in San Francisco organisiert hatte, reiste er im Juli zur Potsdamer Konferenz nach Deutschland. Zur schnellen Beendigung des Kriegs gegen Japan befahl Truman den Abwurf zweier Atombomben auf Hiroshima (6.8.) und Nagasaki (9.8.). Bilanz: 300000 Tote.

Als Initiator der Truman-Doktrin, die die US-Außenpolitik bis in die 60er Jahre bestimmte, zeichnete der US-Präsident für den Beginn des kalten Kriegs ab 1947 mitverantwortlich: Er versuchte, den Einfluß der UdSSR zurückzudrängen (sog. Containment-Politik), indem er allen nichtkommunistischen Staaten wirtschaftliche und militärische Unterstützung zur Verteidigung ihrer Freiheit anbot. Den wirtschaftlichen Aufbau der westlichen Besatzungszonen in Deutschland (Trizone; ab 1949 Bundesrepublik) kurbelte er durch den Marshallplan ab 1948 an, durch eine Luftbrücke garantierte er im gleichen Jahr die Sicherheit Berlins. Um den US-Einfluß in Ländern der Dritten Welt zu gewährleisten, begann Truman 1949 mit umfassender Entwicklungshilfe («Vier-Punkte-Programm»). Die militärische Sicherheit des Westens garantierte ab 1949 die von Truman mitgegründete NATO; 1950 befahl er den Bau einer Wasserstoffbombe.

1945–49: Innenpolitische Differenzen Trumans Wirtschafts- und Sozialreformprogramm, die «Economic Bill of Rights» zur Behebung der Rezession im eigenen Land (ab 1949: «Fair Deal»), sowie seine Personalpolitik forderten den Widerstand der Opposition heraus und gefährdeten seine Wiederwahl 1948. Für sein 21-Punkte-Programm des «Fair Deal», das an Roosevelts «New Deal» anknüpfte, fand er keine politische Mehrheit. Ab 1950 leitete er die gnadenlose Kommunistenjagd des Senators Joseph R. McCarthy gegen vermeintliche Gegner des Staates in den USA ein.

Harry S. Truman

Ab 1950: Korea-Krieg und Niedergang Ab 1950 schickte Truman US-Truppen zur Unterstützung Südkoreas gegen den kommunistischen Norden. Die wachsende Kritik an dem militärischen Einsatz beschleunigte Trumans Popularitätsverlust im eigenen Land. 1952 lehnte er eine erneute Kandidatur ab und schied im Januar 1953 aus seinem Präsidentenamt. Truman zog sich ins Privatleben nach Missouri zurück, wo er 1972 in Kansas City im Alter von 88 Jahren starb.

Walter Ulbricht

(30.6.1893–1.8.1973)

▸ Westdeutsches Feindbild im kalten Krieg ◂

Der Erste Sekretär (zuvor Generalsekretär) der SED (1950–71) und Staatsratsvorsitzende der DDR (1960–73) baute den Sozialismus nach Stalinschem Vorbild in seinem Land auf und propagierte die Eigenständigkeit der DDR in der Phase des kalten Kriegs. Nach dem von ihm mitentschiedenen Mauerbau in Berlin erlebte die DDR nach 1961 erste wirtschaftliche Erfolge.

Der sozialdemokratische Vater, ein Leipziger Schneider, prägte den jungen Walter, der mit 13 Jahren in die Sozialistische Arbeiterjugend eintrat. Ab 1912 gehörte der gelernte Tischler der SPD an, die er nach dreijährigem Kriegseinsatz 1918 wieder verließ, da er die kriegsbejahende und revolutionsfeindliche Haltung der Parteispitze ablehnte.

Ab 1919: Aufstieg in der KPD Als Mitglied des Spartakusbundes (1918) und Teilnehmer der Novemberrevolution zählte Ulbricht zu Beginn des Jahres 1919 zu den Gründern der Kommunistischen Partei (KPD), für die er zunächst als Redakteur und Bezirksleiter für Großthüringen in Jena tätig war. Ab 1923 gehörte er dem Zentralkomitee (ZK) der Partei an (ab 1927 im Politbüro), 1926 wurde er in den sächsischen Landtag gewählt (bis 1929). Das Reichstagsmitglied (1928–33), das Mitte der 20er Jahre für die Kommunistische Internationale in Moskau gearbeitet hatte, leitete ab 1929 den einflußreichen KPD-Bezirk Berlin-Brandenburg. 1933 floh Ulbricht nach dem Verbot der Partei aus Berlin und wurde im Untergrund wichtigster Organisator der KPD-Leitung. Über Prag, Paris und Spanien, wo er als Politkommissar im Bürgerkrieg aktiv war, kam Ulbricht 1938 erneut nach Moskau (bis 1945).

Ab 1943: Vorbereitung auf die Nachkriegszeit Zusammen mit anderen deutschen Kommunisten gründete er 1943 das Nationalkomitee Freies Deutschland zum Sturz Adolf Hitlers. Im April 1945 kehrte die Führungsspitze als «Gruppe Ulbricht» nach Deutschland zurück, reorganisierte die KPD und setzte 1946 in der Sowjetischen Besatzungszone (SBZ) mit sowjetischer Hilfe die Zwangsvereinigung von KPD und SPD zur Sozialistischen Einheitspartei (SED) durch. Als stellvertretender Parteivorsitzender (1946–50) und ZK-Mitglied sorgte Ulbricht für die Durchsetzung stalinistischer Politik im Osten Deutschlands. 1950 wurde er Generalsekretär der SED (1953–71: Erster Sekretär) und bestimmte die sozialistische Entwicklung der jungen DDR. Der enge Verbündete der KPdSU-Führung schaltete kritische Parteigenossen systematisch aus und überstand 1953 den Wechsel von Stalin zu Chruschtschow sowie die einsetzende Entstalinisierung in der

UdSSR unbeschadet. 1951 heiratete Ulbricht seine langjährige Freundin Lotte Kühn (eine Tochter).

Wilhelm Pieck (3.1.1876–7.9.1960)

Der Parteifunktionär der SPD (ab 1899) war 1918 Gründungsmitglied der KPD, deren Zentralkomitee er angehörte. Das Reichstagsmitglied (ab 1928) floh 1933 vor den Nationalsozialisten in die Tschechoslowakei und UdSSR. Der Mitinitiator des Nationalkomitees Freies Deutschland baute ab 1945 den Sozialismus in Deutschland und ab 1949 die DDR auf, deren Präsident er bis zu seinem Tod war.

Ab 1960: Alleinherrschaft Nach dem Tod Wilhelm Piecks übernahm der 67jährige Parteichef auch den Vorsitz des neugegründeten Staatsrats, dem Entscheidungsgremium der DDR, sowie des Nationalen Verteidigungsrats. Ulbricht, der in den 50er Jahren für eine gleichberechtigte Konföderation der sozialistischen DDR mit der Bundesrepublik eingetreten war, setzte im kalten Krieg in den 60er Jahren auf die Eigenständigkeit seines Landes. Er intensivierte die Verbindungen zu den jungen – sozialistischen – Staaten der Dritten Welt, was die internationale Anerkennung der DDR bis Ende der 60er Jahre beschleunigte und das Ende der bundesdeutschen Hallstein-Doktrin (keine Beziehungen zu Staaten mit DDR-Kontakten) einleitete.

Am 13.8.1961 gab Ulbricht grünes Licht für den Mauerbau in Berlin, um die Flucht von Facharbeitern und Wissenschaftlern zu beenden. In der Folge erlebte die DDR einen

Walter Ulbricht, 1970

ökonomischen Aufschwung, der das Land bald zum Musterstaat des Warschauer Pakts machte. Die Politik der UdSSR wurde von Ulbricht konsequent unterstützt: 1968 beteiligten sich DDR-Truppen an der militärischen Niederwerfung des «Prager Frühlings» in der Tschechoslowakei.

Ab 1968: Niedergang Im selben Jahr sicherte Ulbricht durch die neue DDR-Verfassung seine Macht nach innen, doch wurde sein Verhältnis zu KPdSU-Chef Leonid Breschnew zunehmend getrübt. Ulbrichts starre Haltung gegenüber der neuen Ostpolitik Willy Brandts, sein Versuch, eine eigene theoretische Richtung des Sozialismus zu formulieren, und seine Forderung nach größerer wirtschaftlicher Eigenständigkeit der DDR gegenüber der UdSSR führten zu seiner Entmachtung. Auf Moskauer Weisung trat Partei-Kronprinz Erich Honecker am 3.5.1971 die Nachfolge als SED-Chef an. Zwar wurde Ulbricht als Vorsitzender des Staatsrats bestätigt, doch besaß er keinen politischen Einfluß mehr. Im Alter von 80 Jahren starb Ulbricht in Ost-Berlin an den Folgen eines Schlaganfalls.

Eamon de Valera

(14.10.1882–29.8.1975)

▸ Freiheitskampf für Irland ◂

Der mehrmalige irische Ministerpräsident (1932–48, 1951–54, 1957–59) und Staatspräsident (1959–73) schuf die Voraussetzungen für die Unabhängigkeit der Insel von Großbritannien (1948). Dabei wandelte er sich vom Gewaltbefürworter zu einem eher gemäßigten, kompromißbereiten Politiker, der eine allmähliche Loslösung vom englischen Mutterland anstrebte.

Der Sohn einer in die USA ausgewanderten Irin und eines spanischen Arztes wurde in New York geboren. Nach dem frühen Tod der Eltern kam Valera nach Limerick (Irland), wo er bei den Großeltern in ärmlichen Verhältnissen aufwuchs. Er besuchte eine Jesuitenschule, studierte anschließend Mathematik (Abschluß 1904) und arbeitete als Mathematikdozent.

Ab 1913: Gewalt gegen Briten Um 1905 trat Valera der Gälischen Liga bei, die für eine Wiederbelebung der gälischen Sprache eintrat. 1913 gab er seine Gewaltlosigkeit auf und schloß sich dem militärischen Flügel der Bewegung Sinn Féin (Wir selbst) an, die für ein unabhängiges und autarkes Irland kämpfte und einen Verbleib im British Empire strikt ablehnte. Valera stieg rasch in die Führungsebene auf und kämpfte während des Osteraufstands 1916 (irisch-republikanischer Aufstand gegen die britischen Besatzer) in vorderster Linie. Die Briten schlugen die Erhebung nieder und richteten nahezu die gesamte Sinn-Féin-Führung hin. Valera entging der Exekution nur, weil er amerikanischer Staatsbürger war.

Ab 1917: Führer der Unabhängigkeitsbewegung Nach seiner Freilassung 1917 ein nationaler Held, übernahm er die Führung der Sinn Féin, die bei den Wahlen ein Jahr später einen klaren Sieg errang. Daraufhin rief Valera ein unabhängiges irisches Parlament in Dublin aus (Dáil Eireann). Vor britischer Verfolgung flüchtete er in die USA und wurde in Abwesenheit zum irischen Präsidenten gewählt. Nachdem er bei irischen Emigranten 6 Mio. Dollar für den Freiheitskampf gesammelt hatte, kehrte er 1920 nach Irland zurück.

Der zweijährige Befreiungskrieg gegen die britische Herrschaft endete 1921 mit einer Niederlage: Der englisch-irische Freistaatsvertrag sanktionierte die Teilung Irlands, der Traum von der Unabhängigkeit erfüllte sich nicht.

Valera überwarf sich mit den gemäßigten Kräften der Unabhängigkeitsbewegung, die das Dokument unterzeichnet hatten, und schwor, das Abkommen wieder rückgängig zu machen. Da er sich mit seiner ablehnenden Haltung im Parlament nicht durchsetzen konnte, trat er 1922 zurück. Sinn Féin, größte Oppositionspartei, blieb vom Parlament ausgeschlossen, da die Abgeordneten den Treueeid auf das britische Königshaus ablehnten. Erst 1926 gab Valera diese Haltung auf, was zum Bruch der Sinn Féin führte. Daraufhin gründete er die eher gemäßigte Fianna Fáil (Soldaten des Schicksals).

1932: Ministerpräsident Ein Bündnis mit der 1922 gegründeten militanten Irisch Republikanischen Armee (IRA) bescherte Valera 1932 den Wahlsieg. Er löste Premier William Thomas Cosgrave ab und stellte die Verfolgung der IRA ein. Bei Amtsantritt verweigerte er den Treueeid gegenüber dem britischen König und schaffte die Eidespflicht der Abgeordneten ab.
Trotz dieser Provokation war Valera aus wirtschaftlichen Gründen nicht an einer sofortigen Kappung der Bande zu England interessiert. In den Augen der IRA stempelte ihn dies zum Verräter. Mit einer Politik, die auf die Wiederbelebung gälischer Sprache und Kultur setzte, stärkte er das Nationalgefühl der Iren. Gleichzeitig lockerte Valera die Beziehungen zu England. Folge war ein fast sechsjähriger Handelskrieg, der zum Aufbau einer irischen Industrie führte.
1937 verkündete Valera eine neue Verfassung, mit der Irland die Freistaatsbeziehung zu England aufgab und den Titel «Eire» annahm. Allerdings blieb eine besondere «äußere Assoziation» bestehen. Der katholischen Kirche räumte Valera einen Sonderstatus ein und förderte damit die religiösen Gegensätze: Die Protestanten fürchteten die Vereinigung von Nord- und Südirland.

Eamon de Valera

1948: Erzwungener Rückzug Valeras Zögern, die Republik auszurufen, bestärkte die extremistischen Republikaner in ihrer Ablehnung seiner Regierung. Im Februar 1948 mußte Valera, der sein Land 16 Jahre lang nahezu im Alleingang geführt hatte, eine Wahlniederlage hinnehmen. Trotz unterschiedlichster Programme hatten sich die Oppositionsparteien zu einer Koalition verbündet, um ihn abzuwählen. Sein Nachfolger John Costello (Fine Gael) erklärte Irland am Ostermontag 1948 zur Republik.
1951 kehrte Valera in das Amt des Premierministers zurück. Im Alter von 77 Jahren trat er ab, um sich zum Präsidenten wählen zu lassen. Nach zwei Amtszeiten zog sich der 91jährige – in Irland wie ein Nationalheld verehrt – endgültig aus dem politischen Geschehen zurück. Zwei Jahre später starb er in Dublin.

Getulio Dornelles Vargas

(19.4.1883–24.8.1954)

▸ Das Volk holt den Diktator zurück ◂

Nachdem der brasilianische Diktator 1945 vom Militär entmachtet worden war, wurde er auf legalem Weg 1950 vom Volk zum Staatspräsidenten gewählt. Die Meinungen über seine Amtszeiten (1930–45 und 1951–54) sind geteilt: Die einen sehen in Vargas den großen Erneuerer und Sozialreformer des Landes, die anderen charakterisieren den Schöpfer des «Estado Novo» als korrupten Machtpolitiker.

Getulio Vargas wuchs in Rio Grande do Sul, dem südlichsten Bundesstaat Brasiliens, als Sohn eines angesehenen Politikers auf. Seinen Kindheitswunsch, Offizier der Armee zu werden, gab er mit 16 Jahren auf und studierte Rechtswissenschaften in der Landeshauptstadt Pôrto Alegre (Abschluß 1908).

Ab 1908: Einstieg in die Politik Kurz vor Ende seines Studiums entdeckte der ehrgeizige 25jährige seine große Leidenschaft – die Politik. Nachdem er sich auf regionaler Ebene als Kongreßmitglied in Rio Grande do Sul von 1909 bis 1919 einen Namen gemacht hatte, schaffte er 1922 den Einzug in den Nationalkongreß in Rio de Janeiro, wo Präsident Washington Luis Pereira de Souza auf Vargas aufmerksam wurde. 1926 ernannte er ihn zum Finanzminister, zwei Jahre später erreichte Vargas bei den Gouverneurswahlen in Rio Grande do Sul die Mehrheit.

1930: Übernahme der Macht Nachdem der 47jährige 1930 die brasilianischen Präsidentschaftswahlen gegen den konservativen Politiker Julio Prestes verloren hatte, übernahm Vargas durch eine Revolution die Position des Staatschefs. Vargas war davon überzeugt, daß nur er die verheerenden Folgen der Weltwirtschaftskrise für sein Land beseitigen könnte. Er schaffte die weitgehende Autonomie der Bundesländer zugunsten eines zentralistischen Systems sowie das Rotationssystem der Präsidentschaft zwischen den bedeutendsten Bundesstaaten ab.

1937: «Estado Novo» Als Präsident, der 1934 von der Nationalversammlung erstmals offiziell in sein Amt gewählt worden war, verwirklichte Vargas 1937 den Schritt zum autoritären Staat («Estado Novo»): In einer neuen Verfassung verkündete er die Auflösung des Parlaments und setzte als Diktator die wirtschaftliche und soziale Modernisierung Brasiliens fort. Vargas kündigte staatlich gelenkte Bildungs- und Arbeitsprogramme für die Bevölkerung an, verbesserte die soziale Absicherung der Arbeiter, führte Mindestlöhne ein und kurbelte die Wirtschaft durch effektive Industrialisierungsmaßnahmen an. Die Reformen brachten eine deutliche Verbesserung der Lebenssituation in

den Städten, während die Landbevölkerung vom wirtschaftlichen Aufschwung weitgehend ausgeschlossen blieb. Auch die vormals mächtigen Landbesitzer büßten kontinuierlich an politischer Macht ein.
Der Diktator führte zudem das Frauenwahlrecht sowie die geheime Stimmabgabe ein.

1942–45: 2. Weltkrieg und Sturz Am 22.8.1942 trat das diktatorisch regierte Brasilien auf seiten der Alliierten gegen Deutschland und Italien in den 2. Weltkrieg ein. Nach dem militärischen Erfolg wurde ab 1945 auch in Südamerika die Forderung nach Demokratie lauter. Das brasilianische Militär nutzte die Unruhen für einen Staatsstreich gegen Vargas und setzte ihn am 29.10.1945 ab. Brasilien kehrte mit neuer Verfassung zur Demokratie zurück. Aufgrund seiner Verdienste blieb der Ex-Diktator jedoch beliebt: Noch im Dezember wurde er Senator in Rio Grande do Sul.

1950: Comeback als Staatspräsident Als Spitzenkandidat der brasilianischen Arbeiterpartei trat der «Vater der Armen», wie ihn seine Anhänger nannten, 1950 zur Präsidentschaftswahl an und übernahm nach seinem Wahlerfolg am 31.1.1951 erneut das Amt des Staatschefs. Ohne seine frühere Machtfülle – der Präsident wurde vom Senat kontrolliert und von den oppositionellen Parteien häufig kritisiert – enttäuschte Vargas schnell alle in ihn gesetzten Hoffnungen. Sein Versuch, die brasilianische Wirtschaft von Importen weitgehend unabhängig zu machen, scheiterte.

Getulio Vargas

Die öffentliche Meinung wendete sich gegen ihn, als verschiedene Korruptionsskandale bekannt wurden. Das Militär griff ein und setzte ihn am 23.8.1954 erneut ab. Diese Niederlage verkraftete Vargas nicht: Einen Tag später nahm er sich in der damaligen brasilianischen Hauptstadt Rio de Janeiro das Leben.
Zusätzlicher Hintergrund des Freitods: In ein fehlgeschlagenes Attentat auf Vargas-Gegner Carlos Lacerda, einen mächtigen brasilianischen Zeitungsverleger, war die Leibgarde des Staatspräsidenten als Auftraggeber verwickelt; Getulio Vargas leugnete jedoch entschieden, von dem Mordversuch gewußt zu haben.
Zwei Tage nach Vargas' Tod übernahm der vom Militär unterstütze João Café Filho das Präsidentenamt.

Eleutherios Venizelos

(23.8.1864–18.3.1936)

▸ Modernisierer Griechenlands ◂

Der griechische Ministerpräsident (1910–15, 1917–20, 1924, 1928–32, 1933) machte sein Land zum modernen Staat und sorgte durch Kriege und Friedensabkommen für die Verdoppelung des Staatsgebiets. Innenpolitisch leitete er umfangreiche Reformen ein.

Mit zwei Jahren mußte Venizelos seine Heimatstadt Murnia auf Kreta verlassen, da sein Vater, ein kretischer Revolutionär, von den türkischen Machthabern auf die Insel Siros verbannt wurde. Eleutherios studierte Rechtswissenschaften in Athen (Abschluß 1888); nebenbei versuchte er sich erfolgreich als Journalist: 1886 führte er mit dem britischen Politiker Joseph Chamberlain in Athen ein vielbeachtetes Interview.

Ab 1885: Politisches Engagement Venizelos eiferte bald seinem Vater nach: Als Führer der kretischen Studenten und als Chef der sog. Enosis-Bewegung setzte er sich für die Unabhängigkeit der Insel vom Osmanischen Reich ein. Der Rechtsanwalt und Journalist kehrte nach Kreta zurück, wo er als Gründer der Liberalen Partei 1889 zum Mitglied der Nationalversammlung bestimmt wurde, deren Vorsitz Venizelos 1897 übernahm.

1897: Anführer des Aufstands Die wachsenden Unruhen gegen die türkische Herrschaft wußte Venizelos während des griechisch-türkischen Kriegs (1897) geschickt zu nutzen. Unter Einfluß der europäischen Großmächte konnte er nach dem kretischen Aufstand und den griechischen Kriegserfolgen die erhoffte Autonomie der osmanischen Provinz Kreta proklamieren. Prinz Georg von Griechenland, dem die europäischen Mächte eine Aufsichtsfunktion über die Insel zusprachen, machte den 35jährigen Venizelos zum Justizminister (bis 1901). Das selbstherrliche Regiment des Prinzen zerstörte jedoch schnell die anfängliche Vertrauensbasis: 1903 mußte Georg nach einem Aufstand das Land verlassen, Venizelos wurde erneut in die provisorische Regierung aufgenommen.

Ab 1910: Griechischer Ministerpräsident Als politischer Berater der Athener Offiziersliga war Venizelos maßgeblich am Umsturz in Griechenland (Militärrevolte; 1909) beteiligt. Die nachfolgenden Wahlen (1910) gewann seine Liberale Partei. Venizelos wurde griechischer Ministerpräsident, begann ein umfassendes Reformprogramm (Bildungswesen, Justiz, Landwirtschaft, Militär, Verwaltung) und liberalisierte die Landesverfassung. Durch seine Politik legte er den Grundstein für den Weg Griechenlands zu einem modernen Staat.

Ab 1912: Gebietsgewinne Nachdem Venizelos bereits 1908 den Anschluß seiner kretischen Heimat an Griechenland proklamiert hatte, wurde dieser Schritt nach den militärischen Erfolgen gegen das Osmanische Reich in den Balkankriegen (1912/13) endgültig vollzogen. Im Bukarester Frieden sicherte er Griechenland die Verdoppelung des Staatsgebiets. Als der Ministerpräsident bei Ausbruch des 1. Weltkriegs für einen Kriegseintritt an der Seite der Alliierten votierte, wurde er 1915 von König Konstantin I. abgesetzt. Ein Jahr später bildete er in Saloniki eine Gegenregierung, die mit britischer und französischer Unterstützung die Abdankung des Königs durchsetzte. Venizelos wurde wieder Ministerpräsident und erklärte Deutschland den Krieg (1917). Seine Gebietsforderungen während der Friedenskonferenzen von Versailles und Sèvres führten 1919 zum erneuten Krieg mit der Türkei.

Ab 1920: Rücktritt und Niederlage Als Staatsmann in der Welt populär, verlor Venizelos aufgrund seiner langen Abwesenheit während der Friedensverhandlungen jedoch im eigenen Land an Einfluß. Bei den Parlamentswahlen von 1920 siegten die Monarchisten. König Konstantin kehrte auf den Thron zurück, Venizelos floh ins Pariser Exil (bis 1923), wo er 1921 seine zweite Frau heiratete (erste Ehe 1891; zwei Söhne). Nach der militärischen Niederlage gegen die Türkei dankte der König endgültig ab. Venizelos kehrte zurück, leitete die Friedensgespräche in Lausanne und wurde erneut Ministerpräsident (1924).

Eleutherios Venizelos

Ab 1924: Exil Seine zweite Amtszeit war nur von kurzer Dauer. Nach Auseinandersetzungen über die künftige Staatsform mußte Venizelos noch 1924 zurücktreten. Den wenigen Monaten im Exil folgte die Rückkehr in die zweite Hellenische Republik (ab 1924). Venizelos übernahm den Vorsitz der Liberalen Partei, die die Wahlen von 1928 gewann. Während seiner dritten Amtszeit als Ministerpräsident bemühte sich Venizelos in mehreren Freundschaftsabkommen um dauerhaften Frieden mit Albanien, Italien, Jugoslawien und der Türkei.

Die Folgen der Weltwirtschaftskrise setzten seiner Regierung 1932/33 ein Ende. Nachdem er vergeblich versucht hatte, die Wiedereinführung der Monarchie durch einen Aufstand zu verhindern, ging er 1935 erneut ins Pariser Exil, wo der 71jährige ein Jahr später starb.

Leszek (Lech) Walesa

(*29.9.1943)

▸ Arbeiterführer beendet Diktatur des Proletariats ◂

Der Initiator der ersten unabhängigen Gewerkschaft in einem Ostblockstaat leitete die Demokratisierung in Polen ein. 1990 wurde Walesa erster nichtkommunistischer Staatspräsident des Landes nach dem 2. Weltkrieg.

Walesa kam als viertes Kind eines Zimmermanns im Dorf Popowo bei Lipno im Norden Polens zur Welt. Bei der Geburt war der Vater in Kriegsgefangenschaft, an deren Folgen er zwei Jahre später starb. Walesa durchlief eine dreijährige Lehre als Elektromonteur. Mit 24 Jahren zog er aus Liebeskummer nach Gdansk, wo er auf der Lenin-Werft Arbeit als Schiffselektriker fand. Im Arbeiterwohnheim lernte er 1968 die Blumenbinderin Danuta kennen, die er noch im gleichen Jahr heiratete (acht Kinder).

1970–80: Agitation gegen kommunistische Gewerkschaft 1970 beteiligte sich Walesa an Streiks und Demonstrationen gegen Preiserhöhungen für Nahrungsmittel und Konsumgüter. Nach Niederschlagung der Arbeiteraufstände wurde er verhaftet und unterschrieb eine Loyalitätserklärung, die ihm die Funktion eines Sicherheitsinspektors in der kommunistischen Gewerkschaft einbrachte.

Wegen fortgesetzter Kritik an der Einheitsgewerkschaft, die er als «Marionette der Regierung» beschimpfte, wurde Walesa 1976 fristlos entlassen und arbeitete anschließend in mehreren Reparaturbetrieben. Sein Engagement für gewerkschaftliche Rechte brachte ihn in Kontakt mit dem Komitee zur Verteidigung der Arbeiter (KOR, Gründung 1976). Hier lernte er spätere Weggefährten wie Tadeusz Mazowiecki und den Bürgerrechtler Adam Michnik kennen.

1980: Solidarnosc-Führer Während der Streiks, die sich im August 1980 auf alle Städte der polnischen Ostseeküste ausdehnten, forderten die Arbeiter der Lenin-Werft u.a. die Wiedereinstellung Walesas. Am 14.8.1980 durfte er an seinen Arbeitsplatz als Elektriker zurückkehren. Sofort setzte er sich mit einem Sprung über den Werftzaun an die Spitze der Streikbewegung. Walesa stellte einen wirtschaftlichen und politischen Forderungskatalog (Streikrecht, Zulassung unabhängiger Gewerkschaften, soziale Verbesserungen) auf, dem die Regierung im sog. Danziger Abkommen (31.8.1980) weitgehend entsprach.

Am 18.9.1980 wurde Walesa zum Vorsitzenden der tags zuvor gegründeten Gewerkschaft Solidarnosc (Solidarität) gewählt. Innerhalb weniger Monate hatte die Organisation 10 Mio. Mitglieder. Die Herrschaft der Solidarnosc währte 500 Tage, dann verhängte die Regierung unter General Wojciech Jaruzelski das

Kriegsrecht (13.12.1981). Tausende von Gewerkschaftsmitgliedern kamen in Haft. Im Herbst 1982 folgte das Verbot der Solidarnosc.

1981–89: Weg zum «Runden Tisch» Walesa wurde in einer Villa unter Hausarrest gestellt. Elf Monate später kam er frei. Er ließ sich auf keinen Handel mit den Machthabern ein, sondern hielt am Ziel unabhängiger Gewerkschaften fest. Zwar durfte Walesa wieder auf der Lenin-Werft arbeiten, doch stand er unter ständiger Überwachung. Gestärkt durch die Verleihung des Friedensnobelpreises (1983), beteiligte er sich an der Arbeit illegaler Gewerkschaftsgruppen im Untergrund. Die Nobelmedaille, die seine Frau Danuta für ihn entgegennahm, stiftete der streng katholische Walesa dem Kloster von Tschenstochau.
Mitte der 80er Jahre kam es zum Konflikt zwischen Walesa, der für einen Dialog mit der Staatsmacht eintrat, und radikalen Gewerkschaftlern, die einen harten Konfrontationskurs befürworteten. Im August 1988 wurde die gemäßigte Haltung Walesas bestätigt: Um die wieder aufgeflammten Streiks zu beenden, bot das kommunistische Regime Gespräche am «Runden Tisch» an. In achtmonatigen Verhandlungen setzte Walesa den sog. Gesellschaftsvertrag durch (Unterzeichnung 5.4.1989), der das Ende des kommunistischen Machtmonopols bedeutete und erste freie Wahlen ermöglichte. Die Solidarnosc wurde wieder zugelassen (17.4.1989), das «Bürgerkomitee Solidarität» errang dank Walesas Popularität einen überwältigenden Wahlsieg.

Lech Walesa als Sprecher der polnischen Werftarbeiter, 1980

Ab 1990: Präsident Mit scharfen Attacken gegen die Politik des von ihm zunächst unterstützten Ministerpräsidenten Mazowiecki provozierte Walesa die Spaltung der Gewerkschaft. Gleichzeitig machte er mit der Forderung nach radikaleren Reformen seinen Anspruch auf ein politisches Amt deutlich. Seine direkte Art, mit der er diplomatische Gepflogenheiten häufig ignorierte, nahmen ihm viele Anhänger übel und verpaßten ihm bei den Präsidentenwahlen einen kleinen Denkzettel: Erst im zweiten Wahlgang erreichte er die erforderliche Mehrheit (9.12.1990). Ziel Walesas ist es, die wirtschaftliche Umgestaltung Polens innerhalb einer Generation zu vollziehen. Dafür forderte er immer weiter gehende Vollmachten, die ihn mit dem Parlament in Konflikt brachten und bei der Bevölkerung Erinnerungen an den diktatorischen Staatsgründer Józef Pilsudski wachriefen.

Thomas Woodrow Wilson

(28.12.1856–3.2.1924)

▸ Vierzehn Punkte für den Frieden ◂

Der innenpolitische Reformer entschied durch den Eintritt der USA (1917) den 1. Weltkrieg. Sein 14-Punkte-Programm bildete die Basis der Nachkriegsordnung, wurde jedoch in den USA abgelehnt. Für sein Friedensengagement erhielt der 28. US-Präsident 1919 den Nobelpreis.

Wilson stammte aus einer irischen Priesterfamilie, deren Glaube an Vorsehung und gottgewollte Ordnung sein Leben bestimmte. Der Südstaatler aus Staunton/Virginia studierte Rechtswissenschaften, gab den ungeliebten Anwaltsposten aber auf, um sich seinen Politik- und Philosophiestudien (Promotion 1886) zu widmen. Der Professor für Politische Ökonomie und Geschichte in Georgia und Connecticut heiratete mit 29 Jahren Ellen Louise Axson (†1914; zweite Ehe ab 1915 mit Edith Bolling Galt Wilson).

Ab 1890: Anstellung in Princeton Als promovierter Doktor der Jurisprudenz wechselte Wilson nach Princeton/New Jersey, wo er 1902 zum Präsidenten der Universität ernannt wurde. Sein Versuch, demokratische Strukturen aufzubauen, scheiterte: Wilson mußte 1910 zurücktreten. Dank seiner Qualifikation in politischen Fragen kürte ihn die Demokratische Partei zu ihrem Spitzenkandidaten für die Gouverneurswahlen in New Jersey, die er deutlich gewann.

1912: Wahl zum US-Präsidenten Innerhalb von zwei Jahren wurde Wilson als US-Präsidentschaftskandidat zur nationalen Hoffnung seiner Partei. Die Wahl gewann er, weil die zerstrittene Republikanische Partei gleich zwei Gegenkandidaten(Theodore Roosevelt, William H. Taft) aufstellte.

Als Präsident setzte er seine sozialen und wirtschaftlichen Reformen (sog. Progressive Movement) fort: Er untersagte die Kinderarbeit, führte erstmals ein Lohnsteuersystem ein, schuf eine Zentralbank, baute Wettbewerbsnachteile des Mittelstands ab und senkte die Einfuhrzölle. Diese konsequente Politik gegen die Macht der großen Unternehmen gipfelte im Anti-Trust-Gesetz (1914), das Arbeitern zudem breite (Streik-) Rechte einräumte.

Ab 1914: Machtpolitik nach außen Wilson verwirklichte seine Moralvorstellungen in der Außenpolitik nicht: Statt wie beabsichtigt die Autonomie anderer Staaten zu achten und den Imperialismus zurückzudrängen, intervenierten die USA in der Dominikanischen Republik, in Nicaragua, Mexiko, Kuba und Hawaii. Mit dem Versprechen, auch weiterhin neutral im europäischen Krieg zu bleiben, gewann Wilson 1916 seine zweite Wahl. 14 Monate später erklärte er Deutschland den

Krieg, um der Demokratie zum Sieg zu verhelfen und eine Weltfriedensordnung im Rahmen eines Völkerbunds zu etablieren. Das Eingreifen der USA entschied den 1. Weltkrieg zugunsten der Entente – Wilson war der gefeierte Held.

Ab 1918: Friedensbemühungen Am 8. 1. 1918 veröffentlichte Wilson seine Idee einer Weltfriedensordnung (14-Punkte-Programm), deren Forderungen weitgehend im Versailler Vertrag verankert wurden. Das Kernstück – den Völkerbund – setzte er nur durch, nachdem er die hohen Reparationsforderungen von Frankreich und England an Deutschland akzeptiert hatte.
Seine mühsam errungene Annahme des Völkerbunds im Versailler Vertrag wurde ausgerechnet in den USA zunichte gemacht: Die starke isolationistische Bewegung erhielt nach dem Krieg erneut Zulauf; der Senat lehnte den ausgehandelten Friedensplan und den Beitritt der USA zum Völkerbund ab, weil Verwicklungen in neue militärische Konflikte befürchtet wurden. Diese Niederlage verkraftete der Friedensnobelpreisträger von 1919, der sich von Gott als Weltverbesserer auserkoren fühlte, nicht: Nach einem Zusammenbruch mußte er auf die Nominierung zur Wiederwahl 1920 verzichten. 1921 endete seine Amtszeit, knapp drei Jahre später starb Wilson in Washington.

Thomas Woodrow Wilson

Das 14-Punkte-Programm Wilsons

1. Öffentliche Friedensverträge ohne Geheimabsprachen • 2. Freiheit der internationalen Schiffahrt auf allen Gewässern • 3. Aufhebung aller wirtschaftlichen Schranken • 4. Garantien für drastische Rüstungsreduzierung • 5. Unparteiische Neuordnung aller kolonialen Ansprüche • 6. Räumung Rußlands von deutschen Truppen • 7. Räumung und Wiederherstellung Belgiens • 8. Befreiung Frankreichs; Rückgabe Elsaß-Lothringens • 9. Grenzberichtigung in Italien nach Nationalitätenlinien • 10. Autonome Entwicklung der Völker Österreich-Ungarns • 11. Räumung Montenegros, Rumäniens und Serbiens • 12. Souveränität des türkischen Gebiets • 13. Errichtung eines unabhängigen polnischen Staats • 14. Bildung eines Völkerbunds mit Selbstbestimmungsgarantie

Register

Das Register nennt alle im Buch genannten relevanten Personen. Die halbfetten Seitenzahlen verweisen auf Politiker mit eigenem Artikel.